T0146760

REALIEN ZUR LITERATUR
ABT. C:
SPRACHWISSENSCHAFT

PETER ROLF LUTZEIER

Linguistische Semantik

MCMLXXXV
J.B. METZLERSCHE VERLAGSBUCHHANDLUNG
STUTTGART

CIP-Kurztitelaufnahme der Deutschen Bibliothek

Lutzeier, Peter:
Linguistische Semantik / Peter Rolf Lutzeier. –
Stuttgart: Metzler, 1985.
   (Sammlung Metzler; M 219: Abt. C, Sprachwissenschaft)
   ISBN 978-3-476-10219-5

NE: GT

M 219

ISBN 978-3-476-10219-5
ISBN 978-3-476-03923-1 (eBook)
DOI 10.1007/978-3-476-03923-1

Ein unüberwindbarer Gegensatz, auch in der Linguistik?

Karl ... keine Romane
       Philosophie
       keine Beschreibungen
       im Gehirn Festgestelltes

   ...

(Thomas Bernhard, Der Schein trügt. Frankfurt: Suhrkamp Verlag 1983, 39.)

FÜR ELIZABETH, HEIDI UND THOMAS

Inhaltsverzeichnis

In diesem Buch wird eine sorgfältige, leserfreundliche Diskussion der zentralen Begriffe und Methoden in der linguistischen Semantik versucht. Es kann insofern als eine Einführung in die Voraussetzung für eine Spaß vermittelnde Beschäftigung mit semantischen Fragestellungen angesehen werden.

Die Diskussion der einzelnen Fragen führt jeweils zur Herausarbeitung und Begründung eigenständiger Positionen, wobei die Angaben als heuristische Leitlinien für eine mögliche Theoriebildung gedacht sind. Hoffentlich ist die Darstellung nirgends so einseitig, daß sie in der Auseinandersetzung mit ihr den Zugang zu anderen Konzeptionen verbaut. Umfangreiche Literaturverweise im laufenden Text sollen dabei zu eigener (Gedanken-) Arbeit anregen. Ob die Ansichten des Lesers/der Leserin am Ende mit einem besseren Einblick in die Semantik einhergehen, kann nicht ohne weiteres beantwortet werden. Dies mag verblüffend klingen; ist es auch, da das Verständnis dieses Problems eigentlich schon die Lektüre des Buches voraussetzt. An dieser Stelle heißt der mögliche Unterschied zwischen vertretener Position und semantischer Realität nichts anderes, als daß wir eines als Resultat jeder Diskussion der linguistischen Semantik akzeptieren müssen: Einige Fragen werden Fragen bleiben. Nur wenn der Leser/die Leserin bereit ist, dies als ein Ergebnis anzuerkennen und es vielleicht gleichzeitig als Chance aufzufassen, eine Ahnung davon zu bekommen, weshalb viele Linguisten von semantischen Fragestellungen fasziniert sind, können Enttäuschungen vermieden werden.

Teile dieses Buches wurden im Sommersemester 1982 an der Universität zu Köln und im Wintersemester 1983/84 an der Freien Universität Berlin vorgestellt. Die Hörer/-innen dieser Vorlesungen verdienen meinen Dank. Ihre Präsenz und ihre Fragen zwangen mich häufig, Argumente neu zu durchdenken oder verständlicher zu formulieren. Gleiches gilt für die willkommenen Diskussionsbeiträge von Klaus Baumgärtner, Werner Frey, Uwe Reyle, Christian Rohrer und Alex Ströbl, die ich anläßlich eines Vortrages im Winter 1984 an der Universität Stuttgart erhielt. Die vorliegende Darstellung wurde aufgrund der kritischen Kommentare von Michael Grabski, Ekkehard König, Hans-Heinrich Lieb, Dietmar Rösler und Bernd Wiese zu einer früheren Fassung erst möglich. Da nicht alle Hinweise immer in die gleiche Richtung zielten, mußte ich schon allein deshalb daraus eine Auswahl treffen. Ich hoffe aber, daß sich jeder der Genannten an irgendeiner Stelle wiedererkennen kann und ich somit meinen aufrichtigen Dank im Text verankern konnte. Bei allen, die eigentlich, ohne daß es mir bewußt geworden ist, im Verlauf der Darstellung erwähnt, zitiert, berücksichtigt hätten werden sollen, möchte ich mich hiermit entschuldigen. Die Deutsche Forschungsgemeinschaft gab mir schließlich mit ihrer finanziellen und moralischen Unterstützung in Form eines Heisenberg-Stipendiums die innere Ruhe für die Abfassung meines Manuskriptes. Diese Großzügigkeit bleibt mir Verpflichtung.

Berlin, im März 1985

1. Semantik: Konvention des Lebens/Konvention der Sprache?

1.1 Semantik – Disziplin der Linguistik?

Rede wirkt auf uns über die Ohren, Schrift wirkt auf uns über die Augen und die Blindenschrift wirkt auf uns über den Tastsinn in den Fingerkuppen. Solche sprachliche Wirkungen sind beileibe nicht alles. Jeden Augenblick unseres Lebens sind wir einer Vielzahl von Sinnesreizen ausgesetzt. Einige davon vergehen völlig unbemerkt – so werden die wenigsten Leser/-innen gerade eben bemerkt haben, was sie über ihren Tastsinn von ihrer unmittelbaren Umgebung mitbekommen haben –, einige der Sinnesreize werden bemerkt – so werden die meisten Leser/-innen bemerken, daß sie gerade ein Buch vor sich haben. Von den auf uns einwirkenden Sinnesreizen gibt es somit eine gewisse Auswahl der bemerkten Sinnesreize: die wir von nun an *Sinneseindrücke* nennen. Diese Auswahl ist natürlich ein Segen für uns, ohne sie wären wir zu keiner Zeit in der Lage, uns auf etwas zu konzentrieren. Ganz zu schweigen davon, daß wir alle unter ständigen Kopfschmerzen leiden müßten. Gerichtete Aufmerksamkeit ist zweifellos ein wichtiges Steuerungsmittel für die Auswahl, vgl. Langacker (1983 b, 20). Jedoch gibt es auch Sinnesreize, die wir bemerken müssen, ob wir wollen oder nicht. Denken wir etwa an Schmerzempfindungen, die von einer bestimmten Intensität an in jedem Fall die Oberhand gewinnen; ein faszinierendes Sicherheitsventil für unseren Körper.

Von den Sinneseindrücken, also den bemerkten Sinnesreizen, gibt es einige, die wir verstehen können und einige, die wir nicht verstehen oder nur ungefähr verstehen können. So gehe ich davon aus, daß man das Geschriebene in diesem Buch verstehen kann; nicht nur im graphischen Sinne, versteht sich. Konzentrierten Sie sich jedoch allein auf Ihren Tastsinn in den Fingerkuppen, dann könnten Sie wahrscheinlich keine nähere Auskunft, als daß sie vielleicht auf etwas Hartem, Kaltem aufliegen, geben. Es ist für Sie formlos, was Sie fühlen. D.h., Sie können darin keine Form erkennen oder Sie können Ihren Eindrücken keine Form zuordnen. Davon rührt die Schwierigkeit für das Verständnis her. Sobald Sie ausgreifen, um die ganze Fläche zu betasten, können Sie wahrscheinlich genauere Auskunft über Ihre Sinneseindrücke geben. Durch das Ausgreifen ergeben sich die Sinneseindrücke als *Sinneseindrücke einer Form*. Sie haben im echten Sinne des Wortes begriffen, worauf Ihre Fingerkuppen liegen und damit sicher auch eine bessere Ahnung davon, ob es

1

sich um Ihren viereckigen Schreibtisch oder Ihren runden Kaffee-
tisch, falls Sie so etwas besitzen, handelt. Bei diesen Beispielen sind
wir sicherlich bereit, auch von objektiv vorliegenden Formen zu reden. Allerdings geht es mir, wenn ich von Sinneseindrücken einer
Form rede, immer um die Formen, die wir (als Interpreten) in den
Sinneseindrücken sehen. Und diese Formen mögen durch objektive
Formen bestimmt sein oder auch nicht. Rede ist ja physikalisch gesehen ein kontinuierlicher Strom von Schallwellen. Formen, die Physi-
ker und Phonetiker mit Hilfe von Instrumenten wie Sonagraphen
darin erkennen, Formantenbildungen etwa, bestimmen wohl nur in
sehr indirekter Weise Formen, die wir in der Rede erkennen. Die
scherzhaften Vexierbilder, bei denen man aus einer Präsentation
mehrere Formen herauslesen kann, gehören ebenfalls dazu. Als einfaches Beispiel nehmen wir folgende, sicherlich bekannte, graphische
Darstellung (Figur 1), für die wir zwei verschieden im Raum ange-
ordnete Quader annehmen können.

Figur 1

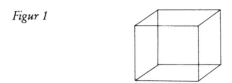

Halten wir kurz ein und veranschaulichen wir die bisherigen Schritte
mit dem Diagramm D 1:

D 1:

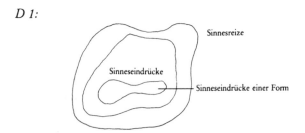

Welche Funktionen erfüllt nun eine solche Form? Inwiefern kann sie
eine Hilfestellung für das Verständnis von Sinneseindrücken liefern?
Bei Sinneseindrücken einer Form hilft die zugrundeliegende Form
zur Unterscheidung von anderen Sinneseindrücken. Sinneseindrücke
von Holzklötzen in der Form einer Pyramide und in der Form einer
Kugel, wobei die Holzklötze gleich lackiert und an gleichem Ort
aufbewahrt sein sollen, um den Tastsinn und den Sehsinn nicht von

2

vornherein Unterschiede erkennen zu lassen, können einzig durch die Pyramidenform und die Kugelform voneinander getrennt werden. Denn eine Form haben, heißt ja unter anderem etwas in Raum und Zeit Abgegrenztes zu sein. An den jeweiligen Grenzen wird der Übergang zu anderen Sinneseindrücken deutlich, weil der Intensitätsunterschied bei solchen Grenzüberschreitungen erheblich größer ist als Intensitätsunterschiede, die innerhalb der Grenzen einer Form auftreten. Die Form hilft somit, Vorder- und Hintergrund klarer zu scheiden, obwohl zunächst wiederum gar nicht so klar sein mag, was denn nun als Vordergrund und was als Hintergrund zählt. Das bekannte Vexierbild in Figur 2 liefert beste Anschauung dafür:

Figur 2

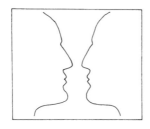

Die zwei Linien markieren zwar die Grenzen, aber es hängt davon ab, wie wir uns zwischen Vasenform und Gesichtsform entscheiden, um die Frage nach Vorder- und Hintergrund lösen zu können. Zusätzlich erhöhen Formen die Chancen des Wiedererkennens von Sinneseindrücken und damit auch des Vergleiches mit vorherigen Erfahrungen.

Bisher haben wir uns über allgemeine Sinneseindrücke unterhalten. Was uns am meisten interessiert, sind natürlich die *sprachlichen Sinneseindrücke.* Jenen will ich mich nun zuwenden. Sprachliche Sinneseindrücke, egal ob als Rede im Hörbereich, als Schrift im Sehbereich oder als Blindenschrift im Tastbereich, sind allemal Sinneseindrücke von Formen. Natürlich gibt es erhebliche Unterschiede in der Komplexität der auftretenden Formen. So finden wir im Lautbereich Tonsprachen, wie das Vietnamesische oder das Haussa, bei denen bereits durch reine Tonhöhenunterschiede Wörter voneinander unterschieden werden können. Im Bereich der Schrift brauchen wir nur auf das Chinesische verweisen, das eine für uns verwirrende Vielzahl an Formen herausgebildet hat. Nicht nur der Vergleich von natürlichen Sprachen macht Unterschiede an auftretenden Formen deutlich, auch bei einer einzelnen Sprache bestehen meist Komplexitätsunterschiede zwischen den einzelnen Bereichen der Manifestation. Die Formen der Schriftsprache im Deutschen sind um einiges ärmer verglichen mit den Formen der Lautsprache im Deutschen, insbesondere wenn wir den suprasegmentalen Bereich ansehen. Die Blindenschrift schließlich ist gezwungen, mit relativ einfachen Formen auszukommen, da der menschliche Tastsinn verglichen mit dem Sehsinn sehr viel kümmerlicher ausgebildet ist. Dennoch, sie alle sind als sprachliche Sinneseindrücke für uns Sinneseindrücke von Formen. Trotz der Vielzahl der auf uns einstürzenden Sinnesreize ist es uns deshalb meist leicht möglich, jene Sinneseindrücke, die sprachliche Sinneseindrücke sind, aufgrund ihrer Form zu erkennen. Dies gilt übrigens auch für sprachliche Sinneseindrücke von Sprachen, derer wir überhaupt nicht mächtig sind. Mit der Aneignung einer Sprache scheinen wir die Fähigkeit zu erlangen, sprachliche Sinneseindrücke überhaupt erkennen zu können.

Wie steht es dann um das Verständnis dieser sprachlichen Sinneseindrücke? Die erkennbare Form sprachlicher Sinneseindrücke ist unverzichtbarer Einstieg zu ihrem Verständnis, soviel ist sicher. Umgekehrt sind wir natürlich in unseren Mitteilungsweisen keineswegs auf sprachliche Formen beschränkt: Um etwa meinen Ärger über etwas auszudrücken und dies meiner Umwelt deutlich mitzuteilen, genügt eigentlich schon, wenn ich mit grimmiger Miene meine Faust auf die Schreibtischplatte haue. Zugegeben, und dies zeigt eigentlich, wie stark wir auf sprachliche Mitteilungsweisen festgelegt sind, wird diese nichtsprachliche Handlung meistens mit einem sprachlichen Kraftakt, wie etwa:

(1) **Jetzt reichts mir aber!**,

begleitet. Immerhin, sprachliche Formen sind nicht die einzig möglichen Ausdrucksweisen. Dies können wir mit den beiden folgenden Diagrammen veranschaulichen:

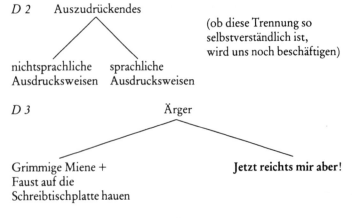

D 2   Auszudrückendes

(ob diese Trennung so selbstverständlich ist, wird uns noch beschäftigen)

nichtsprachliche   sprachliche
Ausdrucksweisen   Ausdrucksweisen

D 3   Ärger

Grimmige Miene +   **Jetzt reichts mir aber!**
Faust auf die
Schreibtischplatte hauen

Die über die rein sprachlichen Formen weit hinausgehenden Ausdrucksmöglichkeiten werden auch in folgenden Versprachlichungen von nichtsprachlichen Ausdrucksweisen deutlich:

(2) **Rotes Licht am Fußgängerüberweg heißt Stehenbleiben.**

(3) **Ein Schornsteinfeger auf dem Dach bedeutet Glück.**

(4) **Ein Leben ohne Glauben hat keinen Sinn.**

(5) **Red sky at night, shepard's delight. Red sky in the morning, shepard's warning.**

Diese Sequenzen (2)–(5) zeigen, daß sehr vieles für uns eine Bedeutung haben kann. Aber auch diese Bedeutungen sind an Formen, in diesen Fällen an nichtsprachliche Formen, gebunden. Hat dann letztlich nicht alles in für uns in irgendeiner Weise Geformte eine Bedeutung bzw. genauer, können wir als den Sinnesreizen Ausgesetzten letztlich nicht an allen Sinneseindrücken von Formen etwas Bedeutsames finden? In dem unpräzisierten Sinne, in dem wir die Begriffe »Bedeutung« und »Verstehen« bisher gebraucht haben, gibt es nur eine Antwort: Ja. Dies heißt aber, daß sprachliche Sinneseindrücke, im Sinne von »Bedeutung haben können«, keineswegs von andern für uns geformten Sinneseindrücken unterschieden sind.

Gleichzeitig müssen wir Semantik als diejenige Disziplin ansehen, die sich mit Bedeutungen befaßt. M. a. W., Semantik ist nichts anderes als *Bedeutungslehre*. Mit diesem Verständnis von Semantik und der erzielten Erkenntnis, daß letztlich alle Sinneseindrücke von Formen etwas Bedeutsames für uns haben können, ist Semantik für alle möglichen Arten von Sinneseindrücken zuständig. Semantik, im Sinne einer solchen allgemeinen Bedeutungslehre, kann sicherlich nicht Disziplin der Linguistik sein. Diese Semantik ist vielmehr in genauso guten oder, vielleicht besser, genauso schlechten Händen von Psychologen, Anthropologen, Soziologen, Philosophen und Theologen. Andererseits geht es zweifellos auch Linguisten, wenn sie Fragen der Semantik behandeln, um Fragen der Bedeutung. Jedoch nicht um Fragen der Bedeutung irgend beliebiger Sinneseindrücke, sondern selbstverständlich nur um die Bedeutung sprachlicher Sinneseindrücke. Diese sprachlichen Sinneseindrücke unterscheiden sich von anderen Sinneseindrücken von Formen nicht durch die Eigenschaft »Bedeutung haben können«. Wodurch dann? Die sprachlichen Sinneseindrücke müssen nichts anderes als Sinneseindrücke ganz bestimmter Formen sein, eben Sinneseindrücke von *sprachlichen Formen*. Formen, wie wir bereits gelernt haben, helfen generell zur und bei der Unterscheidung von Sinneseindrücken. Also müßten sie auch hier zur Auszeichnung der sprachlichen Sinneseindrücke helfen. Wie ich ebenfalls bereits erwähnt habe, bereitet uns das Erkennen von sprachlichen Sinneseindrücken normalerweise keine Schwierigkeiten. Diese Leichtigkeit des Erkennens sprachlicher Formen steht in beträchtlichem Kontrast zu den bisher vergeblichen Versuchen der Linguisten, diese sprachlichen Formen zu charakterisieren. Dies gilt selbst noch, wenn wir uns auf eine einzelne natürliche Sprache beschränken. Mit Langacker (1983a) bin ich nun völlig einig, wenn er meint, daß für natürliche Sprachen nichts anderes zu erwarten sei (79). Natürliche Sprachen sind in vielerlei Hinsicht offene Systeme, so auch in Hinsicht auf das, was sie an sprachlichen Formen zulassen. In Erzählungen von Ereignissen versuchen wir oft lautmalerisch nachzuahmen, was vorgefallen ist. Betrachten wir die Sätze (6) und (7):

(6) **Am Wirtshaus angekommen, machte der Kutscher »brrh« und sein braver Gaul hielt sofort an.**

(7) **Als Maria die Spinne am Bettrand sah, schrie sie wie wild »iiih«.**

Bei Untersuchungen zur gesprochenen Sprache im Deutschen findet man sehr schnell heraus, daß eine Einheit wie **mhm** als sprachliche Einheit fungiert. So kann es in Gesprächen mindestens in drei Funktionen verwendet werden: 1. als Aufforderung zum Weitermachen, 2. als Signal, daß man das geschilderte Problem verstanden hat und 3. als Signal, daß man etwas nicht verstanden hat. Solche Wörter des Deutschen wurden bisher noch in keiner Phonologie und Morphologie des Deutschen, die irgendwelche formalen Ansprüche hat, wirklich ernst genommen. Eine Kennzeichnung ist auch nicht zu erwarten, da in diesem Bereich prinzipiell alles möglich ist. Was wir insgesamt allenfalls erwarten können, ist die Charakterisierung eines Ausschnitts der sprachlichen Formen des Deutschen. Jede Grammatik ist als solcher Versuch zu sehen. Mit diesem vielleicht auf den ersten Blick unbefriedigenden Ergebnis über die Erfaßbarkeit der sprachlichen Formen bzw. über die Trennbarkeit von sprachlichen Sinneseindrücken und nichtsprachlichen Sinneseindrücken müssen wir leben, da wir es mit natürlichen Sprachen zu tun haben.

Über die sprachlichen Formen haben wir den einzigen gangbaren Weg der Festlegung einer Bedeutungslehre gefunden, für die Linguisten zuständig sind. Wir sprechen dann im Unterschied zur allgemeinen Semantik besser von einer *linguistischen Semantik* und verstehen von nun an darunter eine solche Bedeutungslehre, die ausschließlich von Bedeutungen sprachlicher Formen handelt. Dies ist auf der einen Seite gewiß ein trivial klingendes Ergebnis – als Disziplin der Linguistik erscheint eine Bedeutungslehre linguistischer Einheiten –, daß es auf der anderen Seite ganz so trivial, wie es klingt, doch nicht ist, haben wir gerade gelernt.

Beschreiben nun Grammatiken Ausschnitte der sprachlichen Formen einer natürlichen Sprache, dann wirft unsere Festlegung einer linguistischen Semantik eine weitere Frage auf: Spielen bei der Beschreibung dieser sprachlichen Formen Fragen von Bedeutungen eine Rolle? Da es sich um eine Auszeichnung auf der Formenseite handeln soll, dürften Bedeutungen eigentlich dabei keine Rolle spielen, andernfalls wäre der vorgeschlagene Versuch der Bestimmung einer linguistischen Semantik zirkulär, d.h. ohne Rückgriff auf das, was wir eigentlich erst hinterher untersuchen wollen, nicht durchführbar. Die erste Hälfte dieses Jahrhunderts in der Linguistik war insbesondere im Zusammenhang mit distributionellen Methoden geprägt von ernst gemeinten Versuchen, phonologische, morphologische und syntaktische Einheiten einer natürlichen Sprache ohne Bezugnahme auf Bedeutungen zu erfassen. Inzwischen müssen wir erkennen, daß es bei guten Vorsätzen blieb und die Festlegung elementarer Begriffe dieser Disziplinen besser von einer Bedeutungsebene bewußt Gebrauch macht. So werden Phoneme einer natürlichen Sprache relativ einfach durch ihre bedeutungsdifferenzierende Funktion ermittelt, Morpheme sind minimale bedeutungstragende Einheiten und Wohlgeformtheitsfragen mögen ihre Grenze durch Verständnisprobleme finden. Vergleichen Sie hierzu Satz (8), der grammatisch korrekt gebildet ist:

(8) **Das »Vorsicht-Glatteis«-Verkehrszeichen, das letzte Nacht, die Frostbildung, was für den Autofahrer, der etwas getrunken und ein Auto, das abgefahrene Reifen hat, hat, erhöhte Gefahren mit sich bringt, brachte, total beschädigt wurde, wird nicht mehr aufgestellt.**

Unsere Festlegung der linguistischen Semantik ist also zumindest für den Bereich der Formen natürlicher Sprachen in gewisser Weise zirkulär. Selbst in künstlichen Sprachen kann die Trennung zwischen der Festlegung der Formenseite und der Bedeutungsseite übrigens nicht völlig aufrecht gehalten werden. So spielt bereits bei Sprachen im Rahmen der Aussagenlogik in der Syntax die Frage der Interpretierbarkeit eine entscheidende Rolle bei der Festlegung der wohlgeformten Ausdrucksgestalten. Ist etwa »¬« das Negationszeichen und »p« eine Aussagenvariable, dann ist die Gestalt

(G 1) ¬ p

wohlgeformt, dagegen die Gestalt

(G 2) ¬ p ¬

nicht wohlgeformt. Nur Gestalt G 1 ist sozusagen interpretationsfähig, in diesem Fall als die negierte Aussage »non p«. Für die Gestalt G 2 finden wir nichts entsprechendes. Deshalb muß bereits die Syntax eine solche Ausdrucksgestalt ausschließen.

Da ich keinen andern Weg für die Festlegung einer linguistischen Semantik sehe, müssen wir mit diesem ermittelten »Nachteil« der gewissen Zirkularität ebenfalls leben. Wir wollen bewußt damit leben, in der Hoffnung, daß dadurch allzu unliebsame Folgen verhindert werden können. Im Zusammenhang mit dem Intuitionsbegriff werden wir im Kapitel 2 noch etwas mehr zu dieser Problematik sagen können. Nicht zuletzt ist dieses Ergebnis aber auch von positiver Seite aus zu sehen: Zeigt sich doch ebenso innerhalb der Linguistik der bereits vorher festgestellte allgemeine, umfassende Charakter der Semantik.

1.2 Formen und ihre Beziehung zu dem, was sie bedeuten

Sprachliche Formen, egal in welcher Manifestation sie uns gegeben sind – hörbar, sichtbar oder fühlbar –, erschöpfen sich nicht in der erfahrbaren Wirkung als Sinneseindruck. Sie sind für uns im weitesten Sinne verstehbar oder nicht verstehbar und dasjenige, was verstehbar ist, ist allenfalls durch die Manifestation und ihre Wirkung als Sinneseindruck mitgegeben, jedoch nicht diese Manifestation selbst. Das Verstehbare ist mitgegeben, die sprachlichen Formen sind Zugang dafür. Bieten die Formen über diesen Zugang hinaus irgendwelche Hilfe für das Verstehbare? Diese Frage soll uns nun beschäftigen. Wir reihen uns damit in eine lange Tradition ein. Platons »Kratylos« (O. Apelt [1922]) ist immer noch eine der lesenswertesten Abhandlungen zu diesem Thema. Hermogenes wendet sich hilfesuchend an Sokrates und erläutert unser anstehendes Problem:

»Unser Kratylos hier behauptet, Sokrates, es gebe für jedes Ding eine richtige, aus der Natur dieses Dinges selbst hervorgegangene Bezeichnung, und nicht das sei als (wahrer) Name anzuerkennen, was einige nach Übereinkunft als Bezeichnung für das Ding anwenden, indem sie (willkürlich) einen Brokken ihres eigenen Lautvorrates als Ausdruck für die Sache wählen, sondern es gebe eine natürliche Richtigkeit der Namen, die für jedermann, für Hellenen wie Barbaren, die gleiche sei.« (37)

Und Kratylos sagt selbst:

»[...] wer die Worte versteht, auch die Dinge versteht.« (123)

Bekanntlich hatten Bilderschriften der Sumerer um 4000 vor Christi Geburt anfänglich diese Funktion; die Funktion, daß sich aus der Form selbst ergibt, was die Form bedeutet. Nehmen wir etwa die Formen für »Fisch« 𝄢 und für »Hand« 𓂃. Ebenso verdanken wir in erster Linie solchen Piktogrammen, daß wir uns im Ausland auf

Flughäfen und Bahnhöfen überhaupt zurechtfinden. Vergleichen wir die beiden folgenden Piktogramme

P 1 und *P 2* , die

»Abflug« und »Ankunft« bezeichnen, mit den Formen
deutsch: **abflug/ankunft**   dänisch: **afgang/ankomst**
englisch: **departure/arrival**   walisisch: **ymadawiad/dyfodiad**,
dann wird der Vorteil solcher Piktogramme für die Ebene der internationalen Verständlichkeit deutlich. Bewußte, nicht an Formen einer bestimmten natürlichen Sprache gebundene Repräsentationen von Tierstimmen sind offensichtlich als direkte Abbilder gedacht, wie auch Ihr Photo in Ihrem Personalausweis. An Formen einer natürlichen Sprache gebundene Repräsentationen von Tierstimmen sind dies viel weniger. Sieht man es doch bereits an den in verschiedenen Sprachen auftretenden verschiedenen Formen. Der Ruf eines Hahns klingt im Deutschen: **ki-keri-ki-ki**, während er im Englischen: **cock-a-doodle-doo** klingt. Als zugehöriges Verb finden wir im Deutschen **krähen** und im Englischen **to crow**. Eine Ähnlichkeit muß zugegeben werden, aber keine Gleichheit. Saussure (1967) vertrat die Unmotiviertheit des sprachlichen Zeichens (80). Die lautmalerischen Wörter stellten für ihn kein Gegenbeispiel dar. Wichtig ist dabei sein Hinweis, daß auch diese Wörter am Sprachwandel teilnehmen (81). M. a. W., selbst in einer Einzelsprache ist die Konstanz ihrer Formen nicht gesichert. Das als Beispiel bereits verwendete neuhochdeutsche Verb **krähen** entwickelte sich aus althochdeutschen Formen wie **chrājan, chrawan, chrāan, chrāhan** über das mittelhochdeutsche **kraejen** und das lutherische **krehen**; vgl. Grimm/Grimm (1873, Z 1970). Plank/Plank (1979, 38) geben zu bedenken, ob die in vielen Sprachen untereinander ziemlich ähnlichen Elternteil-Bezeichnungen nicht motiviert seien. Dabei greifen sie auf eine physiologische Erklärung zurück:

»Die mit den ersten lautlichen Unterscheidungen korrelierende erste Bedeutungsdifferenzierung ergibt sich als natürliche Konsequenz der frühesten affektiven Bewertung von Mundbewegungen. Während Lautfolgen mit Nasalen (**mömö, mama, nana** [...]) [...] eher mit unlustvollen Empfindungsgruppen assoziiert scheinen, dürfte die Quelle von **papa** u. ä. Lautfolgen ihre neutrale oder eher lustvolle Affektbesetzung [...] verständlich machen« (37).

So interessant solche Überlegungen sind, sind sie doch noch mit einem Hauch von Spekulation behaftet. Konkreter ist sicherlich der

Hinweis von Wundt (1975): »[...] Organe und Tätigkeiten, die zur Bildung der Sprachlaute in Beziehung stehen, sehr häufig mit Wörtern benannt werden, bei deren Artikulation die gleichen Organe und Tätigkeiten mitwirken.« (346) Den Status hinweisender Lautgebärden (348) möchte ich diesen Wörtern dennoch nicht zusprechen, da eben bei der Artikulation sehr vieler anderer Wörter die entsprechenden Artikulationsorgane ebenfalls beteiligt sind. Sprachliche Formen einer natürlichen Sprache sind so gut wie nie direkte Abbilder der Bedeutung; die Form allein genügt praktisch nie, um aus ihr ermitteln zu können, welche Bedeutung sie wirklich hat.

In der Zeichentheorie oder Semiotik gelten Zeichen, deren Formen durch eine unmittelbare Ähnlichkeit auf das Bezeichnete verweisen, als *ikonische* Zeichen. In diesem Sinne ist der ikonische Anteil bei den sprachlichen Formen einer natürlichen Sprache normalerweise gering. Streng genommen gehören nur diejenigen Formen dazu, die von Grammatikern meist gar nicht beachtet werden. Ich erinnere an die Form »iiih« aus unserem Satz (7). Schon bei den üblichen lautmalerischen Wörtern können wir nicht mehr von einer unmittelbaren Ähnlichkeit sprechen. Wenn schon nicht Abbild, sind sprachliche Formen dann wenigstens direkte *Anzeichen* für die Bedeutung, auf eine Weise wie etwa Rauch auf das Vorhandensein eines Feuers schließen läßt oder die Farbenpracht eines Laubbaumes im Herbst auf das Nichtvorhandensein von Chlorophyl verweist? Für diesen unmittelbaren kausalen Anzeichencharakter ist mir für eine einfache sprachliche Form bei einer natürlichen Sprache kein Beispiel bekannt. Für Eigennamen, die überraschenderweise als sprachliche Beispiele im Wörterbuch der Semiotik (1973) auftreten, gibt es sicherlich keinen direkten, notwendigen Zusammenhang zwischen der Form und der Person. Höchstens die jeweiligen ersten Träger dieser Namen mögen die Bezeichnungen gerechtfertigt haben. Bei Simon dem Fischer war der von Jesu verliehene Beiname **Petrus**, was ja »Fels« bedeutet, sicherlich angebracht; bei mir selbst bin ich darüber oft im Zweifel. In der Morphologie versucht man natürlich bei nicht-einfachen, sprachlichen Formen bestimmte Anzeichen zu entdecken. Denken Sie an gemeinsame Präfixe wie **ver-, an-** oder gemeinsame Suffixe wie **-heit, -ling** im Deutschen. Der Duden (1984) im Kapitel »Die Wortbildung« gibt genügend Anschauungsmaterial hierfür. Aber auch bei diesen Überlegungen kann man nur in begrenztem Maße von Anzeichen reden. Vergleichen wir die Substantive **häftling** und **frühling,** was soll da an speziellem Anzeichencharakter bei der Form **-ling** vorhanden sein? Tendenzen, die man aufstellen kann, möchte ich keineswegs abstreiten:

1. Friedrich (1974) erwähnt die Formen des perfektiven Aspekts, die

in den slawischen Sprachen normalerweise die kürzeren Formen aufweisen als die Formen des imperfektiven Aspekts (17/18 Fußnote 61). Ein Beispiel aus Comrie (1976, 19) entspricht dieser Aussage völlig: russisch: **on dolgo ugovarival** (imperfektive Form) **menja, no ne ugovoril** (perfektive Form) »er versuchte mich über lange Zeit zu überreden, aber er überredete mich nicht«. 2. Adjektive haben ziemlich viel Aufmerksamkeit erhalten. So lesen wir bei Anttila (1972):

»In Indo-European, the positive, comparative, and superlative degrees of adjectives show a gradual increase in length corresponding to the increase on the semantic side, for example, **high – higher – highest**, Latin **altus – altior – altissimus**. This is not a perfect universal, however, because there are also languages where this relation does not hold, for example, Finnish **korkea – korkeampi – korkein** [...]. On the whole this is how forms reflect a corresponding gradation in meaning [...].« (17)

Wohltuend muß vermerkt werden, daß Anttila selbst ein (nicht indogermanisches) Gegenbeispiel anführt. Mit der Lesart des Zunehmens muß man allerdings bei den Adjektiven **klein** und **kurz** aufpassen, worauf Koschmieder (1971) bereits unmißverständlich hingewiesen hatte (33). 3. Pluralformen sind häufig mindestens ebenso lang, meist länger, als die entsprechenden Singularformen. Als Gegenbeispiel im Englischen bei einigen Fremdwörtern, z.B. **radius – radii** und **stratum – strata**. Das klassenmäßige Mehrsein wird also oft auf der eher linearen Dimension der sprachlichen Formen durch Längersein ausgedrückt. Diese Version kann sicherlich eine starke Natürlichkeit beanspruchen. Von Kausalzusammenhang oder gar Notwendigkeit im strengen Sinne würde ich dennoch nicht sprechen. Die umgekehrte Version, bei der klassenmäßiges Mehrsein auf der eher linearen Dimension durch Kürzersein ausgedrückt wird, ist, soweit ich sehe, zumindest denkbar und eine derartige natürliche Sprache würde nicht allzu viel von ihrer Natürlichkeit verlieren.

Bei allen drei besprochenen Tendenzen hat folgende Überlegung Gültigkeit: Abgesehen von der geringen Wahrscheinlichkeit einer Synonymie bei einer Formveränderung, kann bei einer Formveränderung auch von einer Bedeutungsveränderung die Rede sein. Also müßten z.B. unterschiedliche Längen meist Anzeichen für Bedeutungsunterschiede sein.

Selbstverständlich ist im trivialen Sinne jeder Sinneseindruck von einer sprachlichen Form Anzeichen dafür, daß etwas mitgeteilt werden soll, aber was, ist sicherlich nicht auf direktem Wege kausal von der Form aus zu ergründen. In diesem eingeengten Sinne ist die sprachliche Form nicht Anzeichen dafür, was mit der jeweiligen

Form tatsächlich ausgedrückt wird. Als letztes Beispiel hierzu: Die Substantive deutsch: **schublade** und englisch: **drawer** bezeichnen beide dasselbe, obwohl von der Morphologie her völlig verschiedene Sehweisen naheliegen.

Die Zeichentheorie spricht bei Zeichen, die einen unmittelbaren Kausalbezug zwischen zwei Erscheinungen herstellen, von *indexikalischen* Zeichen. Somit müssen wir zumindest einfachen sprachlichen Formen einer natürlichen Sprache praktisch jeglichen indexikalischen Anteil absprechen und auch bei den nicht-einfachen Formen ist große Zurückhaltung geboten. Wir dürfen diesen Sprachgebrauch von indexikalischen Zeichen nicht mit der häufig in der linguistischen Semantik und linguistischen Pragmatik gebrauchten Bezeichnung »indexikalische Wörter« verwechseln, womit z. B. Personalpronomen wie **ich, du** und Temporaladverbien wie **gestern, heute** im Deutschen gemeint sind. Wörter also, deren Bezug erst mit der Kenntnis der jeweiligen Sprechsituation herzustellen ist. Es besteht nur ein lockerer Zusammenhang zwischen der Bedeutung solcher Wörter und dem was Semiotiker im strengen Sinne unter »indexikalischen Zeichen« verstehen; so reservieren wir für jene Wörter besser den Namen »deiktische Wörter«. Sprachliche Formen sind also größtenteils weder Abbilder noch Anzeichen ihrer Bedeutungen, vielmehr sind wir auf die elementare Zugangsfunktion, auf das Tor zur Bedeutung zurückgeworfen. Nach Frege (1971) sind sie anschauliche Vertreter (108) der Bedeutung und wir dringen über sie »[...] Schritt für Schritt in die innere Welt unserer Vorstellungen ein, indem wir das Sinnliche selbst benutzen, um uns von seinem Zwange zu befreien. Die Zeichen sind für das Denken von derselben Bedeutung wie für die Schiffahrt die Erfindung, den Wind zu gebrauchen, um gegen den Wind zu segeln.« (107)

1.3 Sprachliche Formen haben Bedeutung

Wir haben bisher von sprachlichen Formen und von Bedeutungen gesprochen, es läge nun nahe, schlicht zu sagen: Sprachliche Formen haben Bedeutung. Bei einer solchen Redeweise scheint aber Vorsicht geboten zu sein, zumindest bekommt man diesen Eindruck bei Palmer (1976): »[...] to say that a word has meaning is not like saying that people have legs or that trees have leaves. We are easily misled by the verb **have** and the fact that **meaning** is a noun into looking for something that is meaning.« (29) »If we are talking of ›having‹ meaning, it is rather like talking about ›having‹ length.« (29/30) Um die Berechtigung für die Unterscheidung zweier solcher Redeweisen zu beurteilen – »Menschen haben Beine« vs. »Gegenstände haben (eine) Länge« –, betrachten wir das Verb **haben** im Deutschen. Mit dem Verb **haben** können wir, allgemein gesprochen, vorgegebenen Objekten andere Objekte zu- oder absprechen. Diesen Gebrauch finden wir in den Sätzen (9) und (10):

(9) **Manfred hat ein Motorrad.**

(10) **Der Bettler hat kein Geld.**

Ein Spezialfall dieser Interpretation liegt vor, wenn diese anderen Objekte als Teil der vorgegebenen Objekte angesprochen werden. Vergleichen wir hierzu:

(11) **Unsere Wohnung hat vier Zimmer.**

(12) **Ein Stier hat zwei Hörner.**

Palmer verneint offensichtlich diesen Gebrauch des Verbes **haben** für die Redeweise »Sprachliche Formen haben Bedeutung«. Vielmehr scheint ihm mit dem Hinweis auf »etwas eine (bestimmte) Länge haben« ein Gebrauch von **haben** vorzuschweben, bei dem vorgegebenen Objekten nicht andere Objekte bzw. Teile, sondern eine bestimmte Eigenschaft zu- oder abgesprochen wird. Als Beispiel im Deutschen wären von ihm wohl anzuführen:

(13) **Petra hat ein gutes Gedächtnis.**

(14) **Drängelmänner haben keine Geduld.**

(15) **Leider haben wir heute abend keine Zeit.**

(16) **Die Flüchtlinge haben alle nichts.**

Bei genauerem Hinsehen erweist sich jedoch der vermeintlich wichtige Unterschied als eine reine Frage der Sehweise, wie wir nun zeigen wollen. Für alle angeführten Beispiele (9)−(16) stellt **haben** ein transitives Verb dar, das nach 2 obligatorischen Ergänzungen verlangt. Der zweite Gebrauch von **haben** in der vielleicht etwas lehrbuchmäßigen Sequenz (17):

(17) **A: Hat er gute Noten im Zeugnis? B: Ja, er hat.**,

ist offensichtlich elliptisch und stellt somit kein Gegenbeispiel zur Analyse von **haben** mit 2 obligatorischen Ergänzungen dar. Im Falle von Substantivphrasen ist die erste Ergänzung im Nominativ und die zweite Ergänzung im Akkusativ. Betrachten wir die gefundenen syntaktischen Muster für **haben**:

(M 1) ... haben$_{\text{flektiert}}$ ...,

speziell bei Substantivphrasen als Ergänzung

(M 2) Subphr$_{\text{Nominativ}}$haben$_{\text{flektiert}}$Subphr$_{\text{Akkusativ}}$.

Beiden syntaktischen Mustern M 1 und M 2 entsprechen auf der semantischen Ebene, grob gesprochen, zweistellige Relationen zwischen den Ergänzungselementen. Dies ist eine Sehweise, nennen wir sie die »zweiseitige, relationale Sehweise«.

Betrachten wir nun das Verb **haben** zusammen mit seiner obligatorischen zweiten Ergänzung, dann bleibt für diese entstehende Kette die syntaktische Struktur eines intransitiven Verbs übrig, d.h. die entstehende Kette verlangt nach einer obligatorischen Ergänzung. Im Falle von Substantivphrasen steht diese Ergänzung im Nominativ und wir bekommen die beiden syntaktischen Muster:

(M 3) ... $haben_{flektiert} + Erg$,

speziell bei Substantivphrasen als ausstehende Ergänzung

(M 4) $Subphr_{Nominativ} haben_{flektiert} + Erg$.

Grob gesprochen entsprechen diesen syntaktischen Mustern auf der semantischen Ebene einstellige Relationen auf der Menge der möglichen Ergänzungselemente. Einstellige Relationen werden in der Sprachphilosophie häufig Eigenschaften genannt. Somit ist wohl klar, daß wir nicht nur »ein gutes Gedächtnis haben« oder »heute abend keine Zeit haben« als Eigenschaften bezeichnende Ketten ansehen können, sondern auch »vier Zimmer haben«, »zwei Hörner haben« oder »ein Motorrad haben«. Jedes Verb mit 2 obligatorischen Ergänzungen läßt diese um eine Ergänzung vermindernde Sehweise zu. Wir wollen diese Sehweise die »Eigenschaftssehweise« oder die »einseitige, relationale Sehweise« nennen.

Diese vorgeführte Möglichkeit von unterschiedlichen Sehweisen bei relationalen Gegebenheiten finden wir auch in anderen Disziplinen. So etwa in der Mathematik. Nehmen wir als Beispiel die Addition zwischen natürlichen Zahlen, dann können wir die Addition selbst als eine zweistellige Funktion in der Menge der natürlichen Zahlen ansehen: ... + ...; $f_+(a,b) \rightarrow c$. Dies entspricht unserer zweiseitigen, relationalen Sehweise. Eine Sehweise, die Ihnen bei diesem Beispiel von der Schule her noch bekannt ist und Ihnen wahrscheinlich ganz normal erscheint. Eine andere Betrachtungsweise der Addition ergibt sich folgendermaßen: Angenommen, wir halten einmal in Gedanken die zweite Leerstelle innerhalb der Funktion mit der festen natürlichen Zahl b fest: ... +b. Was nun übrigbleibt, ist eine einstellige Funktion $f_{+b}(a) \rightarrow c$. Diese einstellige Funktion entstand dadurch, daß wir die zweite Leerstelle sozusagen vorübergehend festhielten. Denken wir uns dieses Festhalten nicht nur für die eine Zahl b durchgeführt, sondern für alle natürlichen Zahlen n sukzessive durchgeführt, dann spielen wir in einer Aufeinanderfolge von 2 einzelnen Schritten die vorhin als zweistellige Funktion benannte Addition nach, vgl. Diagramm D 4.

14

$D\ 4$: $\forall\ n\ \varepsilon\ IN : f_{+n}(\ldots) \rightarrow \forall\ a\ \varepsilon\ IN : f_{+n}(a)\ (= a+n)\ \varepsilon\ IN$

$n \rightarrow f_{+n} \xrightarrow{a} f_{+n}\ (a)\ (= a+n)$: Folge von 2 einstelligen
Funktionen

einstellige Funk- tionen von IN in die Menge der einstelligen Funktionen von IN in IN	einstellige Funktionen von IN in IN

Diese Sehweise entspricht unserer einseitigen, relationalen Sehweise. Die Addition wird in beiden Fällen adäquat erfaßt, nur die Sehweisen sind unterschiedlich. Kommen wir nach dieser Illustration aus einem anderen Bereich zu unserer Redeweise »Sprachliche Formen haben Bedeutung« zurück. Die Einnahme des Standpunktes der Eigenschaftssehweise ist in allen Fällen der Sätze (9)−(16) möglich, soweit sind wir mit unseren Überlegungen gediehen. Ist es nun umgekehrt auch möglich, trotz der Annahme einer natürlicheren Eigenschaftslesart, wie etwa in den Sätzen (13)−(16), über die in die Kette mit dem Verb **haben** eingehende Ergänzung und insbesondere über ihre semantischen Gegenstücke gesondert zu reden? M.a.W., kann die aus den syntaktischen Mustern M 3 und M 4 semantisch resultierende Eigenschaft weiter analysiert werden oder ist dies nur eine durch die Oberfläche dieser Sätze nahegelegte Illusion? Meiner Meinung nach sind diese Eigenschaften sehr wohl analysierbar, in dem Sinne, daß immer etwas, wie abstrakt dieses Etwas auch sein mag, zu- oder abgesprochen wird. »Geduld haben« z.B. zeigt sich an ganz konkreten Verhaltensweisen, selbst das wohl extremste »nichts haben« kann nur als Gegenstück oder auf dem Hintergrund des Verständnisses von »etwas Konkretes haben« erfaßt werden. Also kann die Redeweise »Sprachliche Formen haben Bedeutung« sicherlich einmal so verstanden werden, daß sprachliche Formen die Eigenschaft »Bedeutung haben« zugesprochen wird. Andererseits schließt sie aber auch nicht aus, daß wir neben den sprachlichen Formen von Bedeutungen gesondert reden. Im Gegensatz zu dem, was Palmer (1976) vertrat, erweist sich auch die Eigenschaftssehweise beim Verb **haben** als weiter analysierbar. Ich bin hier mit Langacker (1983b) wieder einmal einig, wenn er im Zusammenhang mit Verständnismöglichkeiten bei Relationen schreibt:

»[...] conceptualizing the relationship between two entities cannot be dissociated from the conceptualization of these entities themselves. Just as the location of a relationship necessarily reduces to the location of its participants, so I think it likely that the high level of activation of a relational conception entails that of the entities associated by the relationship.« (122)

Die Möglichkeit der Bezugnahme auf die in die Relationen eingehenden Elemente, in unserem Fall speziell auf die Bedeutungen, kann angesichts der von einigen Linguisten vertretenen Ansicht nicht genug herausgestellt werden. Die für mich nicht akzeptierbare Einengung auf die reine Eigenschaftssehweise wurde wahrscheinlich stark von Ferdinand de Saussure beeinflußt. Bei ihm in Saussure (1976) lesen wir:

»[...] im Bereich der Sprache ist die Vorstellung eine Begleiterscheinung der lautlichen Substanz. [...] Die sprachliche Tatsache besteht nur vermöge der Assoziation von Bezeichnendem und Bezeichnetem [...]; wenn man nur einen dieser Bestandteile ins Auge faßt, dann entschwindet einem dieses konkrete Objekt, und man hat statt dessen eine bloße Abstraktion vor sich. [...] Begriffe wie ›Haus‹, ›weiß‹ [...], an sich selbst betrachtet, gehören der Psychologie an.« (122)

Psychologen mögen uns wichtiges über solche Begriffe erzählen können, das sei unbestritten, aber dies sollte Linguisten nicht abhalten, auch ihren Beitrag zum Problem der Bedeutung beizusteuern. Auf die Sprache insgesamt bezogen, tritt Saussures sicherlich weltfremde Ansicht der untrennbaren Einheit noch deutlicher hervor (1967):

»Die Sprache hat [...] dem Denken gegenüber nicht die Rolle, vermittelst der Laute ein materielles Mittel zum Ausdruck der Gedanken zu schaffen, sondern als Verbindungsglied zwischen dem Denken und dem Laut zu dienen [...].« (133) »Ob man Bezeichnetes oder Bezeichnendes nimmt, die Sprache enthält weder Vorstellungen noch Laute, die gegenüber dem sprachlichen System präexistent wären, sondern nur begriffliche und lautliche Verschiedenheiten, die sich aus dem System ergeben.« (143/144)

Hjelmslev (1963) sieht ebenfalls nur den unauflösbaren Zusammenhang: »Expression and content are solidary – they necessarily presuppose each other. An expression is expression only by virtue of being an expression of a content, and a content is content only by virtue of being a content of an expression.« (48/49) Der ansonsten vorzügliche Ullmann (1957) ist an dieser Stelle auch zu streng: »Meaning is a reciprocal relation between name and sense, which enables them to call up one another.« (70) Natürlich haben sprachliche Formen Bedeutung, dies war ja gerade unser Ausgangspunkt. Ferner helfen uns geformte Sinneseindrücke beim Verstehensprozeß; eine Erkenntnis aus dem Abschnitt 1.1. Bedeutungen bzw. Inhalte sind allerdings nicht nur durch sprachliche Formen, insbesondere von der Wortebene an, ausdrückbar, es gibt noch einen weiteren Bereich von nichtsprachlichen Ausdrucksweisen. Diese Ergebnisse können wir in den Diagrammen D 5 und D 6 veranschaulichen:

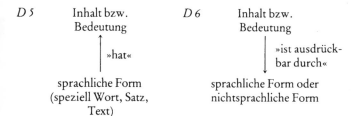

D 5   Inhalt bzw.   *D 6*   Inhalt bzw.
Bedeutung   Bedeutung

↑
| »hat«

| »ist ausdrückbar durch«
↓

sprachliche Form
(speziell Wort, Satz, Text)

sprachliche Form oder
nichtsprachliche Form

Ich hatte die Auffassung von der untrennbaren Einheit zwischen sprachlichen Formen und deren Bedeutungen in Verbindung mit Saussures Zitaten als weltfremd bezeichnet. In erster Linie deshalb, weil diese Auffassung dem Test der linguistischen Praxis überhaupt nicht standgehalten hat. Hierzu sind folgende, durchaus verbreitete, Vorgehensweisen anzuführen: 1. Linguisten haben sich bisher noch nie völlig der Möglichkeit von Übersetzungen widersetzt. Dies ist selbstverständlich ein stillschweigendes Zugeständnis, daß Bedeutungen losgelöst von einzelnen sprachlichen Formen betrachtet werden können. Wäre dem nicht so, also die Bindung zwischen Form und Bedeutung unauflösbar, dann wäre die Frage, welche Formen in der Zielsprache die Bedeutung einer Form der Ausgangssprache am besten treffen, von vornherein sinnlos. Eine notwendige Bedingung jeder Übersetzung ist im Diagramm D 7 dargestellt:

D 7   b: Bedeutung

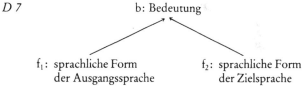

f_1: sprachliche Form f_2: sprachliche Form
der Ausgangssprache   der Zielsprache

2. Bei einer unauflösbaren Bindung zwischen Form und Bedeutung müßte man innerhalb einer einzelnen Sprache die Existenz von zueinander gleichbedeutenden, also synonymen, Formen ablehnen. Auf einer gewissen Ebene werden aber wohl von allen Mitgliedern der deutschen Sprachgemeinschaft etwa die Verben **erhalten** und **bekommen** als gleichbedeutend angesehen. Die im Abschnitt 1.2 angesprochene Tendenz, daß Formveränderung eine Bedeutungsveränderung nach sich zieht, überwiegt jedoch normalerweise gegenüber der Erwartung einer Synonymiebeziehung. 3. Die von einigen Linguisten vertretene onomasiologische Vorgehensweise, bei der man von Bedeutungen ausgeht und nach sprachlichen Formen mit diesen Bedeutungen sucht, wäre auch nichts anderes als eine Illusion. Die besonders in der Germanistik und Romanistik beliebte Onomasiolo-

gie hat sich dagegen sowohl historisch über mehrere Sprachzustände hinweg als auch für einzelne Sprachzustände bei zahlreichen Einzeluntersuchungen, wie etwa zu Bezeichnungen des Pfluges, der Lerche usw. als auch als partielle Methode bei Wortfelduntersuchungen bewährt. 4. Untersuchungen zu lokalen Bedeutungsveränderungen gewisser sprachlicher Formen dürfte es nicht geben. Denken wir an die Form **laufen,** die in süddeutschen Dialekten mit der Bedeutung »gehen« gebraucht wird, während sie in norddeutschen Dialekten nur in der Bedeutung »rennen« vorkommt. Im Falle der Unauflösbarkeit von Form und Bedeutung könnten sich jeweils nur die Zeichen als Ganzes ändern. Man müßte dann in diesem Fall konsequenterweise von zwei verschiedenen Wörtern **laufen** reden. Nur wenige Lexikologen, also diejenigen, die sich mit Wortschatzuntersuchungen beschäftigen, geschweige denn die Lexikographen, also diejenigen, die sich mit dem Schreiben von Wörterbüchern beschäftigen, wären von solch einer Explosion des Wortschatzes begeistert. 5. Historische Linguistik, die schon immer unter anderem versucht hat, Fragen der Bedeutungsveränderung einzelner Formen bzw. Veränderungen der Formen bei einigermaßen konstanten Bedeutungen zu ermitteln, würde ebenfalls von völlig fehlgeleiteten Fragestellungen bestimmt. Allerdings muß man hier zugeben, daß Veränderungen auf der einen Ebene praktisch auch immer Veränderungen auf der anderen Ebene nach sich ziehen. Solche letztlich das Zeichen in seiner Gesamtheit betreffende Veränderungen über längere Zeiträume hinweg sollten nicht überraschen, garantieren sie doch die Nützlichkeit der natürlichen Sprache als Kommunikationsmittel. Mit dem Zeichen als Ganzem wird ein stärkeres Signal des Neuen gegeben als nur mit einer Komponente.

Neben diesen eher praktischen Bedenken gegenüber der unauflösbaren Bindung zwischen Form und Inhalt gibt es noch einen theoretischen und notgedrungen spekulativen Punkt: Glaubt man an die Möglichkeit eines Denkens unabhängig von irgendwelchen sprachlichen Formen einer natürlichen Sprache, dann muß man von Bedeutungen »an sich« überzeugt sein. Im Gegensatz zu Gipper (1978), der zwar trivialerweise ein Denken ohne Sprechen zuläßt (23), aber zumindest beim Erwachsenen ein Denken ohne Sprache ausschließt (26), scheint mir diese Möglichkeit durchaus plausibel. Phylogenetisch kann man nach Wygotski (1977, 87) eine vorsprachliche Phase in der Entwicklung der Intelligenz feststellen. Auch ontogenetisch sprechen die frühen Phasen des Spracherwerbs, die selbst bereits den vorherigen Erwerb gewisser intellektueller Fähigkeiten voraussetzen, dafür – eine Möglichkeit, die auch Gipper zuläßt und bei Wygotski (1977, 90 u. 95) angesprochen ist. Ferner scheinen mir schöp-

ferische Tätigkeiten im bildnerischen und musischen Bereich geradezu ein fast bewußtes Denken ohne Sprache zu verlangen, um in dem
jeweiligen Medium überzeugend zu wirken. Völligen Aufschluß
über diese Spekulationen können wir in naher Zukunft nicht erwarten, da uns ein nichtsprachliches, direktes Erfassen von dem Denken
zugeordneten Gehirntätigkeiten im Augenblick verwehrt ist. Am
nächsten kommt man diesem Ideal, wenn man sich mit dem Denken
von Gehörlosen befaßt. Furth (1972) handelt davon, wobei neben
den klaren und vorsichtigen Gedankengängen vor allem das mora-
lische Engagement für die Gehörlosen beeindruckt. Eine lange
Reihe von Experimenten, die sich mit der Entdeckung und Beherr-
schung von Begriffen, Gedächtnis und Wahrnehmung, Piagetschen
Erhaltungsaufgaben und logischen Klassifikationen beschäftigen,
»[...] spricht dafür, daß zwischen dem Denken Gehörloser und
dem Denken normal Hörender eine grundsätzliche Ähnlichkeit besteht.« (155) Nachteile, die hier und da auftreten, ergeben sich nicht
als notwendige Konsequenz aus dem Sprachmangel, sondern sind
ein Resultat ihrer meist benachteiligten sozialen Umgebung (162).
Das Fazit dieser beeindruckenden Studie liegt damit nahe: Zwischen
Sprache und operationalem Denken besteht keine wesentliche Beziehung (232).

Das sprachliche Zeichen besteht aus Form und Inhalt, vgl. Saussure (1967, 78), oder »ein sprachliches Zeichen hat Form und Inhalt«. Dabei handelt es sich um die spezielle Teilleseart von **haben,**
d.h. sowohl die Form als auch der Inhalt sind Teile des sprachlichen
Zeichens selbst. Im Unterschied zu den Hörnern beim Stier sind sie
sogar unverzichtbare Teile des sprachlichen Zeichens, da sie zusammen erst das sprachliche Zeichen ausmachen. Nur – und dies ist kein
Widerspruch –, manchmal kommen wir nicht umhin, über die einzelnen Komponenten des Zeichens auch einzeln zu sprechen. Insbesondere ist bei unseren Überlegungen klar geworden, daß wir Bedeutungen »an sich« in sinnvoller Weise annehmen können. Jedoch,
und dies möchte ich deutlich herausstellen, was wir uns unter solchen Bedeutungen »an sich« vorstellen sollen, ist im Augenblick
noch völlig unklar und wird auch noch für eine geraume Zeit im Verlauf dieser Ausführungen unklar bleiben. Im Grunde unterhalten wir
uns über etwas, wovon wir überhaupt nicht wissen, was es ist. Eine
Praxis übrigens, die in alltäglicher Kommunikation gar nicht so selten vorkommt. Alles was mit dem »Hörensagen« zu tun hat, fällt
darunter: So gehört Klatsch zum größten Teil dazu, aber auch der
Gebrauch von vielen Eigennamen, denken wir etwa an geographi-
sche Begriffe wie **Grenada.** Wir gebrauchen viele solcher Eigenna-

men allein mit dem Vertrauen darauf, daß sie etwas bezeichnen, ohne genau zu wissen, was sie eigentlich bezeichnen.

Die einigermaßen Schwierigkeiten bereitende Ausdrucksweise »Eine sprachliche Form hat eine Bedeutung« ist nun hoffentlich verständlich, verbesserungsbedürftig ist sie immer noch. Die »sprachliche Form«, die in diese Ausdrucksweise eingeht, bedarf zunächst noch einer Klärung. Ich habe betont, daß es bei den geformten Sinneseindrücken um diejenigen Formen geht, die wir als Interpreten den Sinneseindrücken zuordnen. Bei Sinneseindrücken im Hör-, Seh- und im Tastbereich, denen wir sprachliche Formen zuordnen, muß es sich bei diesen sprachlichen Formen bereits um mentale Abstraktionen von dem Vorgegebenen handeln. So können wir normalerweise davon ausgehen, daß etwa Sinneseindrücken im Sehbereich, wie z.B. (S1) *lacht* und (S2) *lacht* ein und dieselbe Form zugeordnet wird – eben die Wortform **lacht** –, während dem Sinneseindruck (S 3) *licht* eine andere Form – die Wortform **licht** –, zugeordnet wird. Die Unterschiede zwischen S 1 und S 2 werden im Vergleich zu S 3 als vernachlässigbar angesehen und somit sozusagen innerhalb den visuellen Toleranzgrenzen von geformten Sinneseindrücken der Wortform **lacht** angesiedelt. »Hinter« solchen einzelnen Wortformen steht ferner das abstrakte *Wort;* die Einheit, der Linguisten in systematischen Beschreibungen zunächst eine lexikalische Bedeutung zuordnen und die Bedeutungen der Wortformen als davon abgeleitet ansehen. Da ein sinnvoller Weg für die Festlegung dieser abstrakten Wörter gerade über die paradigmatische Zusammenfassung ihrer Wortformen führt, vgl. Lutzeier (1981a, 39–53), und die Bedeutung des Wortes das diesen Wortformen semantisch Gemeinsame darstellt, können wir uns hier ohne allzu großen Schaden die Nachlässigkeit erlauben, zwischen Wortform und Wort hin- und herzupendeln. Im Einzelfall wird es hoffentlich immer klar bzw. unwichtig sein, um welche Abstraktionsebene es sich handeln soll. In Wörterbüchern behilft man sich in diesem Fall mit einer typischen Wortform, bei Verben etwa mit der Infinitivform. Nun kann ein und dieselbe Form in verschiedenen Sprachen oder Sprachausprägungen vorkommen. Die schriftsprachliche Form **see**, kann mindestens im Deutschen als Form eines Substantivs und im Englischen als Form eines Verbs auftreten. Die gleiche Form hat in beiden Sprachen unterschiedliche Bedeutung. Ebenso hatten wir von der Form **laufen** mit unterschiedlichen Bedeutungen in verschiedenen Sprachausprägungen des Deutschen gesprochen. Also ist eine Relativierung auf die jeweilige Sprache bzw. Sprachausprägung notwendig. Selbst dies reicht aber noch nicht aus. Die schriftsprachliche Form **see** kommt im Englischen natürlich auch als eines Substantivs vor, hat jedoch in diesem Fall unterschiedliche Bedeutung zu der Bedeutung der Form des Verbs **to see**. Damit müssen wir innerhalb der einzelnen Sprachausprägung die syntaktische Kategorienzugehörigkeit mit berücksichtigen. Wir ersetzen von nun an die alte Ausdrucksweise »Die sprachliche Form f hat die Bedeutung b« endgültig durch die neue Ausdrucksweise »Die sprachliche Form f als Form der natürlichen Sprache S und innerhalb dieser Sprache der syntaktischen Kategorie c angehörend, hat die Bedeutung b«. Von einer zweistelligen Relation zwischen Formen und Bedeutungen sind wir somit zu einer vierstelligen Relation zwischen Formen, syntaktischen Kategorien, Sprachen bzw. Sprachausprägungen und Bedeutungen übergegangen. Die Freiheiten in den Argumentsstellen sind selbstverständlich nicht unabhängig voneinander zu definieren, insbesondere engt die Festlegung der natürlichen Sprache bzw. der Sprachausprägung zweifellos den Freiheitsraum der Argumente für die Formen und syntaktischen Kategorien ein.

1.4 Vollwörter vs Strukturwörter

Gilt diese Redeweise »Die sprachliche Form f als Form der natürlichen Sprache S und innerhalb dieser Sprache der syntaktischen Kategorie c angehörend, hat die Bedeutung b« für alle sprachlichen Formen – von der Wortebene an – in gleicher Weise oder gibt es dabei wichtige Unterschiede? Dies ist unsere nächste Fragestellung. Beschränken wir uns auf sprachliche Formen der Wortebene, dann finden wir den häufigen Versuch, auf dieser Ebene von zwei prinzipiell verschiedenen Arten der Ausdrückbarkeit von Bedeutungen zu sprechen: Einmal, in einer direkten, unmittelbaren Weise und zum andern, in einer indirekten, von anderen Wörtern abhängenden Weise. Otto (1943) spricht für die semantischen Gegenstücke im ersten Fall von Begriffsbedeutung und im zweiten Fall von Beziehungsbedeutung (8). Formen, die eine solche Begriffsbedeutung tragen sollen, werden »Vollwörter«, »Bedeutungswörter«, »Autosemantika« oder »kategorematische Ausdrücke« genannt, während für Formen, die eine solche Beziehungsbedeutung tragen sollen, »Strukturwörter«, »Funktionswörter« oder »synkategorematische Ausdrücke« reserviert sind. Die Diagramme D 8 und D 9 veranschaulichen diese Trennung:

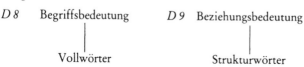

D 8 Begriffsbedeutung   *D 9* Beziehungsbedeutung

Vollwörter   Strukturwörter

Eine klare Trennung beider Arten mit Hilfe einer Auflistung erscheint der einfachste Weg: Der Duden (1984) ordnet z. B. die Wortarten »Verb«, »Substantiv« und »Adjektiv« den Vollwörtern zu (89). Einigkeit herrscht jedoch bei solchen Auflistungen keineswegs, zählt doch Lewandowski (1976) Modalverben und Hilfsverben zu den Funktionswörtern (216). Verschließen wir geflissentlich die Augen vor all der Problematik, die mit der Festlegung der Wortarten selbst zusammenhängt – vgl. etwa den Abschnitt »Wortarten« in Bergenholtz/Mugdan (1979) – und vor den offensichtlichen Uneinigkeiten bei der Auflistung, können wir mit der Idee einer reinen Auflistung trotzdem nicht zufrieden sein. Die behauptete unterschiedliche Ausdrückbarkeit von Bedeutungen wird bei der formalen Auflistung von Wortarten oder Gruppen von Wörtern überhaupt nicht angesprochen. Es bleibt unklar, welche Kriterien der vorgenommenen Auflistung zugrunde liegen. Versuchen wir also die behauptete Unterscheidung ernst zu nehmen und eine mögliche Erklärung über die Dinge, die behauptetermaßen eine Rolle spielen; nämlich die unterschiedlichen Arten von Bedeutungen. Was hat in der erfahrbaren Wirklichkeit auf den ersten Blick nicht mit irgendeiner Beziehung zu tun? Wohl nur das ureigentlich Dinghafte, die in Raum und Zeit leicht abgrenzbaren Gegenstände. Kommt nun allein dieses Dinghafte als Begriffsbedeutung in Frage, dann hat diese Position zur Folge, daß höchstens noch Eigennamen und singuläre Personalpronomen einer Sprache Vollwörter sind, denn sie sind die einzigen Wörter einer natürlichen Sprache, mit Hilfe derer wir uns in einer Situation normalerweise auf ein einzelnes Ding beziehen. Kein ermutigendes Ergebnis, muß man wohl sagen. Wurden doch gerade diese Wörter, aufgrund ihrer vermeintlich trivialen Bedeutung, von Linguisten häufig von jeder semantischen Untersuchung ausgeschlossen. Erst nachdem sich Sprachphilosophen seit der Jahrhundertwende mit Eigennamen intensiv auseinandergesetzt hatten, schenkten ihnen auch Linguisten wieder Aufmerksamkeit. Für Sprachphilosophen sind in erster Linie Kriterien für die gegenseitige Austauschbarkeit von Eigennamen mit singulären Kennzeichnungen interessant, vgl. Sie die Sätze (18) und (19):

(18) **Willy Brandt ist Friedensnobelpreisträger.**
(19) **Der Vorsitzende der SPD ist Friedensnobelpreisträger.**

So ist Satz (18) seit der Verleihung des Friedensnobelpreises an Willy Brandt wahr und wird auch wahr bleiben, während man wohl mit der Abdankung von Willy Brandt als Parteivorsitzender eine Änderung des Wahrheitswertes von Satz (19) von wahr zu falsch erwarten muß. Friedensnobelpreisträger sind eben auch in der SPD ziemlich rar. Die Bezeichnung von singulären Kennzeichnungen variiert mit verschiedenen Situationen, die Bezeichnung von (nicht allzu verbreiteten) Eigennamen dagegen ist immer konstant. Linguisten kümmern sich zusätzlich um Fragen des über den reinen Bezug auf die Person hinaus mit Eigennamen Ausgesagte. Betrachten wir hierzu die Sätze (20) und (21):

(20) **Schiller war Zögling der Karlsschule.**

(21) **Schiller wurde 1789 zum unbesoldeten Professor der Geschichte und Philosophie in Jena ernannt.**

Bei Satz (20) etwa ist mit dem Namen **Schiller** der junge, ungestüme Schiller gemeint, während diese Phase mit dem Gebrauch des Namen **Schiller** in Satz (21) bereits vorbei ist. Unterschiedliche Lebensabschnitte mit ihren verschiedenen Konnotationen werden mit ein und demselben Eigennamen in diesen Sätzen bezeichnet. Wir lesen daraus folgendes ab: Selbst bei Eigennamen ist nicht nur das rein Dinghafte als Bedeutung vorhanden. Das über das rein Dinghafte hinausgehende, nämlich die Konnotationen, wird allerdings erst über Beziehungen zu anderen Elementen deutlich. So entscheidet der jeweilige Kontext des Namen **Schiller** in den Sätzen (20) und (21), was über den reinen Bezug auf die Person »Friedrich Schiller« hinaus mit angedeutet wird. Der insgesamt lehrreiche Ullmann (1962, 52) sieht ähnliche Variationsmöglichkeiten für Eigennamen vor.

Drücken nun umgekehrt alle anderen Wörter einzig Beziehungsbedeutungen aus? Sicherlich kann man, ohne jeweils auf Einzelheiten der Bedeutungen einzugehen, die Bedeutung des transitiven Verbs **hassen** im Deutschen mit »näher zu bezeichnender Zustand, bei dem zwei Parteien in Beziehung zueinander stehen«, die Bedeutung der Konjunktion **als** im Deutschen mit »näher zu bezeichnende temporale Beziehung, die zwischen zwei Sachverhalten herrscht«, die Bedeutung der Präposition **auf** im Deutschen mit »näher zu bezeichnende lokale Beziehung, die zwischen zwei Parteien besteht« und die Bedeutung des Adjektivs **schmutzig** im Deutschen mit »näher zu bezeichnender Zustand einer Partei im Verhältnis zu einem Normalzustand solcher Parteien« angeben. Mit Beziehungen haben diese Wörter aus verschiedenen Wortarten offenbar alle etwas zu tun. Dies ist einmal ein zusätzlicher Hinweis darauf, daß die Auflistung nach Wortarten nicht haltbar ist, waren doch z.B. im Duden (1984, 89) Verben und Adjektive den Vollwörtern und Konjunktionen und Präpositionen den Strukturwörtern zugeordnet und werden zumindest die Konjunktionen bei solchen Auflistungen meines Wissens nirgendwo als Vollwörter angesehen. Andererseits erschöpfen sich diese Bedeutungen nicht nur in Beziehungen. Zustände, Vorgänge, ja selbst eine lokale oder temporale Beziehung, haben auf abstrakterer Ebene auch wieder etwas Dinghaftes an sich; bestimmte und nicht irgendwelche Zustände von Beziehungen zwischen zwei Parteien werden z.b. durch das Verb **hassen** im Deutschen angesprochen. Indem ich aber einzelne Zustände von Beziehungen zwischen Parteien von anderen Zuständen unterscheide, werden diese beziehungshaften Zustände selbst verdinglicht. Analoges passiert für die Vorgänge, lokalen und temporalen Beziehungen, die wir für die Wortsemantik im Deutschen berücksichtigen müssen. In formalen Beschreibungen sind diese beiden möglichen Sehweisen – die beziehungsorientierte und die gegenstandsorientierte – konsequent ausgenützt: Relationen können selbst wieder als Argumente und somit als Gegenstände höherstelliger Relationen fungieren. Nehmen wir Satz (22):

(22) **Es ist üblich, drei Mahlzeiten am Tage einzunehmen.**
»Drei Mahlzeiten am Tage einnehmen« kann in formalen Beschreibungen als eine einstellige Relation, also als Eigenschaft, von Personen aufgefaßt werden, die in diesem Falle als Argument der höherstelligen einstelligen Relation »üblich zu sein« fungiert. Man spricht von einer höherstelligen Relation, da als Argumente nicht gewöhnliche Gegenstände infrage kommen. Gewöhnliche Gegenstände sind in diesem Sinne weder üblich noch nicht üblich, sondern nur Eigenschaften.

Die einzige Möglichkeit, wie wir diese Ergebnisse verwerten können, ist die Ablehnung jeglicher klaren Unterscheidung zwischen Vollwörtern und Strukturwörtern. Jedes Wort hat einen direkten Anteil an Bedeutung und einen indirekten Anteil an Bedeutung. Selbstverständlich werden bei einzelnen Wörtern die Anteile variieren; so haben einige, wie das Substantiv **stuhl** im Deutschen, nur einen sehr geringen indirekten Anteil an Bedeutung, während andere, wie der Artikel **der** im Deutschen, nur einen sehr geringen direkten Anteil aufweisen. Dies macht gewissermaßen auf semantischer Ebene verständlich, weshalb wir auf der syntaktischen Ebene die enge Verkettung von Artikel+Substantiv zu einer Substantivphrase vorfinden. Artikel und Substantiv ergänzen sich sowohl in syntaktischer als auch in semantischer Hinsicht. Auch Baudusch (1984, 92) sieht für die Präpositionen im Deutschen sowohl autosemantische als auch synsemantische Züge vor.

In diesem Ergebnis zur Trennbarkeit von Vollwörtern und Strukturwörtern stimmen wir mit Langacker (1983a) ebenfalls überein:

»All of these differences are [...] matters of degree. [...] most (if not all) grammatical morphemes are meaningful, and some are at least as elaborate semantically as numerous ›content‹ words. It would be hard to argue that modals, quantifiers, and prepositions like **between** or **over** have less semantic content than such lexical morphemes as **thing** or **have,** nor are they obviously more abstract than **entity, exist, proximity,** or numerous other content words.« (15)

Im Gegensatz zu Boretzky (1977), der diese Situation bedauert (188), müssen wir diese Situation in der Wortsemantik zum Anlaß nehmen, uns bei Einzelbeschreibungen von lexikalischen Elementen genauer zu überlegen, was an der jeweiligen Bedeutung am besten in direkter Weise und was am besten in indirekter Weise beschrieben werden kann. Wie in dem Zitat von Langacker mit den auftretenden Begriffen »lexikalisches Morphem« und »grammatisches Morphem« angedeutet, versucht man übrigens auch in der Morphologie Kriterien für die diskutierte Trennung zu finden. Die Frage, ob die Morpheme frei oder gebunden vorkommen, verschiebt die dadurch anvisierte Grenze, vereinfacht ausgedrückt, auf den Bereich zwischen Grundwortschatz und Präfixe und Suffixe im Deutschen. Dies kann somit sicherlich kein unterstützendes Kriterium für unsere Fragestellung sein. Die Frage dagegen, ob die Klassen der lexikalischen Morpheme offene Klassen sind, also auf relativ unproblematische Weise Erweiterungen oder Neubildungen zulassen und die Klassen der grammatischen Morpheme geschlossene Klassen, also ohne die Möglichkeit unproblematischer Erweiterungen oder Neubildungen auskommen müssen, hat eher Verbindung mit unserer semantisch orientierten Diskussion, da diese Frage meist auch für die Auflistung nach Wortarten eine Rolle spielt. Allerdings muß man hier ebenso feststellen, daß bei genauerem Hinsehen auch in dieser Hinsicht natürliche Sprachen offene Systeme darstellen. Die Präpositionen, eine der klassischen Wortarten der angenommenen geschlossenen Klassen, sind im Deutschen z.B. sehr wohl für Neubildungen zugänglich. Denken wir nur an die denominalen Präpositionen, bei denen die Formen **trotz, anhand, infolge, mittels** usw. heute völlig normal sind und wir uns fragen können, ob dies nicht auch schon bald für Formen wie **inform, ingestalt, imschutze** usw. gelten wird.

Von der Syntax her können wir ebenfalls nur eine Bestätigung unseres Ergebnisses finden: Jedes Wort kann syntagmatische Beziehungen zu anderen Wörtern eingehen, was sich wiederum als indirekter Anteil an seiner Bedeutung äußern muß. Die als Abschluß für diesen Abschnitt gedachte Sequenz (23):

(23) A: **Nehmen Sie zu Ihrem Kaffee Milch oder Zucker?**
B: **Entweder sowohl als auch, oder aber weder noch.,**
bei der B's Antwort sicherlich nicht ohne direkte Bedeutung ist, obwohl sie nur aus gerne zu den Strukturwörtern gezählten Partikeln

besteht, zeigt noch einmal schlaglichtartig die undurchführbare Trennung.

Es gibt also keine zwei klar voneinander unterschiedene Arten von Bedeutungen, die wir für bestimmte Wörter reservieren müssen; alle Wörter haben vielmehr mehr oder weniger dieselbe Art von Bedeutung.

1.5 Bedeutungen in der Kommunikation

Wie gebrauchen wir nun die einzelnen Wörter? Gebrauchen wir sie, um mit ihnen zu sagen, was wir meinen und meinen wir mit ihnen immer, was wir sagen? Diese Frage ist bereits Gegenstand des Zitats aus dem so anregenden Carroll (1962): »›Do you mean that you think you can find out the answer to it?‹ said the March Hare. ›Exactly so‹, said Alice. ›Then you should say what you mean‹, the March Hare went on. ›I do‹, Alice hastily replied; ›at least – at least I mean what I say – that's the same thing, you know.‹ ›Not the same thing a bit!‹ said the Hatter.« (93,94) Die Schwierigkeiten für eine Stellungnahme hierzu beginnen bereits mit der klaren Unterscheidung von »meinen«, und »bedeuten«; ein Unterschied, der im Englischen durch den Gebrauch desselben Verbs **to mean** leicht verwischt wird. Ein Unterschied besteht, das scheint klar. Ziehen wir zur Illustration die Sequenz (24) heran:

> (24) A: **Hand, Herr Schiedsrichter!** B: **Was hat denn die Hand mit Fußball zu tun?**
>
> [Das Substantiv **hand** im Deutschen bedeutet das mit dem Vorderarm verbundene Greif- und Tastglied von Menschen und Affen; vgl. Wahrig (1978, 379)]
>
> C: **A meint, der Schiedsrichter müsse einen Elfmeter pfeifen.**

Wie Sie alle wissen, ist dieser Unterschied zwischen »meinen« im Sinne von »etwas damit sagen wollen« und »bedeuten« ein Grund, um neben der linguistischen Semantik noch die Disziplin der (linguistischen) *Pragmatik* einzuführen. Da es sich hier um eine Abhandlung zur Semantik handelt, möchte ich mich, soweit wie möglich, auf semantische Fragen beschränken und pragmatische, wie auch andere, Gesichtspunkte nur zur Unterstützung heranziehen. D.h., bei unserer augenblicklichen Fragestellung wird mich die Rolle der Bedeutung bei dem, was wir meinen oder bei dem, was wir sagen, am meisten interessieren. Der Sprachgebrauch von **meinen** und **bedeuten** weist auf den wichtigen Unterschied hin: Sprechen wir oder schreiben wir, wobei Situationen unter Hypnose oder Gehirnwäsche ausgeschlossen seien, so meinen wir etwas; bedeutet wird jedoch von uns als den Produzenten der Sprache in irgend einem vernünftigen Sinne des Wortes nicht. »Bedeuten« können nicht wir, »bedeuten« können nur Wörter einer natürlichen Sprache; dafür können wir »meinen«, was die Wörter einer natürlichen Sprache nicht können. Traumsituationen habe ich übrigens für diese Charakterisierung nicht ausgeschlossen, dies bitte ich zu beachten.

Was wir in der Situation einer konkreten verbalen oder schriftlichen Äußerung meinen, ist somit untrennbar Teil von uns. Auf ganze Texte bezogen, formuliert Meyer (1975) sehr treffend: »Ein Text ist niemals ein Text ›an und für sich‹, sondern an und für ›Zeichenbenutzer‹.« (32) Der Text mag etwas bedeuten, dies ist an den Text als solchen in seiner gewählten Realisation gekoppelt, was aber bei der Produktion des Textes ausgesagt bzw. gemeint wurde, ist mit dem Produzenten verbunden. An diesem Punkt hängt natürlich das Dilemma jeder Kommunikation. Haben wir ein aufrichtiges Interesse dieses Gemeinte unserem Gegenüber mitzuteilen, dann müssen wir versuchen, dieses Gemeinte mit Hilfe sprachlicher Formen zugänglich zu machen. Sprachliche Formen sind, wie wir schon mehrmals erwähnt haben, selbstverständlich nur ein Instrument unter mehreren. Denken wir nur an Gesten, bildnerische oder musikalische Formen. Ist der kulturelle Unterschied zwischen mir und meinem Gegenüber, dessen Sprache ich weder aktiv noch passiv beherrsche, nicht allzu groß, dann kann ich eine Situation wie das Mitleid- oder das Glückwünsch ausdrücken-Wollen durch die die unverständliche Sprache begleitenden nichtsprachlichen Formen eventuell sehr gut verstehen. In dieser eingeengten Lesart stimme ich Bierwisch (1980) zu, wenn er schreibt: »Under certain conditions you may [...] understand very well what someone wants to communicate without understanding what he says [...].« (3) Die Hoffnung ist, daß die Formen einen Zugang zu dem Gemeinten verschaffen. Bei der Verstehensleistung sind wir auf diesen Weg angewiesen; vgl. Hörmann (1976): »Etwas verstehen heißt [...] etwas durch die Sprache hindurch als das erkennen, was gemeint ist.«(18). Offenlegen in einem strengen Sinne tun die sprachlichen Formen das Gemeinte sicherlich nicht, denn sie leisten dies ja noch nicht einmal für ihre Bedeutung. Dies war ein Ergebnis aus Abschnitt 1.2. Beim Gebrauch von sprachlichen Formen verlassen wir uns darauf, daß diese Formen eine Bedeutung haben. Gemeintes wird also versucht auszudrücken mit Hilfe von sprachlichen Formen, die etwas bedeuten. Die Bedeutung der Formen wirkt als Brückenkopf oder Bindeglied zwischen den Formen und dem individuell Gemeinten. Aus diesem Grunde kann man, nebenbei bemerkt, eine allein auf die Verwendung bauende Gebrauchstheorie für die Bedeutungen sprachlicher Formen nicht ernsthaft vertreten. Wären die sprachlichen Formen, insbesondere Wörter, »an sich« bedeutungslos, dann dürfte die jeweilige Wahl der sprachlichen Formen als Zugang für das Gemeinte überhaupt keine Rolle spielen. Unsere eigenen Erfahrungen als Sprecher/-in und Hörer/-in innerhalb einer Sprachgemeinschaft sprechen deutlich gegen eine solche Schlußfolgerung; also müssen wir ihren Ausgangspunkt, die Bedeutungslosigkeit der Wörter »an sich«, fallenlassen. Vielmehr liegt die Vermutung nahe, daß Bedeutung einer gewählten sprachlichen Form und individuell Gemeintes sehr wohl etwas miteinander zu tun haben und zwar müßte eine bestimmte Bedeutung einer Form das mit dieser Form persönlich Meinbare in gewisser Weise festlegen. Anders ausgedrückt, beim Gebrauch sprachlicher Formen sind wir aufgrund ihrer Bedeutung in unserer Freiheit für das damit Meinbare eingeengt, zumindest solange wir Interesse daran haben,

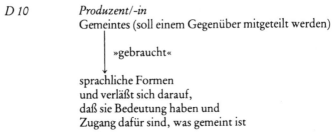

D 10   *Produzent/-in*
            Gemeintes (soll einem Gegenüber mitgeteilt werden)

                 │ »gebraucht«

            sprachliche Formen
            und verläßt sich darauf,
            daß sie Bedeutung haben und
            Zugang dafür sind, was gemeint ist

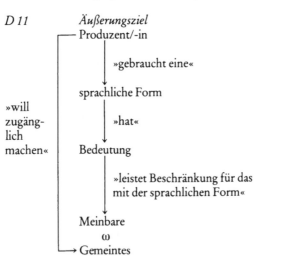

D 11   *Äußerungsziel*
        ┌─ Produzent/-in

                 │ »gebraucht eine«
                 ↓
            sprachliche Form

»will   │ »hat«
zugäng-   ↓
lich   Bedeutung
machen«
                 │ »leistet Beschränkung für das
                 │ mit der sprachlichen Form«
                 ↓
            Meinbare
                 ω
        └──→ Gemeintes

28

daß unser/-e Gegenüber verstehen kann, was wir gemeint haben. Platts (1979) hat genau dieses im Sinn, wenn er schreibt: » [...] the constraint upon the hypothetical intentions with which a sentence can be uttered, and upon the audience's responses to such an utterance, is precisely the meaning of the sentence.« (90) Das bisher Erreichte kann in zwei Diagrammen D 10 und D 11 zusammengefaßt werden.

Der Freiraum für die Wahl der sprachlichen Formen ist trotz der angeführten Beschränkung durch ihre jeweiligen Bedeutungen meist immer noch ziemlich groß. Selbst dann noch, wenn ich etwas meine, das als Bedeutung gewisser Formen in meiner natürlichen Sprache mehr oder weniger direkt erfaßbar ist, ist die Wahl normalerweise nicht völlig eindeutig. Möchte ich etwa im Verlauf einer Erzählung direkt ausdrücken, daß Hans die Tür öffnete und eintrat, kann ich im Deutschen unter anderem zwischen folgenden Formen wählen:

(25) **Hans öffnete die Tür. Er trat herein.**,
also als reine Satzfolge, wobei die gewählte Aufeinanderfolge der temporalen Reihenfolge der gemeinten Geschehen entspricht.

(26) **Hans öffnete die Tür. Dann/darauf/danach trat er herein.**
Es handelt sich ebenfalls um eine reine Satzfolge, allerdings verdeutlicht das jeweilige temporale Adverb die temporale Reihenfolge der gemeinten Geschehen.

(27) **Hans öffnete die Tür und er trat herein.**
Dieser komplexe Satz besteht aus zwei nebengeordneten Sätzen.

(28) **Hans öffnete die Tür, bevor er hereintrat.**
In diesem Fall haben wir es mit einem komplexen Satz zu tun, bei dem es einen übergeordneten und einen untergeordneten Teil gibt, wobei letzterer durch die unterordnende Konjunktion **bevor** eingeleitet wird. Die Konjunktion verdeutlicht zusätzlich die temporale Reihenfolge der gemeinten Geschehen.

(29) **Hans trat herein, nachdem er die Tür geöffnet hatte.**
Bei diesem komplexen Satz mit übergeordnetem und untergeordnetem Teil ist die Reihenfolge der Sätze nicht im Einklang mit der temporalen Reihenfolge der gemeinten Geschehen. Die nötige Information dazu liefert die unterordnende temporale Konjunktion **nachdem**.

Schließlich noch die Möglichkeit mit einem Partizipialausdruck:

(30) **Die Tür öffnend, trat Hans herein.**
Wie gesagt, dies ist nur eine Auswahl. Natürlich ließe sich über das beim einzelnen Beispiel Angesprochene hinaus noch sehr viel mehr zu den unterschiedlichen Elementen bei den einzelnen Sätzen sagen. Bei Satz (29) fällt z.B. die Wahl des Plusquamperfekts auf gegenüber

dem Imperfekt in allen anderen Sätzen. Bei Satz (30) scheinen beide Geschehen sehr viel enger zusammenzugehören, als dies bei den anderen Sätzen der Fall ist. Es ist generell die Aufgabe einer linguistisch orientierten *Stilistik* weitere Angaben zu den Auswirkungen einer unterschiedlichen Wahl syntaktischer Mittel für die Ebene der Bedeutung und der Ebene des Gemeinten zu versuchen. Mehr Information zur Stilistik entnehme man Sanders (1977).

Ich komme deshalb zurück zu möglichen Beziehungen zwischen Bedeutung und Meinbarem. Meinbares und Bedeutung sind häufig durch eine Art »Ursache-Folge«-Beziehung oder »Folge-Ursache«-Beziehung miteinander verbunden. Dies gilt bereits für das allseits bekannte Beispiel:

(31) **Es zieht.**

Vergleichen wir hierzu Diagramm D 12:

D 12   Gemeintes: »Schließe bitte   Ursache
                      das offene Fenster«   ↑
         Form: **Es zieht**   │   »beseitige die«
                                                  │
         Bedeutung: »Es zieht«   Folge

Die Meinung, daß es vielleicht besser sei, das Fenster zu schließen, ist natürlich nur eine Möglichkeit unter vielen anderen meinbaren Möglichkeiten, die die Bedeutung der Form **es zieht** im Sinne des *Folge-Ursache*-Schemas zuläßt. Ursachen für die Zugluft als Folge könnten ja auch lockere Dachziegel oder eine undichte Haustüre sein. Umgekehrt kann mit einer Äußerung des Satzes (32):

(32) **Das Fenster steht offen.**,

etwa gemeint sein, daß es gleich hereinregnen wird oder daß bei Nacht jemand hereinsteigen könnte. Dies alles sind mögliche Folgen des offenen Fensters. Betrachten wir in Diagramm D 13 dieses Beispiel eines *Ursache-Folge-Schemas*:

D 13   Gemeintes: »Es wird gleich   Folge
                      hereinregnen«   ↑
         Form: **Das Fenster steht offen**   │   »bedenke die«
                                                  │
         Bedeutung: »Das Fenster steht offen« Ursache

Folgerungsbeziehungen und *Beziehungen des Gegensatzes* sind weitere elementare Kandidaten für die Beziehungen zwischen den Bedeutungen und dem Meinbaren. Geht es etwa darum, wie eine bestimmte Person einen in einer mißlichen Lage behandeln wird und der Gefragte antwortet mit

(33) **Er ist ein barmherziger Mensch.**,

dann ist wohl das damit Gemeinte, daß man von dieser Person nur Gutes erwarten kann; was nichts anderes als eine Folgerung aus Satz (33) ist. Gegensätzliches als Gemeintes auf dem Hintergrund des aufrichtigen Interesses verlangt normalerweise zusätzliche Hinweise, wie etwa Mimik. Denken wir an die Äußerung

(34) **Er ist ein tapferer Kerl.**,

ironisch gemeint. In diesem Fall wird die Äußerung meist mit spezieller Betonung auf **tapferer** gesprochen und mit einem besonderen Fingerzeig und Augenaufschlag verbunden. Über die besonderen strukturellen Anzeichen bei ironischen Äußerungen macht sich Oomen (1983) Gedanken. Halten wir für einen Moment inne und erinnern uns an das Zitat aus Carroll (1962). Die Forderung des Hasen: »You should say what you mean« ist sicherlich berechtigt. Nur bei ihrer Befolgung kann es überhaupt die Chance zu einem Austausch bzw. zu einer Vermittlung individueller Gedanken kommen. M.a.W., wollen wir etwas ausdrücken, meinen wir etwas und haben wir das Interesse, daß es verstanden wird, dann sollten wir diejenigen Formen gebrauchen, deren Bedeutung uns auf das Auszudrückende, das Gemeinte, relativ problemlos führen. »Relativ problemlos« heißt dabei – wie wir gerade gelernt haben –, sich mit dem Gemeinten innerhalb des Ursache-Folge- oder Folge-Ursache-Schemas zu bewegen oder sich auf den Bereich der Folgerungen und des Gegensätzlichen zu beschränken. Zu dem Bereich der Folgerungen zählt selbstverständlich auch der bereits mit den Beispielen (25)−(30) demonstrierte Trivialfall, bei dem das Gemeinte mit der Bedeutung der geäußerten Form identisch oder mehr oder weniger identisch ist, da ja jeder Satz eine Folgerung von sich selbst ist. Bei gleich Gemeintem ist z.B. die Sequenz (35) Anwendung des Trivialfalles im Unterschied zur vielleicht diplomatischeren Reaktion in der Sequenz (36):

(35) A: **Steht mir das Kleid?**

B: [meint, daß ihr das Kleid überhaupt nicht stehe]
Nein, das Kleid steht dir überhaupt nicht.

(36) A: **Steht mir das Kleid?**

B: [meint, daß ihr das Kleid überhaupt nicht stehe]
Also die Farbe paßt durchaus zu dir.

Auf direkte Fragen wollen wir oft gar keine direkten Antworten hören. Die Reaktion in der Sequenz (36) ist nicht nur diplomatischer oder taktvoller, sondern auch noch konstruktiver als die direkte Reaktion in der Sequenz (35). Bildet doch der Hinweis auf die Farbe einen Ausgangspunkt für die weitere Suche nach einem passenden Kleid. Auch Harras (1983) bemerkte: »Das offene Aussprechen von Intentionen gilt – zumindest in unserer Sprachgemeinschaft – häufig als ›anstößig‹, ›unfein‹ oder bestenfalls als ›unhöflich‹.« (164)

Als Gegenüber, und damit wechsle ich sozusagen den Blickwinkel für die Kommunikationssituation, können wir uns über das tatsächliche Eintreten dieses Trivialfalles nie völlig sicher sein, aus dem einfachen Grund, weil wir ja ›hinter‹ die Bedeutung der vom von uns verschiedenen Produzenten geäußerten Form nicht schauen können. Das Gemeinte läßt sich über die Bedeutung der gewählten Formen hinaus prinzipiell nicht verobjektivieren. Selbst alle Versicherungen des Produzenten, daß er sagt, was er meint, ändern an dieser Schwelle für den Gegenüber nichts, da ja diese Versicherungen selbst wieder über Sprache nicht hinausgehen. Aus diesem Grunde stehe ich auch dem *Prinzip der Ausdrückbarkeit* etwas skeptisch gegenüber. Searle (1969) steht hinter diesem Prinzip und formuliert es so:

»Wherever the illocutionary force of an utterance is not explicit it can always be made explicit. This is an instance of the principle of expressibility, stating that whatever can be meant can be said. Of course, a given language may not be rich enough to enable speakers to say everything they mean, but there are no barriers in principle to enriching it.« (68)

Zusätzliche Erklärungen, Neuschöpfungen, was immer, tragen auch immer das Risiko vom Eigentlichen abzulenken oder gar zu verwirren. An vielen Punkten in Kommunikationssituationen scheint mir das Sprichwort »Reden ist Silber, Schweigen ist Gold« sehr viel besser den Nagel auf den Kopf zu treffen. Die gewählte verbale oder schriftliche Äußerung des Produzenten wirkt auf den Gegenüber als geformter Sinneseindruck, der Bedeutung hat. Da es sich bei der Form um die vom Gegenüber zugeordnete Form handelt und wir uns ja durch geringfügige Ablenkungen verhören bzw. verlesen können, ist bereits an dieser Stelle eine erste Hürde für echtes Verstehen gegeben. Nicht nur die einzelnen gewählten sprachlichen Formen, sondern auch ihre Flexion und die Art ihrer Verkettung trägt zum Verständnis bei. So sind wir bei der Kette **fragen Martin Karl** zwischen den direkten Möglichkeiten »Martin fragt irgendwann Karl« und »Karl fragt irgendwann Martin« allein gelassen. Begleitende Gestik mag in diesem Fall weiterhelfen, allerdings nur, wenn es sich um ein Geschehen dreht, das zeitlich mit der Äußerung einhergeht. Andernfalls ist die fehlende Tempusflexion nicht durch Gestik wettzumachen. Für die Kette **auf brief briefmarke** schwanken wir dagegen sehr viel weniger. Einmal ist aufgrund unseres Wissens über die Welt die direkte Möglichkeit »die briefmarke ist irgendwann auf dem brief« wahrscheinlicher als die andere direkte Möglichkeit »der brief ist irgendwann auf der briefmarke«. Unterstützend hierzu kann man noch durch das Vorkommen der Präposition **auf** auf einen Rest von Syntax verweisen: Die Präposition bindet nur eine Stelle direkt, in unserem Fall das Substantiv **brief.** Die hiermit nur angedeutete Relevanz der Flexion und der syntaktischen Verkettung für eine Interpretation wird im Zusammenhang mit Fragen der Satzsemantik im Kapitel 5 noch einmal kurz angesprochen. Im Augenblick interessiert mehr, was vom Hörer an intellektuellen Leistungen gefordert ist. Neben dem trivialerweise einzusetzenden Wissen über die jeweilige natürliche Sprache ist unser Wissen über die Welt unentbehrlich. Da wir typische Beziehungen zwischen Bedeutung und Meinbarem auf kausale Beziehungen im Folge-Ursache- bzw. Ursache-Folge-Schema und auf die logischen Beziehungen der Folgerung und des Gegensatzes reduzieren konnten, ist die intellektuelle Erfassung solcher Beziehungen eine Grundvoraussetzung jeglichen Verständnisses von Sprache und generellen Vorgängen in der Welt überhaupt. Bei einem normal entwickelten Erwachsenen ist diese Grundvoraussetzung selbstverständlich erfüllt. Was die Folgerungsbeziehung angeht, so macht Searle (1975, 61, 63) eine entsprechende Annahme. An der Bedeutung des für den Hörer/Leser geformten Sinneseindruck auf dem Weg zu dem Versuch des Verstehens, was der Sprecher/Schreiber wirklich gemeint hat, führt kein Weg vorbei. Die Rolle dieser »wörtlichen« Bedeutung wurde von Clark/Lucy (1975) für mich überzeugend nachgewiesen. Ausgangspunkt ihrer Untersuchung war folgendes hypothetisches Modell:

»First, the listener derives and represents the literal interpretation of the sentence. Second, he then tests this interpretation against the context to see whether it is plausible or not. If it seems appropriate to the context, then it is taken to be the intendend meaning. [Diesen Fall hatten wir als Trivialfall bezeichnet.] If, however, it does not seem appropriate, either because it contradicts some obvious fact or because it violates a rule of conversation, it is rejected as the intended interpretation. Third, in the case of such a rejection, the literal interpretation is combined with an appropriate rule of conversation, and this leads, by deduction, to the appropriate intended meaning.« (58)

In Form eines Reaktionstests sollte dann die Hypothese der Brückenfunktion einer »wörtlichen« Bedeutung nachgewiesen werden. So müßten sich nach diesem Modell bei in der gleichen Weise gemeinten Bitten relevante Unterschiede in der Reaktionszeit auf Unterschiede in der »wörtlichen« Bedeutung zurückführen lassen. Im Zusammenhang mit Beispielsätzen wie:

(37) I'll be very happy if you make the circle blue.
(38) I'll be very sad if you make the circle blue.
(39) I'll be very sad unless you make the circle blue.
(40) I'll be very happy unless you make the circle blue.,

wobei (37) und (39) die positiv gemeinten Bitten sind und (38) und

(40) die negativ gemeinten Bitten sind, trat ein solcher Verzögerungseffekt tatsächlich ein. Die mit der Kunjunktion **unless** gebildeten Bitten (39) und (40) nahmen jeweils über eine halbe Sekunde länger Zeit in Anspruch als die Gegenstücke (37) und (38) mit der Konjunktion **if**. Da die Zeitdifferenz zu groß ist, um auf Unterschiede in der Zeit, die man zum Lesen der um eine Silbe längeren Sätze mit **unless** braucht, zurückgeführt zu werden, muß dieser Verzögerungseffekt mit den Bedeutungen der Konjunktionen **if** und **unless** zu tun haben. Die Bedeutung von **unless** ist nun insofern tatsächlich komplexer als die von **if**, da es sich bei **unless** um die negative Form von **if** handelt. Deshalb ergibt sich bei den Bitten mit **unless** eine komplexere »wörtliche« Bedeutung insgesamt, die die längere Reaktionszeit für das Paar (39) und (40) plausibel erscheinen läßt. Beim Einzelvergleich von gleich gemeinten Bitten, wie etwa (37) und (39), muß noch der Einfluß der unterschiedlichen Adjektive **happy** und **sad** berücksichtigt werden. Dabei ergab sich ein geringfügiger Vorteil für die Formen mit **happy**. Dies ist wohl ein zusätzlicher Hinweis auf die Brückenfunktion der »wörtlichen« Bedeutung, denn die Bedeutung von **sad** ist komplexer als die Bedeutung von **happy**, da **sad** wiederum als das negative Element von **happy** angesehen wird; vgl. Clark/Lucy (1975, 66 u. 68). In dem zitierten Modell wurde neben der »wörtlichen« Bedeutung noch auf »rules of conversation« verwiesen. Die Formulierung solcher Konversationspostulate ist unter anderem die Aufgabe einer linguistischen *Pragmatik*. Der Versuch einer Begriffsbestimmung für »Konversationspostulat« findet sich in Gordon/Lakoff (1971). Im Grunde sind solche Konversationspostulate nichts anderes als sprachlich geronnene Erfahrungswerte aus unzähligen Teilnahmen von jedem von uns an den verschiedensten Kommunikationssituationen.

Da die für das Verständnis geforderten Erfahrungen und damit zumindest das Wissen über die Welt bei jedem von uns verschieden ist, ergibt sich auf der Hörerseite ebenfalls eine unüberwindbare individuelle Komponente. Mit Schlieben-Lange (1979) können wir unsere bisherigen Ergebnisse zur Hörer-/Leserseite so zusammenfassen:

»Das Verstehen einer Äußerung ist [...] keinesfalls bloßes ›Dekodieren‹ einer ›verschlüsselten‹ Äußerung, sondern das Verstehen besteht vielmehr in der Synthese der eigenen Erfahrungen und Erwartungen mit dem Gehörten. [...] Im Hören und Verstehen entsteht nicht ein Altes wieder, sondern vielmehr etwas Neues. [...] Vielmehr gehört es gerade zum Verstehen, daß sich ein Eigenes und ein Äußeres verbinden.« (72)

Dabei erfolgt eine Interpretation ja nie im luftleeren Raum. Äußerungen sind eingebettet in einen (Sprecher/Schreiber- bzw. Hörer/

Leser-)Kontext, der aus nichtsprachlichen und sprachlichen Elementen besteht. Der Sprecher/Schreiber-Kontext und der Hörer/Leser-Kontext teilen sich selbstverständlich vieles, unterscheiden sich aber auch aufgrund persönlicher Interpretationen und Einschätzungen der Kommunikationssituation und individuellem Hintergrundswissen. Auf diese nötige Unterscheidung weist auch Johnson-Laird (1983, 173) hin. Die Erwartungshaltung baut sich aus dem Kontext auf und die neue Interpretation ergänzt ihn zugleich. Dittmann (1975) spricht hier vom Aspekt der Situationskonstituiertheit (16) und Waldenfels (1980) betont die kontextverändernde Kraft der Interpretation: »Sinnbildung ist mehr als Bedeutungsverleihung, mehr als Regelanwendung, sie ist zugleich Fortbildung eines Kontextes.« (177)

Für lautsprachliche Äußerungen gehört zu diesem Kontext natürlich auch die Tatsache, daß Sprecher/-in und Hörer/-in einander haben. Dieser Dimension der *Gemeinsamkeit* in diesem Falle von verbaler Kommunikation wurde bisher durch die Konzentration auf die Vorgänge beim Produzenten bzw. beim Gegenüber nicht gebührend Beachtung geschenkt. Die auf beiden Seiten vorgefundene Individualität kann einzig in diesem Gefühl der Gemeinsamkeit, in dem Bemühen des Aufeinander-Zugehens, ergänzt werden durch das jeweilige Verstehen des Anderen. Ich bin vorsichtig und gebrauche »gegenseitiges Verstehen« in dem Sinne, daß man den Anderen jeweils so versteht, wie der Andere verstanden werden will, bewußt nicht, da die beidseitige Individualität unüberwindbare Schwelle für eine objektive Übereinkunft über ein solches gegenseitiges Verstehen darstellt. Bewußtsein über ein gegenseitiges Verstehen, und dies mag widersprüchlich klingen, kann sich im Grunde nur dann ergeben, wenn in der jeweiligen Kommunikationssituation Sprache völlig überflüssig geworden ist. Ein Zustand von Gleichgewicht, der durch weitere Erklärungen nur wieder gestört werden könnte. Selbstverständlich ist dies nur eine notwendige Bedingung für gegenseitiges Verstehen, aber keine hinreichende Bedingung, denn wie häufig gehen wir doch sprachlos auseinander, ohne einander verstanden zu haben. Es muß deshalb der optimistischen Festlegung von Kommunikation bei De Mauro (1982): »[...] als normale Erfahrung für jedes menschliche Wesen [...].« (116) die Erfahrung der Nicht-Kommunikation gegenübergestellt werden. Merleau-Ponty (1966) formuliert seine Sicht von der Dialogsituation so:

»In der Erfahrung des Dialogs konstituiert sich zwischen mir und dem Anderen ein gemeinsamer Boden, mein Denken und seines bilden ein einziges Geflecht, meine Worte wie die meines Gesprächspartners sind hervorgerufen je durch den Stand der Diskussion und zeichnen sich in ein gemeinsames Tun ein, dessen Schöpfer keiner von uns beiden ist. [...] in vollkommener Gegenseitigkeit sind wir füreinander Mitwirkende [...].« (406)

An zwei Stellen geht mir Merleau-Ponty zu weit: Einmal sehe ich die »vollkommene Gegenseitigkeit« sehr viel abgeschwächter, zum andern rührt das gemeinsame Tun sehr wohl von den Beiträgen der am Dialog Beteiligten her; von wem denn sonst? Gegenseitiges Verstehen ergibt sich selten genug. Dennoch ist dies kein Anlaß zur Klage; wir alle kommen damit einigermaßen zurecht und Klein (1983) sieht darin sogar durchaus Positives.

Alices Haltung: »I mean what I say« ist Ausdruck des von uns genannten Trivialfalles, bei dem Gemeintes mit der »wörtlichen« Bedeutung des Gesagten übereinstimmt. Diese Haltung verkörpert die totale Unterordnung unter den normalen, akzeptierten Sprachgebrauch. Sie entbehrt letztlich jeder kreativen Komponente. Empfehlenswert ist diese Haltung sicherlich für alle Prüfungssituationen, um Möglichkeiten für Mißverständnisse nicht unnötigerweise zu vermehren, und für den Fall der reinen Informationsvermittlung. Alles was jedoch an unseren Alltagsgesprächen über diese Informationsvermittlung hinausgeht, wäre stinklangweilig, falls wir immer das meinten, was die Bedeutung der gebrauchten sprachlichen Formen ist. Klatsch etwa wird ja erst richtig schön durch das Unausgesprochene, das man zwar meint, aber den Gegenüber lieber selber erschließen läßt. Halten wir uns an die angeführten Schemas, dann sagen wir wenigstens immer noch, was wir meinen. Nur für den erwähnten Trivialfall, bei dem das Gemeinte mit der Bedeutung der gewählten Form zusammenfällt, gilt jedoch, daß es völlig gleichgültig ist, ob wir sagen, was wir meinen, oder ob wir meinen, was wir sagen. Der Hase hat also Alice gegenüber durchaus recht, wenn er die generelle Gleichsetzung ablehnt.

Die Rolle der Bedeutung bei den diskutierten Prozessen war unübersehbar. Mögliches Verständnis des Gemeinten verläuft über die Bedeutung der gebrauchten sprachlichen Formen: die Bedeutung hatte eine Brückenfunktion. Angenommen, der Gegenüber ordnet dem auf ihn einwirkenden Sinneseindruck die gleichen sprachlichen Formen zu, die der Produzent gewählt hat. Dann kann diese Brückenfunktion der Bedeutung nur unter einer bisher stillschweigend vorausgesetzten Annahme wirklich erfolgen: Die Annahme nämlich, daß Bedeutungen sprachlicher Formen innerhalb einer Sprachgemeinschaft gewissermaßen Allgemeingut sind. Inwieweit sind aber Bedeutungen sprachlicher Formen etwas Allgemeines und nicht auch, wie das Gemeinte, etwas rein Persönliches? Dieser Frage möchte ich mich nun zuwenden. Meiner Meinung nach muß es in gewisser Weise beides sein. Einmal ist jede natürliche Sprache, so wie sie nun einmal ist und nicht etwa wie sie vom Linguisten beschrieben sein mag, nur kraft ihrer Produzenten in Rede und Schrift existent. Aufgrund dessen sind auch Bedeutungen für die vom Produzenten gebrauchten sprachlichen Formen zunächst einmal Bedeutungen dieser sprachlichen Formen für den Produzenten, somit beim jeweiligen Produzenten angesiedelt und persönlicher Besitz von ihm. Die analoge Situation gilt natürlich für den Gegenüber. Die geformten Sinneseindrücke haben zunächst einmal diejenige Bedeutung, die sie für ihn haben. Andererseits und dies ist der springende Punkt, ist das Anliegen des Produzierens von Sprache in erster Linie ein *soziales* Anliegen. Daß wir unübersehbar auch immer wieder zu uns selber sprechen, sehe ich nicht als Gegenbeispiel zu dieser These, sondern eher als Unterstützung dazu an. Wir müssen uns sozusagen laufend über uns selbst vergewissern, um erfolgreich in soziale Situationen eintreten zu können. Menschen ohne eigene Identität haben es bekanntlich äußerst schwer, sich im Alltag zu bewähren. Aufgrund des sozialen Anliegens muß jede/-r Beteiligte ein Interesse daran haben, so gut wie möglich verstanden zu werden und andere so gut wie möglich zu verstehen. Hierzu müssen nun – praktisch sind wir dazu verdammt –, über jegliche persönlichen Abfärbungen hinaus, die Bedeutungen sprachlicher Formen gewisse Konstanz bei den Beteiligten der Sprachgemeinschaft aufweisen. Andernfalls wäre das soziale Anliegen des Miteinander-Sprechens von vornherein eine Illusion. Jede/-r von uns, selbst was die »wörtliche« Bedeutung betrifft, wäre im Gefängnis ihrer/seiner eigenen persönlichen Sprache, dem Idiolekt, völlig gefangen. Daß diese Ansicht der zu einem gewissen Grade verobjektivierbaren Bedeutungen nicht dem reinen Idealisierungstrieb der Linguisten entstammt, kann man an folgender Überlegung ablesen: Die Bedeutung, die eine sprachliche Form für mich hat, wurde im Kontakt mit anderen Produzenten der Sprache herausgebildet und muß sich auch immer wieder im Kontakt mit anderen Produzenten der Sprache bewähren. Als Erwachsene wird uns dieses im Grunde immerwährende Hin- und Herpendeln zwischen persönlichen Färbungen und Erwartungshaltungen der anderen Sprecher/-innen und damit natürlich auch das im Grunde immerwährende Modifizieren an beidem besonders bewußt gemacht, wenn wir innerhalb derselben Sprachgemeinschaft von einem Dialektbereich in einen andern Dialektbereich übersiedeln. Das Beispiel der Form **laufen** hatte ich bereits in anderem Zusammenhang angeführt. Für Kleinkinder ist dieses Modifizieren handfeste Arbeit, letzter Antrieb hierzu wiederum die soziale Komponente des in Kontakt treten Wollens mit Eltern und anderen, des Aufmerksamkeit erregen Wollens usw. Gerade mit diesem Blickwinkel des ständigen Austausches scheint mir die Annahme einer gewissen Konstanz bei der Bedeutung sprachlicher Formen für die Teilnehmer einer Sprachgemeinschaft realistisch. Selbstverständlich stellt sich für den Lexikographen beim Schreiben eines Wörterbuches genau diese Aufgabe des Aufspürens der gewissen Konstanz bei den Bedeutungen der behandelten sprachlichen Formen. Letzter Antrieb, und das sollten wir nicht vergessen, für einen konstanten Anteil an der Bedeutung war die Ansicht von uns als einem in erster Linie sozialem Wesen. Was der Bedeutung der konstante Anteil sein mag, kann ich erst versuchen zu beantworten, wenn ich generell Aussagen über meine Vorstellungen zum Bedeutungsbegriff mache. Dies wird im Abschnitt 4.4 erfolgen.

Als Nebenbemerkung: Bis jetzt haben wir immer von »der« Bedeutung einer sprachlichen Form gesprochen. Die bekannte Erscheinung der *Mehrdeutigkeit* einzelner sprachlicher Formen, selbst noch als Angehörige einer bestimmten syntaktischen Kategorie – denken Sie an die temporale und die adversative Lesart der Konjunktion **während** –, erschwert auf den ersten Blick zusätzlich das Verständnis. Bewußt sage ich hier »auf den ersten Blick«, da der Kontext der jeweiligen Äußerung meist ausreicht, um diese Mehrdeutigkeiten aufzulösen. Umgekehrt kann eine Mehrdeutigkeit auch bewußt für bestimmte stilistische Zwecke eingesetzt werden. Kalauer wie folgender leben z.B. davon:

(41) A: **Was halten Sie von Kissinger? B: Um Gottes Willen nichts. Ich mag keinen Sprudel.**

Metaphorik setzt, wie im Falle der Mehrdeutigkeit, einen bestimmten Kontext als Bezugspunkt voraus. Die »wörtliche« Bedeutung einiger der in der Äußerung vorkommenden Formen ist dabei meist einer der einzubeziehenden kontextuellen Ausgangspunkte. So kann der einfachen Kette

(42) **Der See ruht.**,

relativ unproblematisch eine Bedeutung zugeordnet werden, wenn wir davon ausgehen, daß die Nominalphrase **der see** die »wörtliche« Bedeutung tragen soll. Ähnlicher Meinung ist Boretzky (1977, 197).

Die wichtige Erscheinung des *Sprachwandels* ist durch die Annahme eines konstanten Anteils bei den Bedeutungen der sprachlichen Formen selbstverständlich nicht ausgeschlossen. Die von uns behauptete Konstanz bezieht sich ja auf die Bedeutung einer Form für die jeweiligen Sprecher der Sprachgemeinschaft. Wandel etwa in der zeitlichen Dimension wird dadurch nicht verhindert. Jeder Wandel beginnt dabei mit einem zunächst abweichenden Gebrauch eines Einzelnen. Dieser Gebrauch setzt sich durch, falls er im Laufe der Zeit von mehr und mehr Sprachteilnehmern toleriert wird. Die Antriebskräfte hierzu, wie Angleichungstendenzen oder Prestige, müssen im Einzelfall in der *historischen Linguistik* geklärt werden.

Eines möchte ich zum Abschluß dieser ganzen Diskussion über das Verhältnis von »meinen« und »bedeuten« noch betonen: Mit der ausführlichen Berücksichtigung der Prozesse auf der Produzenten- und der Gegenüberseite, sowie der gemeinsamen Anstrengungen beider im Verständigungs- bzw. Verstehensprozeß, sind wir nicht einfach der naheliegenden Vorstellung verfallen, nach der in einer Kommunikationssituation objektive Bedeutungen vom Produzenten zum Gegenüber transportiert werden. Daß es für uns, ob Linguist oder Mann auf der Straße, gar nicht so leicht ist von dieser Vorstellung wegzukommen, hat Reddy (1979) in seiner Untersuchung fürs Englische auf eindringliche Weise gezeigt. Reddy sieht unsere ganzen Vorstellungen zu den Fragen der Kommunikation von dem in der englischen Sprache tief verankerten »conduit metaphor« geleitet (285 u. 288). Die Zutaten für die »conduit«-Metapher sind:

»[…] (1) language functions like a conduit, transfering thoughts bodily from one person to another; (2) in writing and speaking, people insert their thoughts or feelings in the words; (3) words accomplish the transfer by containing the thoughts or feelings and conveying them to others; and (4) in listening or reading, people extract the thoughts and feelings once again from the words.« (290)

Daß diese Überlegungen auch für den dem Deutschen verhafteten Linguisten oder Mann auf der Straße zutreffen, kann man aus Äußerungen des Deutschen wie den folgenden ablesen:

(43) **Woher haben Sie diese Idee?**
(44) **Ist rübergekommen, was ich sagen wollte?**

Mark Johnson und George Lakoff, die bereits in Lakoff/Johnson (1980) unser gesamtes Verständnis der Wirklichkeit von konzeptuellen Metaphern wie »Leben ist ein Kampf« geleitet sehen, greifen diese Tatsache der unsere Gedanken beherrschenden »conduit«-Metapher in Johnson/Lakoff (1982) auf und zählen folgende Schwachpunkte dieser Vorstellungen auf:

»[…] the Conduit metaphor objiecties meaning. It assumes, incorrectly we believe, […] – that meaning is separate from meaningfulness to a person. […] cases of significant communication involve a process of dialogue in which meanings emerge gradually (not as fixed entities) and are continually developed and refashioned by the participants as though they were craftsmen making some finished product.« (11)

Meine eigenen Ausführungen passen offensichtlich besser zu diesen Vorstellungen als zu den Vorstellungen nach der »conduit«-Metapher.

Mit dem Blickwinkel von Sprache als sozialem Phänomen – so auch bei Dik (1968): »[...] language, which is, as such, not a psychological, but a social or interpersonal phenomenon.« (62) oder Wygotski (1977, 12) – wirkt die übliche Erklärung von der Zuordnung bestimmter abstrakter Bedeutungen zu sprachlichen Formen mit Hilfe eines *Konventionsbegriffes* plausibel. Der Konventionsbegriff selbst hat Sprachphilosophen in den letzten fünfzehn Jahren stark beschäftigt. Am einflußreichsten wurde die Analyse von Lewis (1969). Was versteht Lewis unter einer Konvention? Grob gesprochen sind Konventionen zunächst einmal Regularitäten im Verhalten der Mitglieder einer Gruppe. Der Vorteil von solchen Regularitäten wird einem sofort bewußt, wenn man sich Situationen vorstellt, bei denen es hauptsächlich um eine Koordination des Verhaltens der Beteiligten geht. Beispiele dafür sind:

1. 2 Personen führen ein Telefongespräch. Plötzlich wird das Gespräch unterbrochen. Beide wollen nun das Gespräch wieder aufnehmen. Dies gelingt jedoch nur, wenn einer anruft, während der andere mit dem aufgelegten Hörer wartet und nicht etwa auch versucht anzurufen. Prinzipiell ist es völlig egal, welche Rolle der einzelne übernimmt. Die Wahl der jeweiligen Rolle hängt wohl mit Annahmen über das Verhalten des andern zusammen. Eine Regularität, wie etwa »der ursprüngliche Anrufer ruft wieder an« würde die Kontaktaufnahme zweifellos erleichtern.

2. Eine Gruppe möchte auf einer kurvenreichen Straße mit 2 Fahrbahnen möglichst unfallfrei Auto fahren. Prinzipiell ist es egal, ob der einzelne Fahrer auf der rechten Seite oder auf der linken Seite fährt, solange die anderen Fahrer dasselbe tun. Die Wahl der Fahrbahn wird man wohl auch wieder von Annahmen über das Verhalten der andern abhängig machen. Bei einer Regularität, die etwa in einer gemeinsamen vorherigen Übereinkunft bestehen könnte, würde das Ganze den Charakter eines Lotteriespiels verlieren.

Nicht jede Regularität im Verhalten von Mitgliedern einer Gruppe wird nun als eine Konvention angesehen. Andernfalls wäre bereits das Ausbreiten der Flügel eines jungen Vogels, der aus dem Nest von seinen Eltern geschubst wird, eine Konvention. Solches zwar reguläre, aber unfreiwillige, instinktive Verhalten soll bei Konventionen ausgeschlossen sein. D.h. bei Konventionen muß es über die eine bestehende Regularität hinaus Alternativen für das Erreichen eines bestimmten Zieles geben. Genau in diesem Sinne ist ja das Verhältnis zwischen Form und Inhalt beim sprachlichen Zeichen arbiträr. Theoretisch sollte Kommunikation genauso gut klappen, falls den sprachlichen Formen andere Bedeutungen zugeordnet wären, also der Form **tisch** im Deutschen etwa die Bedeutung »Schrank« und der Form **schrank** im Deutschen etwa die Bedeutung »Tür« usw. Daß diese Überlegung nicht rein theoretischer Natur ist, sahen wir bereits an der Existenz von unterschiedlichen Inhalten für ein und dieselbe Form in verschiedenen natürlichen Sprachen. Ich erinnere nur an die Form **see**. Die Bedingungen der Regularität und der möglichen Alternativen sind auch bei folgendem Verhalten in unserem Kulturkreis erfüllt: Beim Essen wird das Messer in der rechten Hand gehalten. Soll man dies als Konvention anerkennen oder nicht? Was bei diesem Verhalten auffällt ist folgendes: Ob mein Gegenüber beim Essen das Messer in der rechten oder linken Hand hält, betrifft mich bei meinem Essen im Grunde überhaupt nicht. Mein eigener Erfolg ist unabhängig davon und auch irgendein gemeinsames Interesse an einer solchen Regularität ist zumindest heutzutage nicht in Sicht. Sicherlich wurde Linkshändigkeit früher mit Sanktionen belegt und die Sanktionen eventuell auch mit irgend einem abstrakten gemeinsamen Interesse an gutem Stil und Tischmanieren gerechtfertigt. Mit Aufgabe der Sanktionen kann übrigens eine durch Sanktionen erzwungene Regularität immer noch weiterleben, denken wir nur an den ausgeprägten Nachahmungstrieb bei Kleinkindern. Zumindest fehlt dieser Regularität eine starke soziale Komponente. Nach Ansicht von Lewis gehört diese jedoch zu echten Konventionen. Diese zusätzliche Bedingung kann etwa so formuliert werden: Das Gelingen des entsprechenden Verhaltens, an dem ein gemeinsames Interesse besteht, hängt nicht allein von einem selber ab, sondern ebensosehr vom dazu ähnlichen Verhalten der andern Mitglieder der Gruppe. In diesem Sinne betrifft es mich sehr wohl persönlich, auf welcher Fahrbahn andere Auto fahren oder welche Zuordnungen zwischen sprachlichen Formen und Inhalten andere Mitglieder der Sprachgemeinschaft machen. Im ersten Fall hängt mein Leben davon ab und im zweiten Fall hängt mein Verständnis der Sprache der anderen und deren Verständnis meiner Sprache davon ab. Mit dieser sozialen Komponente wird auch das Rufen von **Hilfe** eines Ertrinkenden zur Konvention. Der Ertrinkende kann auf Hilfe hoffen, da andere in ähnlicher Situation sich entsprechend verhalten und sich deswegen in der Gruppe ein entsprechendes Verständnis hierfür herausbilden konnte. Die vorher erkannte Notwendigkeit der Konstanz der Bedeutung sprachlicher Formen innerhalb der Sprachgemeinschaft und ihre Erklärung über das Herausbilden der persönlichen Bedeutungen über den Kontakt mit anderen, stellt den Zusammenhang mit dieser sozialen Bedingung für Konventionen her. Bei dem als grundlegend erkannten Verständnis von Sprache als sozialem Phänomen und dem soeben erklärten Verständnis von Konventionen, erhält die Behauptung, daß Form und Inhalt in einer Sprachgemeinschaft konventionell aufeinander bezogen sind, durchaus eine Aussagekraft: Die Regularität ist sozusagen handgreiflich in Wörterbüchern verkörpert und Produzenten verlassen sich darauf, daß sprachliche Formen bestimmte Bedeutungen haben. Dies deckt die erste Bedingung für unseren Konventionsbegriff ab. Alternativen der Zuordnung sind denkbar, was nach Bedingung 2 gefordert wird und das gemeinsame Interesse an gegenseitigem Verstehen und das normalerweise am Verständnis ausgerichtete sprachliche Verhalten, von dem mein eigener Erfolg als Mitglied der Sprachgemeinschaft unmittelbar betroffen ist, erfüllt die soziale Komponente des Konventionsbegriffes.

Sprachwandel ist mit der Annahme solcher Konventionen ebenfalls verträglich. Dies weist Pateman (1982) speziell bei der Betrachtung des Verhaltens der Elterngeneration gegenüber der heranwachsenden Generation nach. So sind etwa Erwartungen, die man in die Sprache der Mitglieder seiner Generation stellt, für die Idiolekte der Kinder keinesfalls mehr gerechtfertigt. Insbesondere in der Phase des Spracherwerbs mag der Idiolekt des Kindes situationsgebunden zwar durchaus sinnvoll erscheinen, aber wir sind nicht in der Lage, über das zukünftige sprachliche Verhalten in ähnlichen Situationen zu urteilen. Deshalb kann das Kind auch keine Konventionen verletzen, da sich auf der Basis unserer Kenntnisse des sprachlichen Verhaltens des Kindes noch gar keine Konventionen zwischen ihm und der Elterngeneration herausbilden konnten. Korrektur im Sinne unseres Verständnisses sind offensichtlich nur schwache Steuerungsmittel (141).

Erinnern wir uns noch einmal an die generelle Überschrift für dieses Kapitel: Semantik: Konvention des Lebens/Konvention der Sprache? Anfangs tendierten wir mit Redeweisen wie »sprachliche Formen haben Bedeutung« sicherlich zur Antwort: Semantik: Konvention der Sprache. Inzwischen haben wir gelernt, daß natürliche Sprachen ihre Existenz nur über die jeweiligen Produzent/-inn-/en erhalten. Diese erwiesen sich als in erster Linie soziale Wesen. Somit kann sich auch die Semantik einer natürlichen Sprache nur im sprachlichen Verhalten miteinander herausbilden. Dabei geht der Erfahrungsschatz der einzelnen Mitglieder bei den Verständigungs- und Verstehensprozessen voll ein. Insofern kann letztlich Semantik zur Konvention der Sprache nur über Konventionen des Lebens werden.

2. Dilemma der linguistischen Semantik: Baron Münchhausen, der sich an seinen Haaren aus dem Sumpf zog

2.1 Das Bedeutungsschema

Bedeutungen sind nichts Sprachliches, Sprache dient nur als Zugang für sie. Daran führt kein Weg vorbei. In der Kommunikation stört uns das nicht weiter, mehr noch, ist uns in den wenigsten Fällen bewußt. Wie mit sprachlichen Formen das individuell Gemeinte verständlich gemacht wird, beschäftigte uns zuvor. Von Bedeutungen war zwar die Rede – sie hatten eine Brückenfunktion –, aber eben nur implizit, indem wir stillschweigend ihre Existenz annahmen: Sprachliche Formen als Formen einer bestimmten natürlichen Sprache und als Element einer bestimmten syntaktischen Kategorie hatten Bedeutung. Soweit so gut für jedes Mitglied der Sprachgemeinschaft. Sicherlich nicht soweit so gut für einen Linguisten, der sich zur Aufgabe gestellt hat, Aussagen zur Bedeutungslehre für sprachliche Formen einer bestimmten natürlichen Sprache zu machen. Was bleibt in dieser Situation, bei der Bedeutungen nichts Sprachliches sind, für den Linguisten zu tun? Welche Mittel stehen ihm für die Bedeutungslehre zur Verfügung? Fragen dieser Art werden uns nun näher beschäftigen.

Sprachliche Erklärungen von nichtsprachlichen Dingen können kläglich versagen: Wie oft haben wir doch das Gefühl, daß wir eigentlich immer noch nicht wissen, worum es ging. Dies kennen wir alle aus unserer eigenen täglichen Erfahrung. Eine noch so ausführliche abendliche Schilderung dessen, was uns tagsüber begegnet ist und uns beschäftigt hat, gibt den Familienmitgliedern zwar einen Eindruck, aber niemals das volle Bild dessen, was der Tag für uns bedeutet hat. Genauso ist etwa die noch so detaillierte Schilderung eines vom Sprecher/Schreiber erlebten Blitzeinschlages in eine freistehende Eiche auf dem Dorfplatz kein Ersatz für das eigene Erleben. Ähnlicher Meinung sind Winter (1982, 38/40) und Juchem (1984, 14). Den Versuch, sich durch sprachliche Erklärungen ein Bild von etwas zu machen, unterstützen wir gelegentlich durch das Aufzeigen von Bildern und zeigen damit auch meist auf erfolgreiche Weise »Langer Rede, kurzer Sinn«.

Bei den bekannten Einladungen von Freunden zu langatmigen Dia- oder Filmvorführungen vom letzten Urlaub wird allerdings der durch Bilder zu demonstrierende »kurze Sinn« allzu häufig vergessen und die hilfreiche Funktion von Bildern schlägt leicht ins Gegenteil um. Richtig dosiert eingesetzt erfüllt das Bild mit seiner ganzheitlicheren Wiedergabe die willkommene Funktion der Abrundung oder wenigstens der Einengung von Interpretationsmöglichkeiten. Pantomimisches Vorspielen wäre neben dem Aufzeigen von Bildern theoretisch eine weitere Möglichkeit. Nur wenigen von uns scheint jedoch diese Gabe gegeben, um sie erfolgreich einsetzen zu können. Hauptgrund, weshalb es kaum ernsthaft versucht wird und somit bei der theoretischen Möglichkeit bleibt.

Wahrscheinlich sind Ihnen Bildwörterbücher bekannt, bei denen versucht wird, sprachlichen Formen graphische Darstellungen als Repräsentationen für den jeweiligen Inhalt zuzuordnen. Insoweit wir den sprachlichen Formen eine *Benennungsfunktion* – was durch den direkten Anteil an der Bedeutung erfolgt – zusprechen können, ist diese Form der Inhaltsangabe durchaus eine berechtigte Alternative zu üblichen Wörterbüchern, insbesondere für Kinder. Selbst wenn es aber im Gegensatz zu unseren Erkenntnissen aus Abschnitt 1.4 gelänge, alles an Bedeutungen von sprachlichen Formen als Begriffsbedeutung darzustellen, wäre dies für einen der Semantik verpflichteten Linguisten noch nicht der Weisheit letzter Schluß. Bedeutungslehre für eine natürliche Sprache, im Unterschied zur *Lexikographie,* erschöpft sich nicht in der Hervorbringung eines idealen Wörterbuches. Bedeutungslehre muß darüber hinaus auch versuchen, Bereiche der *Lexikologie* mit zu erfassen. M.a.W., sie hat auch zugrundeliegende Strukturen im Wortschatz aufzuspüren. Dazu sind sicherlich inhaltliche Beziehungen zwischen Wörtern, angelehnt an Prinzipien der Hierarchiebildung und des Gegensatzes, zu zählen, welche über die Darstellung der Einzelbedeutungen der betroffenen Wörter hinaus mit angeführt werden sollten. Beziehungen können zwar auch als etwas Dinghaftes angesehen werden. Dies haben wir im Zusammenhang mit der nicht haltbaren Unterscheidung zwischen Vollwörtern und Strukturwörtern gelernt. Allerdings war hierfür eine abstrakte Ebene nötig. Die Möglichkeit der ausschließlichen Darstellung solcher auf einer abstrakten Ebene verdinglichten Beziehungen mit Hilfe von konkreten, keine sonstigen verbalen Erklärungen benötigenden, Bildern oder Pantomimen kann wohl mit Fug und Recht bezweifelt werden. Also müssen wir uns für eine Bedeutungslehre einer natürlichen Sprache, ob wir wollen oder nicht, zur Darstellung von eigentlich Nichtsprachlichem sprachlicher Mittel bedienen. Dazu gibt es letztlich keine Alternative. Wilks (1977) sieht dies ebenso: »There just is no non-linguistic realm into which we can escape from language [...].« (197) Nichtsprachliches mit Nichtsprachlichem wiederzugeben kann versucht werden, sollte im Grunde auch unterstützt werden, aber es hat sicherlich seine Grenzen. Normalerweise ist diese Tatsache Grund genug, um Bedeutungslehre ausschließlich mit sprachlichen Mitteln durchzuführen. Hat dieser Zwang des Griffes nach sprachlichen Mitteln irgendwelche Erfolgschancen oder lügen wir uns bei solchen, offenbar nicht zu vermeidenden, semantischen Darstellungen jeweils etwas in die Tasche? Sind also linguistische Semantiker moderne Lügenbarone Münchhausen?

Die Angabe von Bedeutungen mit Hilfe von sprachlichen Mitteln bringt zumindest eine qualitative Änderung des Vorgegebenen. Denken Sie an entsprechende Änderungen und unumgängliche Beschränkungen bei der Übertragung von gesprochener Sprache in geschriebene Sprache. Egal wie detailliert wir unsere Verschriftungssysteme wählen, etwas an Information geht verloren, da das Medium als solches nicht übertragbar ist. Deshalb sprach schon Gerhardt (1948, 85) vom Notbehelf der Lautschrift. Umgekehrt setzt einem das gewählte Medium der Übertragung selbst auch wieder Grenzen; vgl. Gibbon (1976, 37). Kann theoretisch vielleicht noch eine Notation für eine lautliche Eigenschaft erfunden werden, so mögen praktische Fragen, wie die Lesbarkeit der Verschriftung, der tatsächlichen Ausführung entgegenstehen. Auch Lang (1983) sieht eine prinzipielle Beschränkung: »[...] für die linguistische Analyse alle Versuche, in Normalsprache oder auch in reglementierter Quasi-Normalsprache zu formulieren, was ein Ausdruck bedeutet, als zwar unerläßliches, aber nicht ausreichendes Verfahren der Explikation zu betrachten sind.« (77), obwohl ich darüber hinaus die Beschränkung für jede Art von Versprachlichung behaupte. Sind wir uns über solche Konsequenzen bei der Wahl eines anderen Mediums bewußt, dann lügen wir uns bestimmt nichts in die Tasche. Wie steht es aber um die Erfolgschancen des Versuches, sich bei Bedeutungsangaben mit den eigenen Haaren des Linguisten, dem Sprachlichen, zu behelfen?

Um im Falle der Bedeutungsangaben eine im Medium zu erreichende maximale Übertragungstreue zu gewährleisten, könnten wir ja übereinkommen, als Beschreibungssprache, die auch *Metasprache* genannt wird, die zu beschreibende Gegenstandssprache, die auch *Objektsprache* genannt wird, selbst zu verwenden und ein Angabeschema der folgenden Art zu gebrauchen:

(BS) Für jedes Wort oder besser für jede Form **w** der natürlichen Sprache S mit S Sprachausprägung des Deutschen gilt: **w** bedeutet w;

d.h. etwa für die Form **wasser** im Deutschen

(BS$_{Wasser}$) **wasser** bedeutet Wasser.

Weshalb können wir bei diesem Bedeutungsschema BS von maximaler Übertragungstreue reden? Einmal, wir wählen als Beschreibungssprache die zu beschreibende Gegenstandssprache. Diese Wahl hat folgenden Vorteil: die Formen, deren Inhalt anzugeben ist, sind Formen der Beschreibungssprache selbst, müssen also nicht in irgendeiner speziellen Weise gekennzeichnet werden. Dies vereinfacht die linke und rechte Seite des Schemas: ... bedeutet ... beträchtlich. Vergleichen wir hiermit das unbefriedigende Schema BS_{water}:

(BS_{water}) **water** bedeutet water.

Diese Angabe ist überhaupt kein Ausdruck unserer deutschen Beschreibungssprache. In dem versuchten Falle von Englisch als Gegenstandssprache und Deutsch als Beschreibungssprache müßten wir vielmehr schreiben:

(BS_{water}) »**water**« als Form im Englischen bedeutet Wasser.

D. h. sowohl die Form auf der linken Seite als auch die englische Bedeutungsangabe auf der rechten Seite muß erst einmal ins Deutsche übertragen werden. Für die rechte Seite heißt dies, daß die Bedeutung der Form in der Ausgangs- oder Gegenstandssprache als *Übersetzung* in der Beschreibungssprache geliefert wird. Übersetzungen sind nun in irgendeiner Art und Weise immer möglich, jedoch sind damit auch meist gewisse Abstriche verbunden, worunter die Übertragungstreue leiden müßte. Deshalb ist meiner Meinung nach der Gebrauch der Gegenstandssprache als Beschreibungssprache hier vorzuziehen. Ferner ist das Bedeutungsschema BS_{Wasser} Ausdruck der Tatsache, daß Wasser unweigerlich Wasser ist. Können wir doch das Schema BS_{Wasser} folgendermaßen lesen: Sprecher des Deutschen weisen mit der Form **wasser** auf Wasser und drücken damit aus, daß Wasser Wasser ist und nichts anderes. Eine übertragungstreuere Angabe im Medium der Sprache gibt es sicherlich nicht. Aber drehen wir uns nicht bereits im Kreise? Das Schema führt für unser Beispiel auf »Die Form **wasser** bedeutet Wasser«. Den entsprechenden Satz (45)

(45) »**wasser**« bedeutet Wasser. ,

des Deutschen, das als Beschreibungssprache dient, müssen wir verstehen, um begreifen zu können, welchen Inhalt die Form **wasser** im Deutschen besitzt. Den Satz verstehen heißt wohl unter anderem, die darin vorkommenden Wörter zu verstehen; was insbesondere möglich ist, wenn wir den Inhalt der darin vorkommenden Wörter kennen. Eines der vorkommenden Wörter ist **wasser** als zweite Ergänzung von **bedeuten**. Um also Satz (45) verstehen zu können, müssen wir bereits den Inhalt der Form **wasser** kennen. Selbstverständlich kennen wir ihn auch, da wir ja Sprecher des Deutschen, also der Beschreibungssprache, sind. Somit drehen wir uns tatsächlich im Kreise. Ist das so schlimm? Die Antwort hängt davon ab, was wir eigentlich erreichen wollen. Ginge es bei Bedeutungsbeschreibungen etwa darum, die Bedeutung einer sprachlichen Form mit Hilfe von sprachlichen Mitteln der Beschreibungssprache genau, im Sinne von *Bedeutungsgleichheit*, zu erfassen, dann wäre es sicherlich schlimm. Denn dies hieße ja, die fragliche Bedeutung durch etwas bedeutungsgleiches in der Beschreibungssprache anzugeben und bis jetzt haben wir dafür nichts anderes als das fragliche Wort selbst. Ob die Aufgabe einer Bedeutungsbeschreibung tatsächlich so gestellt werden kann, wollen wir uns nun überlegen: Ausgangspunkt war die Angabe der Bedeutungen sprachlicher Formen. Die im Medium der Sprache übertragungstreueste Lösung führt uns letztlich auf die reine Selbstreferenz: Wasser ist nichts anderes als Wasser, schreiben ist nichts anderes als schreiben usw. Weshalb wir aber mit solchen Angaben meist nicht allzu glücklich sind und sich rasch ein Gefühl des auf den Arm-genommen-Seins breitmacht, ist die Tatsache, daß außer einer (angenommenen) Selbstverständlichkeit uns nichts mitgeteilt wurde. Aussagen dieser Art entbehren jeglichen Erklärungsgehalt. Nun können wir bei Bedeutungsbeschreibungen offenbar nur dann etwas mitgeteilt bekommen, wenn wir bereit sind, die nicht übertragungstreueste Lösung zu akzeptieren. Eine wahrlich paradoxe Situation!

In einer paradoxen Situation stehen zwei Ziele, die für sich genommen sinnvoll erscheinen – bei uns: übertragungstreue Lösung und Lösung mit Erklärungsgehalt –, in offensichtlichem Widerstreit zueinander. Ganze Generationen von Philosophen haben sich an diesen Problemen die Zähne ausgebissen. Mit die berühmtesten Paradoxien oder Antinomien, wie sie auch manchmal genannt werden, sind folgende:

1. Die Paradoxie des Lügners: Epimenides der Kreter sagt: »Alle Kreter lügen.« Ist nun Epimenides ein Lügner oder nicht?

Angenommen, Epimenides ist kein Lügner, spricht also die Wahrheit. Dann ist seine Äußerung »Alle Kreter lügen« wahr, d.h., daß also tatsächlich alle Kreter Lügner sein müssen. Dies schließt dann aber auch Epimenides mit ein. Die Annahme, daß er kein Lügner ist, führt zu dem Ergebnis, daß er ein Lügner ist.

Die Umkehrung verlangt etwas mehr Überlegung: Angenommen, Epimenides ist ein Lügner. Dann ist seine Äußerung »Alle Kreter lügen« eine Lüge, also falsch. Es gibt somit mindestens einen Kreter, der nicht lügt. Mit der unveränderten Annahme, daß Epimenides ein Lügner ist, ist er selber einer der existierenden, nichtlügenden Kreter, falls er uns felsenfest versichert, daß er ein Lügner ist.

2. Paradoxie der Menge: Wir definieren eine Menge M als die Menge aller Mengen, die sich nicht selbst als Element enthalten: M = { × |

$\times \notin \times$ }; d.h. $\times \in$ M genau dann, wenn $\times \notin \times$. Ist unsere Menge M nun solch eine Menge $\times$ oder nicht?

Annahme: M $\in$ M, d.h. M enthält sich selbst als Element. Nach der Festlegung der Menge M heißt dies aber M $\notin$ M.

Annahme: M $\notin$ M, d.h. M enthält sich nicht selbst als Element. Nach der Festlegung der Menge M heißt dies aber M $\in$ M.

Beides zusammengefaßt ergibt dies: M $\in$ M genau dann, wenn M $\notin$ M!

Diese Paradoxie, von dem Philosophen und Logiker Bertrand Russell zur Jahrhundertwende entdeckt, stürzte den Logiker und Mathematiker Gottlob Frege für den Rest seines Lebens in tiefes Unglück, brach doch damit sein bis dahin aufgebautes und als Lebenswerk gedachtes Gedankengerüst wie ein Kartenhaus zusammen. Gleichzeitig markiert die Entdeckung dieser Paradoxie einen entscheidenden Neubeginn in der modernen Mathematik; vgl. Schmidt (1966). Eine von Russell selbst popularisierte Version dieser Paradoxie möchte ich dem Leser nicht vorenthalten: Es ist die Paradoxie des Dorfbarbiers. In einem Dorf darf und soll der Barbier laut Vertrag genau diejenigen rasieren, die sich am Morgen nicht selbst rasieren. Am nächsten Morgen steht der vertragstreue Barbier in seinem Badezimmer und sucht verzweifelt die Frage zu lösen, ob er sich nun laut Vertrag selbst rasieren darf und soll oder nicht. Rasiert er sich aber selbst, so wird er vertragsbrüchig, denn er darf und soll ja nur diejenigen rasieren, sie sich nicht selbst rasieren. Läßt er also lieber die Hände davon, dann wird er auch vertragsbrüchig, da er sich ja um diejenigen kümmern soll, die sich morgens nicht selbst rasieren. Es ist unbekannt, wie sich unser armer Dorfbarbier entschieden hat. Schließen wir also die Geschichte mit: Und wenn er nicht gestorben ist, dann kratzt er sich den Kopf noch heute.

Nach diesem kleinen Ausflug in die faszinierende Welt der Paradoxien, hoffe ich, daß Sie ein gewisses Gefühl für deren Problematik entwickelt haben. Eine Erläuterung der Lösungsvorschläge für die angeführten Beispiele würde uns zu weit von unserer eigentlichen Problematik wegführen. Unsere paradoxe Situation entstand durch den Versuch, das Ziel der Übertragungstreue mit dem Ziel des Gebens einer echten Erklärung zu verbinden. Dieses Problem wird häufig das *Mooresche Paradox der Analyse* genannt. George Edward Moore, englischer Philosoph und Lehrer von Wittgenstein, war wohl der erste, der deutlich auf diese Problematik hingewiesen hat. Eine bei Langford (1942) zu findende Formulierung der Paradoxie lautet: »If the verbal expression representing the analysandum has the same meaning as the verbal expression representing the analysans, the analysis states a bare identity and is trivial; but if the two verbal expressions do not have the same meaning, the analysis is incorrect.« (323) Die Forderung der Übersetzungstreue erzwang im Falle der Form **wasser** im Deutschen tatsächlich unser Bedeutungsschema BS$_{Wasser}$:

(BS$_{Wasser}$) **wasser** bedeutet Wasser.

Diese Behauptung mögen einige von Ihnen noch bezweifeln. Um die damit gegebene Selbstreferenz zu durchbrechen, könnte man ja versuchen, die Bestimmung Wasser durch H$_2$O zu ersetzen; also als Bedeutungsangabe das Schema BS'$_{Wasser}$

(BS'$_{Wasser}$) **wasser** bedeutet H$_2$O.,

vorschlagen. Dieser Vorschlag ist wohlgemeint und dazu noch in bester Gesellschaft. Bereits Bloomfield (1935) hatte solche Vorstellungen gehabt:

»In order to give a scientifically accurate definition of meaning for every form of a language, we should have to have a scientifically accurate knowledge of everything in the speakers' world. The actual extent of human knowledge is very small, compared to this. We can define the meaning of a speech-form accurately when this meaning has to do with some matter of which we posses scientific knowledge. We can define the names of minerals, for example, in terms of chemistry and mineralogy, as when we say that the ordinary meaning of the English word **salt** is ›sodium chloride (NaCl)‹, and we can define the names of plants or animals by means of the technical terms of botany or zoology […].« (139)

Trotz ihres Anflugs von Wissenschaftlichkeit sind solche Vorschläge für Bedeutungszuordnungen vor Irrtum nicht gefeit. Was Sprecher des Deutschen z.B. mit dem Wort **wasser** benennen – denken wir bloß an Regenwasser und das Wasser in unseren Seen und Flüssen –, würde in den seltensten Fällen vom Chemiker als H$_2$O analysiert. In Zeiten, in denen das Umweltbewußtsein wächst, wird uns diese schon immer gültige Tatsache schmerzlich vor Augen geführt. Von Übersetzungstreue kann also bei dem Schema BS'$_{Wasser}$ überhaupt keine Rede sein; unter diesem Gesichtspunkt handelt es sich sogar um einen schlechten Versuch, denn die Übereinstimmung zwischen Wasser als Inhalt der Form **wasser** und H$_2$O ist viel zu gering. Selbst wenn jedoch dem so wäre, daß Sprecher des Deutschen sich sklavisch daran halten, nur von Wasser in den Fällen zu sprechen, in denen der Chemiker von H$_2$O redet, könnten wir, abgesehen von den Bedenken gegenüber der Durchführbarkeit eines solchen Vorhabens, mit der (definitorischen) Gleichsetzung von der Bedeutung von **wasser** mit H$_2$O nicht zufrieden sein. Es sind bei solchen mit angenommen exakten naturwissenschaftlichen Begriffen arbeitenden Beschreibungen folgende Punkte zu beachten: Jede noch so tiefgehende, bis zur atomaren Ebene vorstoßende, wissenschaftliche Analyse der Materie ist niemals endgültig. Zu keinem Zeitpunkt können wir sicher sein, ob mit neuen, feineren Techniken und Instrumenten oder neuen theoretischen Modellen nicht neue Erkenntnisse gewonnen werden, die zu einer anderen Analyse führen würden. Darüber hinaus ist jede Art von Beschreibung interessenabhängig, insbesondere auch die auf die einzelnen Bausteine abzielende chemische Analyse der Materie; kaum zu glauben – ohne andererseits den Einfluß der Wissenschaften und die Wissenschaftsgläubigkeit unterschätzen zu wollen –, daß die Sprachgemeinschaft als Ganzes sich generell für Bedeutungen von auf Existierendes verweisenden Wörtern im Stile einer rein zerlegenden Sehweise erwärmen könnte. Wasser, selbst als reines H_2O, bedeutet ja für uns noch erheblich mehr: Wir sehen es als Lebensspender der Natur – die Wüste blüht nach einem Regenguß –, als Durstlöscher – das kühlende Naß einer Quelle bei einer Wanderung an einem heißen Sommertag ist hoch willkommen –, aber auch als bedrohliche Naturgewalt – der Kampf des Menschen um sein bestelltes Land an der Küste gegenüber den Fängen der See ist immerwährend. Palmer (1976) kommt im Hinblick auf Bloomfields Salzbeispiel zum gleichen Ergebnis: »Salt, for ordinary language, is the substance that appears on our tables. It is no less salt if its chemical composition is not precisely that of the chemists' definition.« (23) Zemach (1976, 119) vertritt eine analoge Position in seiner, in diesem Punkt völlig berechtigten Kritik an den Arbeiten von Hilary Putnam (s. Literaturverzeichnis); vgl. auch Johnson-Laird (1982, 24). Die Frage übrigens, ob eine Beschreibungssprache, die hauptsächlich aus rein wissenschaftlichen Begriffen besteht, zur Darstellung einer Semantik einer natürlichen Sprache überhaupt sinnvoll ist, auf dem Hintergrund der Annahme, daß der normale Sprecher des Deutschen über solche Begriffe nicht verfügt, ist in diesem Zusammenhang kaum relevant, da man ja die Möglichkeit der Übersetzung einer solchen mehr wissenschaftlichen Beschreibungssprache in eine Beschreibungssprache, die sich mehr umgangssprachlicher Begriffe bedient, zulassen muß. Entscheidend ist vielmehr die Veränderbarkeit auch solcher »exakten« Begriffe und die Tatsache, daß uns die Wirklichkeit mehr bedeutet als das, was uns die Naturwissenschaften hierüber sagen können. Letzteres müßte sich dann auch in der Sprache selbst wiederfinden lassen.

Wasser ist Wasser, daran gibt es nichts zu ändern. Das ist uns allen – meist unhinterfragt – klar. Nur als Bedeutungsangabe innerhalb einer Semantik für eine natürliche Sprache ist diese Information nicht allzu gut geeignet. Der Hauptgrund, der dagegen spricht, ist nicht etwa die Trivialität einer solchen Aussage, sondern daß mit solchen völlig in der Selbstreferenz verbleibenden Aussagen nichts über Beziehungen zwischen Wörtern im Wortschatz deutlich wird. Wie sollen wir aus: die Form **schimmel** im Deutschen bedeutet Schimmel und die Form **pferd** im Deutschen bedeutet Pferd eine inhaltliche Beziehung im Sinne einer Unter- bzw. Überordnung – die Hyponymie-Relation ist gemeint – zwischen den Formen **schimmel** und **pferd** im Deutschen ablesen? Die Erfassung solcher semantischen Beziehungen ist, wie bereits gesagt, Aufgabe einer Semantik. Die semantischen Beziehungen zwischen Wörtern kommen nun aufgrund deren Bedeutungen zustande, also muß man erwarten, daß der Erfolg der Beschreibung dieser inhaltlichen Beziehungen mit der Art der Beschreibung der Inhalte der Wörter zusammenhängt. Ersteres müßte aus dem zweiten abgeleitet werden können. Aus diesem Grunde wollen wir das Ziel des Erklärungsgehalts der Angaben höher einschätzen als ihre Übersetzungstreue. Dies ist unser gefundener Ausweg aus der ursprünglich paradoxen Situation zwischen dem Widerstreit einer maximalen Übersetzungstreue und einem Erklärungsgehalt. Selbstverständlich enthebt uns diese Entscheidung für den Erklärungsgehalt nicht der Aufgabe, bei Vorschlägen zur Bedeutungsbeschreibung den jeweiligen Grad der Übersetzungstreue abzuwägen. Nur wissen wir nun, daß Übersetzungstreue im Sinne der Bedeutungsgleichheit für eine Bedeutungslehre einer natürlichen Sprache letztlich überhaupt nicht erwünscht ist. Das ursprünglich diskutierte Schema BS: Für jedes Wort **w** des Deutschen gilt: **w** bedeutet w, steht damit nicht mehr zur Debatte. Wir müssen uns zwar für Bedeutungsbeschreibungen mit der Sprache allgemein behelfen, aber an der gegebenen Form selber müssen wir uns noch lange nicht aus dem Bedeutungssumpf ziehen. Insofern sind linguistische Semantiker nur abgeschwächte Lügenbarone. Als Gedankenstütze für den gefundenen Sachverhalt über Bedeutungsbeschreibungen wäre es besser, von nun an von *Umschreibungen* der Bedeutungen von sprachlichen Formen zu reden anstatt von Beschreibungen der Bedeutungen von sprachlichen Formen. Was an Umschreibungen von Bedeutungen konkret möglich und anzustreben ist, wird uns im Kapitel 4 beschäftigen. Woetzel (1984) empfiehlt ebenfalls: »[...] wir müssen [...] den Anspruch aufgeben, Bedeutung vollständig bestimmen zu wollen.« (34), ohne allerdings im Verlauf seiner langen Untersuchung sehr viel konkreter zu werden.

2.2 Strukturbegriffe

Eine wichtige Rolle für unser Vorgehen spielte das Argument, daß eine Bedeutungslehre sich nicht im Schreiben eines idealen Wörterbuches erschöpfen kann, sondern vielmehr die untereinander bestehenden inhaltlichen Beziehungen mit erfassen muß. M.a.W., wir gehen davon aus, daß der Wortschatz einer natürlichen Sprache strukturiert ist, vgl. für einige Plausibilitätsüberlegungen hierzu Lutzeier (1985 b), und sehen es als eine Aufgabe einer linguistischen Semantik an, Strukturierungen, die mit der Inhaltsseite zu tun haben, aufzuspüren. Bemerkungen über irgendwelche Strukturen treten in wissenschaftlichen Abhandlungen häufig auf, dies führte ja sogar dazu, einen gesamten Forschungsansatz mit »Strukturalismus« zu benennen. Die Häufigkeit des Vorkommens hat allerdings kaum etwas für die Klarheit der Redeweisen gebracht. Meist wird völlig übersehen, daß man die Redeweisen »Etwas ist eine Struktur« und »Etwas hat eine Struktur« voneinander unterscheiden muß. Diesem Unterschied werde ich mich nun zuwenden, da Strukturen offensichtlich auch für uns bereits eine Rolle spielten und noch für weitere Begriffserklärungen eine Rolle spielen werden. Ausgangspunkt für meine Bemerkungen sind Überlegungen von Potts (1976), wobei ich allerdings das Verhältnis beider Redeweisen wohl etwas anders sehe.

Im einfachsten Fall verlangen wir von einer *Struktur* nichts anderes, als daß sie Teile besitzt und diese Teile aufeinander bezogen sind. Mit dieser Festlegung können wir sofort folgende Beispiele von Strukturen angeben:

1. Jedes Gebäude ist eine Struktur. Wurde es doch aus dem Baumaterial gebildet, die Teile der Struktur, und dieses Baumaterial ist im räumlichen Sinne aufeinander bezogen, wodurch das Gebäude erst entsteht.

2. Die Menge der natürlichen Zahlen ist eine Struktur. Die Teile sind die Zahlen selbst und sie sind allesamt aufeinander bezogen, indem sie alle aus der Zahl 0 durch Anführen von Strichen entstanden sind.

Gleichzeitig kann man aber einem Gebäude, das als eine Struktur erkannt ist, unterschiedliche Strukturen zuordnen. Einmal hat das Gebäude in den Augen des Bauingenieurs eine bestimmte Struktur: Deren Teile mögen die lasttragenden Wände und Decken sein und ihre gegenseitige räumliche Anordnung im Sinne von Stützen und Belasten die Beziehungen untereinander. Diese Sehweise ist von den Gesetzen der Statik bestimmt. In den Augen des Architekten hat das Gebäude wahrscheinlich eine ganz andere Struktur: Deren Teile mögen ganze Räume sein und ihre gegenseitige räumliche Anordnung im Sinne von dem Erfüllen bestimmter Funktionen die Beziehungen untereinander. Diese Sehweise ist von den Gesetzen der Ästhetik und der Funktionsbestimmung diktiert. Solche unterschiedlichen Strukturen resultieren aus verschiedenen Sehweisen, Interessenlagen oder zugrundegelegten Gesichtspunkten. Ebenso kann ich davon sprechen, daß die Menge der natürlichen Zahlen eine Ordnungsstruktur hat. Die Teile sind wieder die Zahlen selbst und die Beziehungen untereinander sind die »kleiner-gleich«-Beziehungen zwischen den Zahlen. Diese Zuordnung ist ganz von meinem Interesse an einer linearen Anordnung bestimmt, Fragen der Addition oder Multiplikation dieser Zahlen bleiben etwa völlig unberührt.

Damit sollte bereits der Unterschied zwischen den Redeweisen »Etwas ist eine Struktur« und »Etwas hat eine Struktur« klargeworden sein. Erstere ist in einem absoluten Sinne gemeint, während die zweite immer abhängig von Interessen, Sehweisen usw. ist. Die erste Redeweise ergibt sich praktisch aus der Natur der Sache selbst. Ist diese Sache nicht diese Struktur, sondern eine andere, dann ist es auch nicht mehr diese Sache selbst, sondern eine andere. Die Identität der Sache ist an die jeweilige Struktur gebunden; die Struktur erschöpft sich in der Sache als Ganzes. Bei der zweiten Redeweise wird dagegen in abstraktem Sinne eine Struktur konstruiert und versucht, diese dem Vorgegebenen zuzuordnen oder aufzuprojizieren. Vergleichen Sie hierzu das Diagramm D 14. Harré (1972) sieht die Erklärungskraft von Strukturzuordnungen: »The presence of a certain

D 14 »*M hat die Struktur* 𝒮«
    𝒮 = <Teile, Beziehungen zwischen den Teilen>
    Struktur als Konstrukt

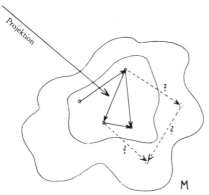

»Projektion von 𝒮«
  mit ○ : Bilder von Teilen von 𝒮 und
  mit → : Bilder von Beziehungen zwischen Teilen von 𝒮
(die gestrichelten Darstellungen betreffen die durch die Strukturzuordnung eventuell nicht erfaßten Bereiche von M)

D 15

$\mathcal{G}$ = <Teile, Beziehungen> mit der Sehweise: Über- bzw. Unterordnung

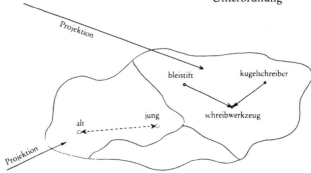

M = Wortschatz des Deutschen

$\mathcal{G}'$ = <Teile', Beziehungen'> mit der Sehweise: Gegensatz

mode of organization among the elementary parts of a thing becomes the main feature of the explanation of the powers of individual things and materials to manifest certain qualities to us, and to affect other things.« (140) Wie im Diagramm D 14 angedeutet, erfassen die Strukturzuordnungen häufig nicht die Sache als Ganzes. Ein konkretes Beispiel hierzu liefert Diagramm D 15. Lassen sich allerding solche Zuordnungen im Sinne der Redeweise »Etwas hat eine Struktur« relativ unproblematisch durchführen – wird der Sache sozusagen nichts künstliches aufgezwungen –, dann liegt nahe, von der Sache selbst zu behaupten, daß es eine Struktur ist. Worin diese jedoch besteht, ist damit nicht geklärt. Da wir uns in jeglichem Handeln nie völlig von irgendwelchen Interessen oder Sehweisen freimachen können – Handeln heißt ja, eine bestimmte Richtung für bestimmte Zwecke einschlagen, was notwendigerweise mit sich bringt, daß andere Richtungen ignoriert werden –, liegt natürlich ebenso nahe, folgendes zu behaupten: Über die Behauptung hinaus, daß etwas eine Struktur ist, können wir die Frage: Worin denn nun diese Struktur besteht? prinzipiell nicht beantworten. M. a. W., wir können niemals mehr demonstrieren, als daß die Sache die und die Strukturen hat. Deshalb sind auch die Beschreibungen meiner beiden anfänglichen Beispiele: Gebäude und Menge der natürlichen Zahlen, im Grunde nur naheliegende Vermutungen. Somit sind für mein Empfinden Heringer/Strecker/Wimmer (1980) zu optimistisch, wenn sie im Hinblick auf Sprachen behaupten: »[...] Sprachen sind nicht naturgegeben, sondern von Menschen gemacht [...]. Insofern sie also Schöpfung des Menschen sind, haben sie auch eine für ihn rekonstruierbare Struktur.« (121) Zwingend wäre diese Ansicht nur, falls es sich um eine bewußte Schöpfung handeln würde. In diesem Sinne sind wir uns sehr viel sicherer, welche Struktur das U-Bahnnetz von West-Berlin ist, da es auf einer von Menschen geschaffenen Konzeption beruht und von Menschenhand realisiert ist. Hier können wir sozusagen eine Strukturzuordnung vornehmen, die das Ganze erfaßt. In ähnlich guter Lage sind wir bei Dingen, die durch eine Festsetzung definitorisch entstehen – viele theoretische Begriffe fallen darunter –, da die Definition die Struktur praktisch offenlegt. Im Falle des Wortschatzes einer natürlichen Sprache schließen wir ebenfalls von bereits, mehr oder weniger erfolgreich, durchgeführten Strukturierungen im Sinne von »Der Wortschatz hat Struktur« – denken wir im semantischen Bereich etwa an die Theorie der Sinnrelationen oder an die Wortfeldtheorie – darauf, daß der Wortschatz einer natürlichen Sprache eine Struktur ist. Welche Struktur er allerdings ist, diese Frage muß unbeantwortet bleiben. Handelt es sich doch um die Frage nach der psychologischen/physiologischen Realität des Wortschatzes bei jedem einzelnen Sprecher. Alle hauptsächlich in der Psychologie, Medizin und künstlichen Intelligenzforschung durchgeführten Experimente hierzu sind selbstverständlich jeweils von bestimmtem Interesse geprägt, können also allenfalls selbst wieder zu Resultaten im Sinne von »Etwas hat eine Struktur« führen. Das Bild, das man sich vom Wortschatz machen kann, wird durch solche nicht künstlich aufgezwungene Strukturzuordnungen natürlich immer weiter verbessert. Mehr und mehr plausible Mosaiksteine halten wir dann in der Hand, ohne allerdings jemals diese zu einem vollen Mosaik zusammenfügen zu können.

Der in der Linguistik relativ leicht herstellbare Bezug zu empirischen Daten ist für die Fragen »Etwas hat eine Struktur« ein großer Vorteil. Alle unsere Strukturierungsvorschläge müssen sich dem Test des Gebrauchs stellen und die Güte der Zuordnung von der behaupteten Struktur auf die Sprache kann danach beurteilt werden. Die Versuche einer pragmatischen Ordnung des Wortschatzes etwa müssen aus diesem Grunde skeptisch beurteilt werden. Wörter, für sich genommen, bedeuten nur, erst Produzent/-inn/-en von Sprache meinen etwas; trotzdem wird immer wieder versucht, Verben bestimmte illokutionäre Akte zuzuschreiben. Ein Ansatz, der meiner Meinung nach generell für Einheiten des Wortschatzes ungeeignet ist und erst auf der Ebene von Äußerungen Erfolg haben kann.

Erklärungen von Strukturierungen im Wortschatz und Umschreibungen von Einzelbedeutungen erfolgen in der Beschreibungssprache, die zunächst einmal theoretisch von der jeweiligen zu beschreibenden natürlichen Sprache als Gegenstandssprache zu trennen ist. Um zusätzliche Übersetzungsprobleme von vornherein auszuschließen, empfiehlt es sich – wie wir erkannt haben –, als Beschreibungssprache die Gegenstandssprache selbst zu wählen. Selbstverständlich muß jede Beschreibungssprache, um überhaupt ihre Aufgabe erfüllen zu können, eine uns bereits bekannte Sprache sein. Ist ihr Verständnis nicht garantiert, wie wollen wir dann die Umschreibungen der Bedeutungen verstehen? Dies erzwingt beim Erlernen einer Fremdsprache, trotz zahlreicher Versuche nur mit der unbekannten Sprache auszukommen, gerade die Verschiedenheit von Beschreibungssprache und Gegenstandssprache. So wird man dort typischerweise immer wieder eine in der Muttersprache formulierte Grammatik der Fremdsprache zu Hilfe nehmen müssen. Stimmt dagegen die Beschreibungssprache mit der Gegenstandssprache überein – und dies ist für unsere Fragestellungen der Normalfall, da die Frage der Lernsituation von Fremdsprachen hier nicht zur Debatte steht –, heißt dies, daß wir über eine Sache etwas erfahren wollen, über die wir eigentlich schon eine ganze Menge wissen müssen und selbstverständlich auch wissen. Teilweise trug diese Tatsache zu unserem unguten Gefühl bei der Diskussion der Bedeutungsschemas bei. Inwieweit dürfen wir nun von diesem Wissen über die Gegenstandssprache Gebrauch machen? Darüber lohnt es sich sicherlich, kurz nachzudenken.

Das Meiste an unserem Wissen über die Gegenstandssprache ist unbewußtes Wissen, dennoch befähigt uns dieses latent vorhandene Wissen als anerkanntes Mitglied in der Sprachgemeinschaft zu wirken. Erst die Situation eines Linguisten, speziell die Situation, die wir gerade besprechen, verlangt den bewußten Bezug zu diesem Wissen. In seiner schwächsten Form wird dieser bewußte Bezug so verstanden, daß unsere linguistischen Beschreibungen zu diesem Wissen nicht in offenem Widerspruch stehen dürfen und in seiner stärksten Form wird der bewußte Bezug so verstanden, daß die explizite Formulierung dieses Wissens bereits die linguistische Beschreibung darstellt. Diagramm D 16 zeigt diese Skala des Zusammenhangs zwischen dem Wissen über die natürliche Sprache und ihrer linguistischen Beschreibung.

Die bloße Setzung von Ergebnissen unter ausschließlicher Berufung auf das Sprachgefühl, was dem engsten Zusammenhang auf der Skala

D 16

Skala des Zusammenhangs

| Linguistische Be-schreibung steht nicht in offenem Widerspruch zu unserem Wissen über die Sprache | ├──────────────────→┤ | Die Formulierung unseres Wissens über die natürliche Sprache ist die linguistische Beschreibung |

des Diagramms D 16 entspricht, kann sicherlich nicht gutgeheißen werden. Wissenschaftliches Arbeiten mag zwar häufig am Anfang einer Neuentwicklung individuelles Arbeiten sein, dennoch müssen dessen Ergebnisse, falls sie nicht als reines Privatvergnügen gedacht sind, von einem bestimmten Punkt an der Öffentlichkeit zugänglich gemacht werden. Zugänglichkeit heißt aber in erster Linie Überprüfbarmachen der gefundenen Ergebnisse. Sind diese Ergebnisse einfach dem Gefühl nach gesetzt, gibt es also keinen rational nachvollziehbaren Weg zu diesen Ergebnissen, dann kann selbst meine vielleicht sogar rational begründete Ablehnung an der Überzeugung des anderen nichts ändern, da er sich ja gerade nicht auf diesen Weg der Überprüfung einläßt. So zählt etwa bei der Beurteilung eines bestimmten Gebrauchs nur sein eigener Gebrauch oder sein eigenes Verständnis des jeweiligen Gebrauchs. Sein Sprachgefühl kann außer ihm selbst niemand beurteilen oder gar überprüfen, womit die rein subjektiv aufgestellten Ergebnisse für die Allgemeinheit ohne Bedeutung sind. Diese Haltung über das Zusammenfallen von Formulierungen des Wissens über die Sprache und linguistischen Beschreibungen scheint ferner die Begriffe »Sprachgefühl« oder »Intuition« völlig mißzuverstehen. *Intuition,* vom lateinischen **tueri** »(geistig) etwas ansehen« stammend, bedeutet mit dieser Herkunft zunächst nichts anderes als »anschauende Erkenntnis«; vgl. Kluge (1975, 328). Anschauende Erkenntnis birgt für mich ein Element der Reflektion, des gewissen Abstandnehmens; keinesfalls ein bedingungsloses Einlassen auf die jeweilige Sache, damit auch keinesfalls der direkte, unhinterfragte Zugriff, der zu einer bloßen Setzung führt. Gauger/ Oesterreicher (1982) sehen das Sprachgefühl als »bloße Manifestation des ›Könnens‹ einer Sprache, des Sprachbesitzes« (28). Zu diesem Sprachgefühl zählt nun auch das Bewußtsein, daß den gebrauchten Varianten eine Hochsprache als Norm vorgeordnet ist (37). Die Autoren kommen schließlich zu der Festlegung: »Sprachgefühl ergibt sich für den ›gebildeten‹ Sprecher aus dem Abstand zwischen dem in seiner Umgebung faktisch Geäußerten und der Norm, der er sich, zumindest in bestimmten Situationen, verpflichtet fühlt. [...] Diese

Kenntnis der Norm [...] ist das Sprachgefühl.« (40) Sowohl die Betonung einer abstrakten Norm als auch die Beschränkung auf die ›gebildeten‹ Sprecher ist für die Betrachtung des Sprachgefühls eines Mitglieds der Sprachgemeinschaft kaum angemessen. Jedes Mitglied der Sprachgemeinschaft erwirbt mit der Sprache ein Sprachgefühl und Urteile daraus leiten sich wohl in erster Linie von einem sich dem eigenen Idiolekt verpflichteten Normbegriff ab. Die Autoren verstricken sich schließlich selbst in einen Widerspruch, denn sie sprechen später von der Unbegründbarkeit des vom Sprachgefühl abgegebenen Urteils (50/51), was bei der vorher angenommenen abstrakten Norm der Hochsprache als Richtschnur der Urteile kaum einsichtig ist. Bei einer in meinem Sinne sich mit dem Wissen über die Sprache auseinandersetzenden Haltung bekommt die Intuition ein ganz anderes Gewicht. Sie wird nun zu einem wertvollen *heuristischen* Prinzip, das uns willkommene Anhaltspunkte für die aufzustellenden linguistischen Beschreibungen liefert. Damit ist Sprachgefühl beim Linguisten geradezu ein Vorteil, letztlich erwünscht, genauso wie etwa ein phantasieloser Mensch nie ein guter Mathematiker werden wird. Diese Auffassung kommt bereits dem Verständnis nahe, das man von der Intuition bei Künstlern hat. Dort meint man damit meist alles, was über die rein handwerklichen, technischen Fähigkeiten den »echten« Künstler erst ausmacht. Solch ein Gespür, umgesetzt dann in kritisierbare Beschreibungen, kann einem Linguisten sicherlich nichts schaden. Mit dieser Einstellung zum Sprachgefühl ist wohl kaum überraschend, daß ich von dem schwächsten formulierten Bezug von linguistischen Beschreibungen zu unserem Wissen über die Sprache ebenfalls nicht allzuviel halte. Nicht erst hinterher sollen linguistische Beschreibungen an diesem Wissen gemessen werden, bereits bei der Formulierung von Hypothesen über sprachliche Eigenschaften muß die Intuition in produktiver Weise, als eine vorgezogene Art richterlicher Instanz, wie Müller (1982, 213) das Sprachgefühl sieht, Eingang finden. Der bereits erwähnte relativ leicht herstellbare Bezug auf empirische Daten in der Linguistik garantiert, daß die zunächst über die Intuition gefundenen Anhaltspunkte dem Test konkreter Texte unterworfen werden können. Fodor (1971) empfiehlt dem Philosophen, was auch für den Linguisten zu beherzigen ist: »The wise philosopher tests his own and his informant's intuitions against discourses produced in circumstances less academic than the philosophy seminar and the philosophy journal. We do not always say what we say that we would say.« (298) Da bei der Interpretation solcher Texte meiner Meinung nach unweigerlich die Intuition mit hereinspielt – wie anders könnten wir die Texte beim Hören oder Lesen überhaupt verstehen? –, erachte ich jeden Versuch, allein mit objektiven Verfahren über solchen aus konkreten Äußerungen bestehenden Texten zu linguistischen Beschreibungen zu kommen, als Illusion. Selbst dem Vergleich mit psycholinguistischen Experimenten hält die Intuition nach Valian (1982) stand, da alle wichtigen Kritikpunkte gegen die Intuition auch gegen Experimente vorgebracht werden können (183/184).

2.4 Natürliche Interpretation vs künstliche Interpretation

Das in der Sprachgemeinschaft latent vorhandene Wissen über die jeweilige natürliche Sprache schließt im semantischen Bereich Wissen über die Bedeutungen von Wörtern der Sprache mit ein. Konzentrieren wir uns auf die einzelnen Mitglieder der Sprachgemeinschaft, dann können wir auch sagen: Egal, ob Linguist oder Nicht-Linguist, jeder von uns besitzt ein teilweise bewußtes Wissen über die Bedeutungen von Wörtern seines Idiolekts. Genau diese Bedeutungen machen die Wörter erst zu Wörtern des jeweiligen Idiolekts. So habe ich z.B. immer noch Schwierigkeiten der Form **teilchen** die Bedeutung »Backwerk« zuzuordnen. Bevor ich vor einigen Jahren in Köln eine Bäckerei betrat, war dies sicherlich kein Wort meines Idiolekts. Nicht viel anders erging es mir in Berliner Bäckereien, wo den Formen **schrippe** für »Brötchen« und **baiser** für »Meringe« in meinem Idiolekt die Formen **weckle, brötle** bzw. **schäumle, meringe** entsprechen. Die Gesamtheit solcher Bedeutungszuordnungen zu den sprachlichen Formen der jeweiligen Sprachausprägung, die insofern inhärent mit dieser angenommenen Sprachausprägung der natürlichen Sprache verbunden ist, als einzig sie im semantischen Bereich die angenommene Sprachausprägung dem Verständnis ihrer kompetenten Sprecher/Schreiber nach zu genau dieser Sprachausprägung der natürlichen Sprache macht, möchte ich *natürliche Interpretation* dieser Sprachausprägung nennen. »Natürliche Semantik« wäre eine andere mögliche Benennung, falls wir unter »Semantik« hier nicht die Disziplin verstehen, sondern das Aufstellen von Bedeutungszuordnungen. Die natürliche Interpretation einer natürlichen Sprache ist also für ihre kompetenten Sprecher/Schreiber automatisch gegeben und sozusagen in und durch ihre Sprecher/Schreiber existent. Jeder andere, der Mitglied dieser Sprachgemeinschaft werden will, muß sich diese natürliche Interpretation aneignen. Bei Kleinkindern ist dies ein natürlicher Prozeß des in die Sprachgemeinschaft Hineinwachsens, bei Erwachsenen, die eine Fremdsprache erlernen wollen, ein mühseliges und gerade im semantischen Bereich anscheinend oft

vergebliches Unterfangen. Beim Wechsel des Dialektbereiches innerhalb einer Sprachgemeinschaft wird uns als Erwachsene die im Grunde laufend wiederkehrende Aufgabe des Erlernens neuer Teile der
natürlichen Interpretation besonders bewußt. Eine natürliche Sprache wird im semantischen Bereich durch die natürliche Interpretation erst zu der natürlichen Sprache, die sie ist. Insofern sind die
sprachlichen Formen einer natürlichen Sprache, verstanden als Formen dieser Sprache, bereits interpretierte Formen. Sie haben genau
jene Bedeutungen, die ihnen aufgrund der natürlichen Interpretation
zugeordnet sind. Damit können wir insgesamt sagen: Eine natürliche
Sprache ist von vorneherein eine *interpretierte* Sprache. Wie meine
Diskussion in Abschnitt 1.3 zeigte, zwingt uns als Linguisten dieser
Zusammenhang von Form und Inhalt bei Formen einer natürlichen
Sprache keineswegs die Eigenschaftslesart für den Ausdruck
»Sprachliche Formen haben Bedeutung« auf.

Künstliche, also nicht-natürliche Sprachen besitzen diese Eigenschaft nicht. Zur Verdeutlichung meines Sprachgebrauches soll dieses genügen: *Künstliche* Sprachen sehe ich als diejenigen Sprachen
an, die vom Menschen bewußt für bestimmte Zwecke geschaffen
werden. Dabei mag man sich der Formen einer natürlichen Sprache
bedienen – denken Sie an das Vokabular der generativen Semantiker
wie etwa Lakoff (1972), das Elemente wie BRING, CAUSE,
ABOUT, TO usw. umfaßt – oder man mag ausschließlich oder zum
größten Teil mit Formen, die nicht einer natürlichen Sprache ange-
hören, arbeiten – denken Sie an Logikkalküle. Im letzteren Fall spreche ich von einer *formalen* Sprache. Mit dieser Festlegung sind alle
formalen Sprachen künstliche Sprachen, aber nicht alle künstlichen
Sprachen sind formale Sprachen in meinem Sinne. Selbstverständlich
läßt sich die Zuordnung nicht immer klar durchführen. Programm-
miersprachen etwa, die man anfangs eher den formalen Sprachen
zugeordnet hätte, machen inzwischen mehr und mehr von Formen
Gebrauch, die einer natürlichen Sprache entlehnt sind. Der von
vielen anvisierte und in Großbritannien bereits durch die Werbung
und die Regierung intensiv betriebene Siegeszug des Computers im
Klassen- und Wohnzimmer hängt mit dieser Entwicklung von Programmiersprachen, die zwar immer noch künstliche, aber eben nicht
mehr formale Sprachen sein müssen, zusammen. Der Bereich der
Fachsprachen dagegen steht auf der Schwelle zwischen natürlichen
Sprachen und künstlichen Sprachen. Einige davon, wie das alltägli-
che Fachsimpeln über ein bestimmtes Sportereignis im Unterschied
zu der Sprache des Regelwerks dieser Sportart, können eindeutig als
Sprachausprägungen einer natürlichen Sprache angesehen werden,

während andere, wie etwa die »Sprache« der DIN-Normen, den künstlichen Sprachen zugeordnet werden müssen.

Doch zurück zu dem semantischen Bereich: Im Gegensatz zu natürlichen Sprachen sind künstliche Sprachen, ob formal oder nicht, zunächst uninterpretierte Sprachen. D.h. es gibt für solche Sprachen überhaupt keine natürliche Interpretation in meinem Sinne. Damit bleibt auch noch völlig offen, worüber wir mit diesen Sprachen reden können. Um dies festzulegen, müssen wir den Sprachen erst einmal bewußt eine Interpretation geben. Eine solche Interpretation besteht unter anderem aus Bedeutungszuordnungen für die auftretenden sprachlichen Formen. Hinzu kommen im Hinblick auf eine Satzsemantik die semantischen Festlegungen für die syntaktischen Verkettungen und syntaktischen Relationen. Die Gesamtheit der Bedeutungszuordnungen ist etwas von uns als Interpreten der Formen Konstruiertes, deshalb spreche ich hier im Gegensatz zu einer natürlichen Interpretation von einer konstruierten, *künstlichen Interpretation*. Die Benennung »künstliche Semantik« ist eine akzeptable Alternative, falls wir auch hier unter »Semantik« nicht die Disziplin verstehen. Ein möglichst einfaches Beispiel einer formalen Sprache L soll zur Anschauung dienen. Den Wortschatz der Sprache legen wir durch eine Liste fest. Diese Liste umfaßt Elemente aus drei syntaktischen Kategorien: $K_1 = \{a, b, c, d\}$; $K_2 = \{A, B\}$; $K_3 = \{\alpha, \beta, \gamma\}$. Syntaxregeln dieser Sprache, die festlegen, was als Satz dieser Sprache gelten soll, geben gleichzeitig Auskunft, mit welchen natürlichsprachlichen Kategorien wir die drei angenommenen Kategorien K_1, K_2 und K_3 vergleichen können. Sätze der Sprache L sind genau die folgenden Ausdrucksgestalten:

(R 1) Ist x ε K_1, dann ist A(x) ein Satz.

(R 2) Sind x, y ε K_1, dann ist B(x, y) ein Satz.

Diese beiden Regeln legen nahe, daß Kategorie K_1 so etwas wie Substantivphrasen, speziell Eigennamen, umfaßt und Kategorie K_2 intransitive Verbalphrasen, wie A, und transitive Verbalphrasen, wie B, umfaßt. Die Klammern sind übrigens reine Hilfszeichen, die zur besseren Unterscheidung dienen.

(R 3) Ist X ein Satz, dann ist α(X) ein Satz.

(R 4) Sind X, Y Sätze, dann sind β(X, Y) und γ(X, Y) Sätze.

Die Regeln R 3 und R 4 – Beispiele für rekursive Regeln, denn in der Bedingung kommt der Satzbegriff bereits vor – legen die Kategorie K_3 praktisch als Kategorie der Satzkonjunktionen fest, wobei α eine einstellige Satzkonjunktion darstellt und β, γ zweistellige Satzkonjunktionen darstellen. Nach diesen Regeln R 1–R 4 sind folgende Ausdrucksgestalten Sätze der Sprache L: (S 1) A(a) gemäß R 1; (S 2) B(d, b) gemäß R 2; (S 3) $\alpha(\beta(A(b), A(c)))$ gemäß R 1, R 4 und R 3;

(S 4) $\gamma(\beta(B(a, b), B(c, b)), B(a, c))$ gemäß R 2 und R 4. Keine Sätze der Sprache L sind dagegen: (*S 5) $\alpha(c)$ und (*S 6) $B(c, A(c))$. Die Syntax der Sprache L ist somit vollständig erfaßt. Doch wozu soll diese Sprache dienen? Wovon handeln etwa die Sätze S 1–S 4?

Bevor wir nicht die Bedeutungen für die Wörter der Sprache L, also die Elemente aus K_1, K_2 und K_3, festgelegt haben, können solche Fragen nicht beantwortet werden. Irgendwelche Anhaltspunkte für die Bedeutungszuordnungen, abgesehen vom jeweiligen syntaktischen Verhalten der Wörter – was Beschränkungen für die indirekten Anteile an den Bedeutungen nahegelegt –, gibt es bei dieser Sprache nicht. So existieren im Gegensatz zu natürlichen Sprachen noch keinerlei Texte, die für eine eingehendere innersprachlich, kontextuelle Analyse der einzelnen Elemente herangezogen werden könnten. Dieses Verfahren ist bei den sogenannten »toten« Sprachen, Sprachen also, für die keine Sprecher/Schreiber mehr existieren, im Zusammenhang mit eventuellen archäologischen Informationen über die Lebensbedingungen der Sprachgemeinschaft, einziger Ansatzpunkt für die Erschließung der Bedeutungen. Also bleibt für unsere Sprache L nichts anderes übrig, als daß wir uns selbst an die bewußte Konstruktion der Bedeutungszuordnungen machen. M.a.W., wir müssen eine künstliche Interpretation für L festlegen. Zwei Interpretationen von unendlich vielen Interpretationsmöglichkeiten seien angeführt. Als Beschreibungssprache wählen wir eine mit einigen Hilfszeichen angereicherte Form des Deutschen. Mit dieser Wahl und mit der Annahme, daß die syntaktischen Verkettungen und syntaktischen Relationen so interpretiert werden, wie sie in der uns bekannten Beschreibungssprache erscheinen, ersparen wir uns weitere Verkomplizierungen im Hinblick auf die Satzsemantik.

Interpretation I 1 sieht folgendermaßen aus:

(I 1) Die Elemente aus K_1 sind Eigennamen: a ist der Name von Anton; b ist der Name von Bernd; c ist der Name von Christian; d ist der Name von David. Alle vier sind Läufer in einem Rennen. A steht für »ist Gewinner des Rennens«; B steht für »ist schneller als«; α steht für »möglicherweise«; β steht für »obwohl« und γ steht für »weil«.

Damit machen wir mit den Sätzen S 1–S 4 folgende Aussagen: (IS 1) »Anton ist Gewinner des Rennens.« (IS 2) «David ist schneller als Bernd.« (IS 3) »Möglicherweise ist es der Fall, daß Bernd Gewinner des Rennens ist, obwohl Christian Gewinner des Rennens ist.« (IS 4) »Anton ist schneller als Bernd, obwohl Christian schneller als Bernd ist, weil Anton schneller als Christian ist.« Sprache L mit der in I 1 angegebenen künstlichen Interpretation dient zur Kommentierung eines Rennens. Der Syntax der Sprache L hat man dies sicherlich nicht angesehen. Ob mit diesen Aussagen für ein konkretes Rennen wahre oder falsche Aussagen gemacht werden, interessiert für unsere Fragestellung nicht.

Die Interpretation I 2 gibt folgende Zuordnungen:

(I 2) Die Elemente aus K_1 sind Namen für Mengen: a steht für die Menge $\varnothing$; b steht für die Menge $\{1, 2\}$; c steht für die Menge $\{1, 2, 3\}$ und d steht für die Menge $\varnothing$. A steht für »ist die leere Menge«; B steht für »ist Teilmenge von«; α steht für »nicht«; β steht für »und« und γ steht für »wenn … dann«.

Hiermit machen wir mit den Sätzen S 1–S 4 folgende Aussagen: (IS 1) »$\varnothing$ ist die leere Menge.« (IS 2) »$\varnothing$ ist Teilmenge von $\{1, 2\}$.« (IS 3) »Es ist nicht der Fall, daß $\{1, 2\}$ die leere Menge ist und $\{1, 2, 3\}$ die leere Menge ist.« (IS 4) »Wenn $\varnothing$ Teilmenge von $\{1, 2\}$ und $\{1, 2, 3\}$ Teilmenge von $\{1, 2\}$ ist, dann ist $\varnothing$ Teilmenge von $\{1, 2, 3\}$.« Sprache L mit der in I 2 angegebenen künstlichen Interpretation dient zur Formulierung von Beziehungen zwischen Mengen natürlicher Zahlen. Auch dies hätte man beim bloßen Anschauen der Syntax der Sprache L nicht geahnt.

Die Konstruktion einer künstlichen Interpretation unterliegt den üblichen Adäquatheitsbedingungen des Wissenschaftsbetriebes: Dazu zählt zuallererst Widerspruchsfreiheit, was die Vernünftigkeit der gesamten Konstruktion garantiert, und dann noch Einfachheit. Letzteres Kriterium zwingt einen (für bestimmte Zwecke) Überflüssiges wegzulassen, was meist die gesamte Konstruktion (für diese Zwecke) verständlicher macht. Mit den beiden Kriterien der Widerspruchsfreiheit und der Einfachheit können bereits alle Kriterien erschöpft sein, müssen es aber nicht. Im Normalfall beschäftigt man sich natürlich nicht mit künstlichen oder formalen Sprachen aus bloßem Spaß an der Sache selbst, sondern der Ersteller/die Erstellerin der künstlichen oder formalen Sprache hat bereits feste Absichten, wozu er seine/sie ihre Sprache verwenden will. So versuchte sich David Hilbert zur Jahrhundertwende mit seinen Sprachen in der Grundlegung der Geometrie und spricht deshalb auch von drei Systemen von Dingen: die Dinge des ersten Systems nennt er Punkte, die des zweiten Systems Geraden und die des dritten Systems Ebenen. Trotzdem hebt er als einem dem Formalismus zugeneigten Mathematiker in einem Brief an Gottlob Frege hervor, daß mit diesen Benennungen keineswegs ontologische Festsetzungen getroffen seien:

»Wenn ich unter meinen Punkten irgendwelche Systeme von Dingen, z.B. das System: Liebe, Gesetz, Schornsteinfeger … denke und dann nur meine sämtlichen Axiome als Beziehungen zwischen diesen Dingen annehme, so gelten meine Sätze, z.B. der Pythagoras, auch von diesen Dingen. Mit anderen Worten: eine jede Theorie, kann stets auf unendlich viele Systeme von Grundelementen angewandt werden.« (Hilbert 1941, 18).

Über die sprachlichen Formen allein ist generell keine Ermittlung deren Inhalte möglich. Dies hatten wir für die natürlichen Sprachen im Abschnitt 1.2 erkannt. Ist der intendierte Anwendungsbereich der künstlichen Sprache bekannt, dann tritt die Abschätzung, inwieweit die künstliche Interpretation der ursprünglichen Intention nahekommt, als weiteres Kriterium hinzu. Dies ist die Situation für den Fall der künstlichen oder formalen Sprachen.

Liegt nun eine grammatische Beschreibung einer natürlichen Sprache vor und stehen wir als Linguisten vor der Aufgabe, den sprachlichen Formen dieser Sprache Bedeutungen zuzuschreiben, dann ist die damit zu erstellende Interpretation ebenfalls eine konstruierte, künstliche Interpretation. Egal, welcher Semantikkonzeption wir im einzelnen nachgehen – denken Sie an die Merkmalssemantik (näheres hierzu in 4.2) oder die modelltheoretische Semantik (näheres hierzu in Lutzeier [1973] oder Kutschera [1976]) –, jede von Linguisten erstellte Interpretation einer natürlichen Sprache ist im erläuterten Sinne notwendigerweise eine künstliche Interpretation. Allerdings haben wir ja hier sprachliche Formen einer bestimmten natürlichen Sprache vor uns, damit ergibt sich zu den bereits vorhin erwähnten beiden üblichen Kriterien der Widerspruchsfreiheit und Einfachheit automatisch ein weiteres Adäquatheitskriterium: Die natürliche Sprache mit ihren Formen ist als genau diese natürliche Sprache mit ihrer natürlichen Interpretation, über die ihre kompetenten Sprecher verfügen, verbunden. Der Erfolg der formulierten Interpretation mit der Absicht, die natürliche Sprache als genau diese Sprache zu beschreiben, die sie nun einmal ist, muß also letztlich an der natürlichen Interpretation dieser Sprache gemessen werden. Damit ist schon klar, daß nicht jede beliebig denkbare künstliche Interpretation als akzeptable Interpretation dieser natürlichen Sprache oder besser eines Ausschnitts davon, vgl. Abschnitt 1.1, in Frage kommen kann. Unsere anzustrebende künstliche Interpretation muß eine möglichst gute *Approximation* der natürlichen Interpretation dieser Sprache sein, andernfalls erhalten wir zwar eine semantische Beschreibung irgendeiner denkbaren Sprache, aber eben nicht eine Beschreibung der anvisierten natürlichen Sprache. Dieser Vergleich zwischen vorgeschlagener künstlicher Interpretation der Sprache und natürlicher Interpretation der Sprache ist einzig über die Intuition durchführbar, da jegliches Wissen über die natürliche Interpretation nur intuitiv erfahrbar ist. Wie der Leser/die Leserin sich hoffentlich erinnert, habe ich im Abschnitt 2.3 die Intuition als wichtiges heuristisches Prinzip für unsere Bedeutungsbe- bzw. -umschreibungen angesehen. Dies erweist sich nun an dieser Stelle ebenfalls als Vorteil. Da nach meiner Auffassung bereits bei der Konstruktion der künstlichen Interpretation die Intuition eine Rolle spielt, sollte der Vergleich zwischen dem Resultat der Konstruktion und der natürlichen Interpretation nicht allzu ungünstig ausfallen. Vergleichen Sie Diagramm D 17.

Mein Generalthema dieses Kapitels sprach vom Dilemma der linguistischen Semantik. Völlig hoffnungslos ist die Situation für uns als Linguisten jedoch nicht. Wir fanden einen Ausweg bei der paradoxen Situation für die Bedeutungsbeschreibungen und auch der unvermeidliche Einfluß der Intuition war für uns kein Grund, das Handtuch zu werfen. Ganz im Gegenteil, die Intuition kann in sinnvoller Weise für unsere unumgänglichen Konstruktionen von künstlichen Interpretationen Verwendung finden. Dieses bewußte Eingehen auf die Intuition im Bereich der Semantik ist ein wichtiger Schritt in der Entwicklung der Linguistik überhaupt. Die von uns gefundene Unvermeidbarkeit des Einflusses der Intuition bei Bedeutungs-

D 17

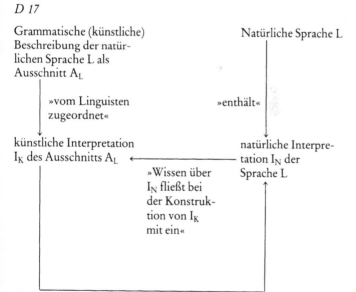

Grammatische (künstliche) Natürliche Sprache L
Beschreibung der natür-
lichen Sprache L als
Ausschnitt A_L

»vom Linguisten »enthält«
zugeordnet«

künstliche Interpretation natürliche Interpre-
I_K des Ausschnitts A_L ← tation I_N der
 »Wissen über Sprache L
 I_N fließt bei
 der Konstruk-
 tion von I_K
 mit ein«

»approximiert?«
Vergleich als Antwort nur über die
Intuition

fragen war bis in die 50iger Jahre immer wieder Anlaß, um die Semantik ganz aus der Linguistik zu verbannen, oder wenigstens Feigenblatt, um sich um diese Fragen nicht zu kümmern. Die allgemeinen methodologischen Betrachtungen zu Vorgehensweisen in der linguistischen Semantik sind damit beendet.

3. Linguistische Semantik: Die Welt im Vergrösserungsglas?

3.1 Relevanz der linguistischen Semantik

Linguistische Semantik als Disziplin ist nicht von vornherein ein vergebliches Unterfangen. Es gibt gangbare Wege und Methoden, wie man mit einigen Chancen zu sinnvollen Ergebnissen kommen kann. Dies haben unsere bisherigen Erörterungen gezeigt. Glücklicherweise ist die Situation um die linguistische Semantik so, denn wir als Linguisten könnten es uns kaum leisten, auf eine Bedeutungslehre zu verzichten. Weshalb eigentlich? Einige Gründe hierfür gebe ich im folgenden an:
1. Der Bereich, der Bedeutung haben kann, scheint allumfassend. Alles was um uns ist und passiert und auf uns als geformter Sinneseindruck wirkt, kann von uns gedeutet werden. Diese Tatsache brachte uns dazu, uns auf die Sinneseindrücke sprachlicher Formen zu konzentrieren und die linguistische Semantik als die Bedeutungslehre der sprachlichen Formen zu verstehen. Damit hatten wir über die sprachlichen Formen den ersehnten Ankerplatz für uns als Linguisten interessierende Bedeutungen gefunden. Was von einem Sprecher/Schreiber einer Sprachgemeinschaft gemeint wird und anderen mitgeteilt oder erfahrbar gemacht werden soll, wird normalerweise mit Hilfe von sprachlichen Formen versucht auszudrücken. Ausgangspunkt war hier das Gemeinte. Wir haben ebenfalls bereits gelernt, daß es für das mit bestimmten gewählten sprachlichen Formen Meinbare sehr wohl Grenzen gibt, einfach aufgrund der Bedeutungen der gebrauchten sprachlichen Formen. Für das Meinbare als solches gibt es natürlich prinzipiell gesehen keine Grenzen, allenfalls individuelle Unterschiede, die sich aus unterschiedlichen Erfahrungen, intellektuellen Fähigkeiten usw. erklären. Der praktisch grenzenlose Bereich des Meinbaren ist, wenn wir nicht auf die ideale Forderung des gegenseitigen Verstehens bestehen wollen, in groben Zügen in die jeweilige natürliche Sprache übertragbar. Dieser Übergang erfolgt über die Bedeutungen der jeweils gebrauchten sprachlichen Formen. Damit bewirkt aber, was den Bereich der Bedeutungen betrifft, der von uns vorgenommene Übergang von einer allgemeinen Bedeutungslehre zu einer Bedeutungslehre sprachlicher Formen kaum eine nennenswerte Einengung. Natürliche Sprachen erlauben uns eben, wie der Volksmund sagt, »über Gott und die Welt« und damit über alles, bis zu einem gewissen Präzisionsgrad zumindest, zu reden. Allein schon dieser Umfang des praktisch nicht abgrenzbaren Bereichs der durch sprachliche Formen ausdrückbaren

Bedeutungen läßt einen die Wichtigkeit einer linguistischen Semantik ahnen.

2. Ferner findet unser Zugang zur Welt und zu anderen Menschen zu einem großen Teil über Sprache statt. Da die Verwendung von Sprache bereits die Konzentration auf gewisse Aspekte mit sich bringt, die Welt also beim konkreten Gebrauch immer nur ausschnittsweise dargeboten wird – ein Gedanke, der uns bei der Satzsemantik noch näher beschäftigen wird –, wird meine Wahl der Kapitelüberschrift an dieser Stelle einsichtig. Jeder, der nun daran interessiert ist, wie wir uns mit Hilfe von Sprache Wissen und Kenntnisse über unsere Umwelt aneignen – unter welchen Gesichtspunkten auch immer –, muß an einem hohen Entwicklungsstand der linguistischen Semantik interessiert sein. M. a. W., ein besseres Einfühlungsvermögen in den elementaren Prozeß der Auseinandersetzung des Menschen mit der Welt und ihrem Sinn – unter den letztlich alles fällt –, hängt nicht zuletzt vom Fortschritt in der Bedeutungslehre ab. Wenn das kein Antrieb für eine wissenschaftliche Disziplin der Semantik innerhalb der Linguistik ist, dann sehe ich persönlich – außer dem zu erwartenden Spaß an der Sache, der jedem gegönnt sei – keinen zwingenden Grund mehr für irgendwelche wissenschaftliche Tätigkeiten.

Ein Grund ergibt sich sofort als Spezialisierung des soeben angeführten Grundes:

3. Die intellektuelle Entwicklung des Kindes besteht im denkerischen Verarbeiten von Sinneseindrücken der Wirklichkeit. Natürliche Sprache, zunächst rein passiv, später immer mehr auch im aktiven Umgang, muß hierbei eine Art Brückenfunktion zwischen Denken und Wirklichkeit spielen. Aufgrund der Tatsache, daß sprachliche Formen Bedeutungen haben, wird dem Kind durch den ständigen sprachlichen Kontakt mehr und mehr Information über die Welt »eingeflößt«. Auch hier wieder: die Welt präsentiert sich in einem durch die Bedeutungen vermittelten sprachlichen Vergrößerungsglas.

4. Semantische Strukturierungen, die der Wortschatz einer natürlichen Sprache hat, geben Anlaß zu Hypothesen über die Gehirnstruktur des Menschen. Dies erörterten wir im Zusammenhang mit dem Strukturbegriff. Psychologen und Mediziner zeigen deshalb ein starkes Interesse an weiteren Resultaten aus diesem Bereich der linguistischen Semantik.

5. In Erweiterung hierzu ergeben sich aus Erkenntnissen über semantische Strukturierungsmöglichkeiten Anwendungen für die Organisation von Informationssystemen, die z.B. für Bibliotheken, Datenbanken und statistische Ämter benötigt werden. Jede vom

Linguisten geschaffene künstliche Interpretation für größere Ausschnitte einer natürlichen Sprache liefert ein Modell für derartige
Systeme. Dieser vorgezeichnete Weg wird auf die Dauer wohl der
erfolgreichere sein, denn alle bisherigen Modelle, die praktisch ausschließlich von den Gegebenheiten der Computer bestimmt wurden,
reichen in ihrer Flexibilität kaum an den bei natürlichen Sprachen zu
studierenden Reichtum heran.

Schließlich gibt es noch mindestens zwei eher auf den sprachlichen
Bereich selbst beschränkte Gründe, um linguistische Semantik zu
treiben:

6. Da ist zunächst das Problem der Übersetzung, das gut ausgearbeitete einzelsprachliche Semantiken voraussetzt. Mehr Wissen hier
und bessere Übersetzungen ermöglichen nicht nur das Näherbringen
von schöngeistigem Gedankengut aus anderen Kulturkreisen, sondern ist letztlich für das Überleben einer jeden Sprachgemeinschaft
notwendig, da keine ohne (wirtschaftliche) Kontakte mit anderen
Sprachgemeinschaften mehr auskommt. Ein aberwitziger Sonderfall
tritt hiervon in Kriegszeiten auf, wenn verzweifelt versucht wird,
den Code des Gegners zu knacken.

7. Der im Unterricht erfolgende Fremdsprachenerwerb eines Erwachsenen, der bereits eine natürliche Sprache beherrscht und somit
für sprachliche Erklärungen offen ist, hängt mehr oder weniger von
didaktisch aufgearbeiteten Semantiken für die zu erlernende Sprache
ab, wobei er in erster Linie die Herausstellung der zur natürlichen
Interpretation seiner Muttersprache gegebenen Unterschiede erwartet.

Diese Aufzählung, ob vollständig oder nicht, sollte uns von der
Relevanz einer linguistischen Semantik überzeugt haben.

3.2 Relevanz des Bedeutungsbegriffes

Müssen wir uns innerhalb der Disziplin der linguistischen Semantik
eigentlich mit dem Bedeutungsbegriff selbst beschäftigen oder gibt es
Möglichkeiten, diesen zu umgehen? Denken wir an die Schwierigkeiten mit dem Bedeutungsschema, dann wäre ein solcher Umweg
vielleicht sogar willkommen. Diesen Fragen will ich nun nachgehen.

Linguist/-inn/-en, für die die abgekürzte Redeweise »Sprachliche
Formen haben Bedeutung« nur die Eigenschaftslesart besitzt, haben
von vornherein den Bedeutungsbegriff von ihren Betrachtungen ausgeschlossen. Untersuchungen, die die Bedeutungsstruktur einer natürlichen Sprache betreffen, sind ihnen dennoch möglich. So stehen
ihnen für jedes Paar von Wörtern aus derselben syntaktischen Kategorie Urteile der Art: »Die beiden Wörter haben die gleiche Bedeu-

tung« oder »Die beiden Wörter haben unterschiedliche Bedeutung«, jeweils im Sinne der Eigenschaftslesart, zur Verfügung. Also würden auf einer nicht allzu strikten Ebene sicherlich die beiden Substantive des Deutschen **sahne** und **schlagrahm** unter das Urteil »Die beiden Wörter haben die gleiche Bedeutung« fallen, während die beiden Adverbien des Deutschen **heute** und **morgen** zweifellos dem Urteil »Die beiden Wörter haben unterschiedliche Bedeutung« zufallen würden. Für größere Teile des Wortschatzes konsequent durchgeführt, könnte uns dies für jede syntaktische Kategorie eine Einteilung der Kategorie in Teilklassen von Wörtern mit jeweils gleicher Bedeutung liefern. Ausschnittsweise kann man sich für die Kategorie »Substantiv« im Deutschen folgendes vorstellen:

{sahne, schlagrahm, schlagobers, ...}
{quark, topfen, ...}
{metzger, fleischer, ...}
{flaschner, klempner, ...}
... ...

In der Lexikographie ist dieses Prinzip der Einteilung des Wortschatzes in Form der Synonymiewörterbücher in die Realität umgesetzt worden; vgl. Sie Eberhard/Maaß (1826), Meldau (1972) und Görner/Kempcke (1973). Ein auf den ersten Blick durchaus nicht so leicht von der Hand zu weisendes Verfahren: Einmal liefert uns eine vorgelegte Einteilung in Aufzählform eine Erklärung für den verwendeten Begriff »Bedeutungsgleichheit« oder »Synonymie«, zum andern, falls man unbedingt über Bedeutungen selbst reden möchte – was natürlich mit diesem Vorgehen elegant umgangen werden sollte –, wären die jeweiligen Teilklassen sozusagen Repräsentanten von in der Sprache möglichen Bedeutungen der jeweiligen syntaktischen Kategorie. Ist man als naiver Neuling in diesem Gebiet noch geneigt, an das Urteil, daß zwei Wörter aus einer Kategorie die gleiche Bedeutung haben, die Frage anzuschließen, um welche Bedeutung es sich denn dabei handele, so scheint uns diese kurze Überlegung gezeigt zu haben, daß wir diese Klippe sehr wohl umschiffen können. Wer unbedingt wissen will, was die Bedeutung ist, der kann auf die Mengen von sprachlichen Formen verwiesen werden und diese als Bedeutungen nehmen. Kommen wir zu diesem Schluß, dann sind wir meiner Meinung nach einer Illusion erlegen. Urteile der Art »Die beiden Wörter haben die gleiche Bedeutung« können in diesem absoluten Sinne für eine natürliche Sprache praktisch nie entschieden werden. Es gibt ganz einfach in natürlicher Sprache keine absolute Bedeutungsgleichheit. So hätten Österreicher aus einem Dorf mit eigener Milchverwertung für das, was wir in unseren bundesrepublikanischen Städten als Schlagrahm kaufen, nur ein mildes Lächeln übrig, falls wir ihnen dieses Produkt als Schlagobers anböten. Schlagobers hat sehr viel höhere Milchfettanteile als unsere normalen 30% beim Schlagrahm. Irgendwelche inhaltlichen Unterschiede kann man ebenso in jedem andern Fall von vorgeschlagenen Wörtern nach eingehender Untersuchung finden. Zu stichhaltigen Ergebnissen können wir höchstens dann kommen, wenn wir den Zwang zur *Relativierung* erkannt haben und auch für unsere Beschreibungen ernst nehmen. In bezug auf vorher festgelegte Gesichtspunkte, Aspekte oder Fragestellungen können zwei Wörter aus der gleichen syntaktischen Kategorie die gleiche Bedeutung haben. Interessieren wir uns etwa nur für die Speisen und Anlässe, bei denen wir Rahm im deutschen Sprachraum gerne als Zutat verwenden, dann können wir schon sehr viel bestimmter von gleicher Bedeutung für die beiden Substantive des Deutschen **schlagrahm** und **schlagobers** reden. Eine solche Vorgabe von Aspekten, auf deren Hintergrund dann die Urteile gefällt werden, ist aber nichts anderes als Bedeutungen bzw. Bedeutungsanteile, zu denen die Bedeutungen der zu untersuchenden Wörter passen, in der jeweiligen Beschreibungssprache zu formulieren. Diese Formulierungen sind dabei von unserem Wissen über die natürliche Interpretation der zu beschreibenden Sprache gespeist. Ein solcher von den Gegebenheiten in natürlichen Sprachen her geforderter Weg ist für Linguist/-inn/-en, die den Bedeutungsbegriff als solchen überhaupt nicht in den Mund nehmen wollen, selbstverständlich nicht offen. Damit bleibt für diese Linguist/-inn/-en der semantische Karren sehr rasch im tiefen Morast stecken und es gibt auch nichts, womit der Karren aus dem Dreck gezogen werden kann. Der »tiefe Morast« besteht in letztlich nicht aufrecht zu erhaltenden Urteilen von gleicher Bedeutung – lasse ich aber gewisse Unterschiede bewußt zu, dann muß ich diese auch benennen können – oder wir erhalten das uns keinen Schritt weiterführende Ergebnis, bei dem jedem Wort die einelementige Menge aus diesem Wort zugeordnet wird, da jedes Wort nur mit sich selbst verglichen tatsächlich die gleiche Bedeutung aufweist. Diese Sorgen haben wir Gott sei Dank nicht, denn wir haben ja bereits erkannt, daß die abgekürzte Redeweise »Sprachliche Formen haben Bedeutung« ebenfalls die zweiseitige, relationale Sehweise zuläßt, bei der wir über Bedeutungen »an sich« reden können.

Das Akzeptieren einer solchen Sehweise bringt jedoch noch nicht zwangsläufig direkte Überlegungen zum Bedeutungsbegriff mit sich. Dies lernen wir am Beispiel des Beginns eines für weite Kreise einflußreichen Buches: Katz (1972). So lesen wir dort in der Einführung: »Semantic theory is taken to be an answer to the question ›What is meaning?‹ but one that also answers each of the subsidary questions to which the general question reduces, such as ›What is sameness of meaning?‹ ›What is multiplicity of meaning?‹ [...].« (XXV); eine Ansicht, die so harmlos und plausibel klingt, daß man ihr gerne zustimmen möchte. Auf Seite 1 wird ebenfalls die Frage nach dem Bedeutungsbegriff als grundlegende Frage angesehen und als Strategie zur Überzeugung von Skeptikern schließlich vorgeschlagen: »The only convincing argument consists in showing that the concept of meaning provides the basis for a theory that successfully accounts for semantic facts and in showing that without this concept no such basis exists.« (2) Ersteres verlangt natürlich in letzter Konsequenz als Anwendung das Erstellen einer künstlichen Interpretation, die von einem Bedeutungsbegriff ausgeht und innerhalb der in zufriedenstellender Weise die semantischen Fakten erklärt sind, was in meiner Sprechweise heißt, daß die künstliche Interpretation eine gute Approximation der natürlichen Interpretation leistet. Kommt man also hier mit rein theoretischen Überlegungen nicht allzu weit – die tatsächliche Konstruktion einer künstlichen Interpretation ist letztlich gefordert –, so deuten meine bisherigen Überlegungen aus diesem Abschnitt bereits an, daß man eventuell mit theoretischen Überlegungen, unter Zuhilfenahme von konkreten Beispielen, für die Ablehnung einer künstlichen Interpretation ohne festgelegten Bedeutungsbegriff auskommen kann. Katz verläßt überraschenderweise seinen eingeschlagenen Weg, wobei er als »Begründung« folgendes angibt: »The misconception, [...], lies in the supposition that the question ›What is meaning?‹ can be answered in a direct and straightforward way.« (3) Da eine solche Aussage wohl kaum als Begründung gelten kann, muß man eines vermuten: Er scheint sich, ehe er überhaupt begonnen hat, von bisherigen, mehr oder weniger erfolglosen, Erklärungsversuchen zum Bedeutungsbegriff entmutigen zu lassen. Obwohl die lange Geschichte von Ansätzen für einen Bedeutungsbegriff als Grundlage einer allgemeinen oder linguistischen Semantik wahrlich nicht allzu glorreich verlaufen ist – diese Geschichte müßte eigentlich erst noch geschrieben werden, vgl. für Ansätze Kronasser (1968) –, würde ich den Schritt von Katz nur dann akzeptieren, wenn gezeigt werden könnte, daß jeder Erklärungsversuch prinzipiell scheitern müßte. Unsere eigenen Betrachtungen zu den Möglichkeiten in der Semantik haben zwar Grenzen der Übertragbarkeit von Nichtsprachlichem in Sprachliches deutlich gemacht, aber auch gleichzeitig zumindest die Umschreibung von Bedeutungen als plausible Möglichkeit erscheinen lassen. Als Alternative zur Erklärung des Bedeutungsbegriffes sieht Katz folgendes: »[...] we should first seek to break down the general question ›What is meaning?‹ into a number of narrower, more specific questions that are inherently part of the larger one.« (4) Dabei umfaßt sein inzwischen berühmter Katalog 15 Fragen:

1. What are synonymy and paraphrase?
2. What are semantic similarity and semantic difference? (4)

Es ist interessant, daß bei Katz als die beiden ersten Fragen Entsprechungen zu den besprochenen zwei Urteilen über Gleichheit und Verschiedenheit von Bedeutungen auftreten, die wir im Zusammenhang mit der Frage diskutiert haben, ob man überhaupt von einem Bedeutungsbegriff sprechen muß.

3. What is antonymy?
4. What is superordination? (4)

Diese beiden Fragen berühren den Bereich der Sinnrelationen oder semantischen Relationen zwischen Wörtern. Sie basieren auf den allgemeinen, psychologisch untermauerten Prinzipien jeder Klassifikation: Gegensatzbildung und Hierarchiebildung, und führen nach ziemlich einhelliger Meinung zu wichtigen Strukturaussagen über den Wortschatz einer natürlichen Sprache im Sinne von »Der Wortschatz hat Strukturen«. Die Anforderung an eine linguistische Semantik, solche Beziehungen im Wortschatz erklären zu können, hat auch bei mir einen hohen Stellenwert. War sie doch entscheidend für unsern Ausweg aus dem Moorschen Paradox der Analyse.

5. What are meaningfulness and semantic anomaly? (4)

Offensichtlich hat Katz damit die Wortsemantik verlassen und ist zur Satzsemantik übergegangen. Zunächst geht es um Eigenschaften einzelner Sätze. Dazu gehören auch Fragen wie:

6. What is semantic ambiguity?
7. What is semantic redundancy?
8. What is semantic truth (analyticity, metalinguistic truth, etc.)? (4)
9. What is semantic falsehood (contradiction, metalinguistic falsehood, etc.)?
10. What is semantically undetermined truth or falsehood (e. g. syntheticity)? (5)

Besonders die Möglichkeit der Unterscheidung zwischen den Fragen 8 und 10, also Wahrheit, die sich allein aufgrund der Bedeutungen der beteiligten Wörter ergibt – immer und immer wieder angeführtes Beispiel, was einen eigentlich im Hinblick auf einen größeren Anwendungsbereich (außerhalb Definitionen) bereits skeptisch stimmen muß, ist Satz (46):

(46) **Ein Junggeselle ist ein unverheirateter Mann.** –

und Wahrheit, die sich aufgrund von Gegebenheiten in der Welt ergibt – als aus einem größeren Fundus zu wählendes Beispiel erwähne ich Satz (47)

(47) **Elizabeth II. ist Königin von England.** –,
ist bei Philosophen heiß umstritten. Herausragendster Exponent
in der Diskussion ist Willard von Orman Quine mit seiner z.B. in
Quine (1960) entschieden vertretenen These der Nichtunterscheid-
barkeit von analytischer Wahrheit und synthetischer Wahrheit. Dieser Hinweis muß hier genügen. Worauf ich noch in diesem Kapitel
zurückkommen werde, ist die Frage, ob es für die Wortbedeutungen
sinnvoll ist, Wissen über die Sprache und Wissen über die Welt beim
Sprecher voneinander zu trennen. Die weiteren Fragen von Katz betreffen nun alle mindestens zwei Sätze, allgemein gesehen, also nicht
triviale Texte; »trivial« hier gemeint im Sinne von auf einen Satz reduziert.
11. What is inconsistency?
12. What is entailment?
13. What is presupposition?
14. What is a possible answer to a question?
15. What is a self-answered question? (5)
Klar ist auch, daß für die von Katz gewählten Fragen 8–12 entsprechende Fragestellungen in der Logik und Philosophie Pate gestanden
haben und die Fragen 13–15 von vielen Linguisten nicht mehr als
rein semantische, sondern eher als pragmatische Fragen angesehen
werden.

Ein stattlicher Katalog von Fragen, wobei die Mehrzahl davon für
jede linguistische Semantik von Wichtigkeit ist. Dies sei Katz fraglos
zugestanden. Einige dieser Fragen werden in Wunderlich (1980) auf
anschauliche Weise behandelt. Ob wir uns jedoch mit solchen Fragen vorherige Überlegungen zum Bedeutungsbegriff ersparen können, möchte ich bezweifeln. Folgendes ist hierbei zu bedenken:
Nach der Ansicht von Katz sollten ja die Antworten auf diese 15
Fragen einen integralen Bestandteil der Antwort auf die Frage »Was
ist Bedeutung?« darstellen. Diese Funktion können sie aber nur erfüllen, falls die Antworten auf diese Fragen unabhängig von einem
Bedeutungsbegriff gegeben werden können. Andernfalls handelt es
sich um eine zirkuläre Erklärung: Was Bedeutung ist wird über Dinge erklärt, die ihrerseits einen Bedeutungsbegriff voraussetzen. Kann
diese Gefahr der Zirkularität vermieden werden? Ich fürchte nein.
Bereits auf den ersten Blick scheint es ja ziemlich unwahrscheinlich,
daß semantische Fragestellungen ohne deutlichen Einfluß eines Bedeutungsbegriffes gelöst werden könnten. Aber sehen wir uns die
Sache etwas genauer an.

Um eines von vornherein klarzustellen, wir unterhalten uns hier
nicht über die Wege, wie man dazu kommt, einzelne künstliche Interpretationen für eine gegebene natürliche Sprache aufzustellen. Für

diesen Prozeß war der Einfluß der Intuition gefragt. Im Grunde geht es dabei um Versuche der Ausformulierung von Wissen über die jeweilige natürliche Interpretation dieser Sprache. Selbstverständlich fließt dabei, ob bewußt oder unbewußt, ein intuitiver, noch durch nichts präzisierter Bedeutungsbegriff mit ein. Erst auf dessen Grundlage können wir uns selbst und anderen gegenüber sicher sein, ob eine bestimmte Auskunft, die wir über sprachliche Formen unseres Idiolekts geben, tatsächlich eine Auskunft über den Inhalt in unserem Idiolekt der jeweiligen sprachlichen Form darstellt. Würde nun dieses Wissen über die natürliche Interpretation einer einzelnen natürlichen Sprache für die erste Beantwortung der Fragen 1–15 bewußt ausgenutzt, um daraufhin mit diesen Antworten erste Behauptungen über einen Bedeutungsbegriff als Beginn einer künstlichen Interpretation für diese zu untersuchende natürliche Sprache aufzustellen, so stellte sich meiner Meinung nach bei diesem Vorgehen die Frage einer Zirkularität nicht. Der Prozeß auf ein schrittweises Erstellen einer Interpretation hin, darf nicht mit dem Format, dem Aufbau der Bedeutungslehre selbst verwechselt werden und ist klar voneinander zu trennen. Bei beidem kann sehr wohl ein und derselbe Begriff eine Rolle spielen; tut er es, dann tut er es eben auf unterschiedlichen Ebenen. Bei unserer Diskussion der Relevanz des Bedeutungsbegriffes für eine linguistische Semantik steht nun die Stellung eines Bedeutungsbegriffes auf dem Weg zu einer künstlichen Interpretation gerade nicht zur Debatte, sondern seine Stellung innerhalb einer linguistischen Semantik als Disziplin. Die Erfahrungen, die man beim Erstellen einzelner künstlicher Interpretationen als Linguist gemacht hat, helfen einem natürlich für die Vorstellungen einer linguistischen Semantik als Disziplin. Solche Einflüsse aus der Praxis auf die Theorie sind unbestritten; aber trotzdem darf Theorie und Praxis nicht miteinander verwechselt werden. Um diese Frage der Organisation der Bedeutungslehre sollte es eigentlich auch Katz gegen, immerhin lautet der Titel seines Buches »Semantic theory« und nicht etwa »How to arrive at a semantic theory of a natural language«. Hauptsächlich deswegen hänge ich auch meine Diskussion an seinen Überlegungen auf.

Weiter oben haben wir gelernt, daß für die Frage der Synonymie – erste Frage bei Katz –, ein Relativierungszwang besteht. Relativiert werden muß dabei auf vorher festgelegte Aspekte, die als Bedeutungsvorgaben anzusehen sind. Entsprechendes gilt für die anderen semantischen Relationen zwischen Wörtern, berührt von Katz mit den Fragen 3 und 4. So kann von einer Hyponymie-Beziehung zwischen den Formen des Deutschen **tulpe** und **blume** im absoluten Sinne überhaupt keine Rede sein. Sowohl derjenige, der behauptet, daß eine Hyponymie-Beziehung bestehe, hat recht, als auch derjenige, der behauptet, daß keine Hyponymie-Beziehung bestehe, hat recht. Im ersten Fall handelt es sich um den Aspekt »Blume« und selbstverständlich ist dann das Substantiv **tulpe** mit dem Inhalt, der zum Inhalt »Blume« paßt, dem Substantiv **blume** mit dem Inhalt, der zum Inhalt »Blume« paßt, untergeordnet. Salopp ausgedrückt, **tulpe** als Blume verstanden ist hyponym zu **blume** als Blume verstanden. Wählen wir nun den Aspekt »Zusammenhang mit Biertrinken«, dann sieht die Situation völlig anders aus: Auf diesem Hintergrund besitzt das Substantiv **tulpe** den Inhalt »Pilsglas« und das Substantiv **blume** den Inhalt »Schaum«. Beide Inhalte passen offensichtlich zum vorgegebenen Inhalt »Zusammenhang mit Biertrinken«, aber natürlich ist die Form **tulpe** mit dem Inhalt »Pilsglas« nicht der Form **blume** mit dem Inhalt »Schaum« untergeordnet. In Kurzform ausgedrückt: **tulpe** ist nicht hyponym zu **blume** bezüglich des Aspektes »Zusammenhang mit Biertrinken«. Nun mögen einige Leser/-innen vermuten, dies sei eine Folge der Mehrdeutigkeit solcher Formen. Aber selbst dann noch, wenn wir uns auf eine Bedeutung der mehrdeutigen Formen konzentrieren, kann unter Umständen das Bestehen einer semantischen Relation ohne Klarstellung des beabsichtigten Hintergrundes nicht behauptet werden. Auch in diesem Fall muß normalerweise erst ein Aspekt vorgegeben werden, da die Relation meist im Hinblick auf vielerlei Fragestellungen untersucht werden kann. Ziehen wir zu unserem Beispiel noch die Form des Deutschen **rose** hinzu. Diese Form ist ebenfalls mehrdeutig, unter anderem hat sie die bekannteren Inhalte »Blume«, »Ornament einer Fensteröffnung« und »Kompaßblatt«. Beschränken wir uns nun auf den Inhalt »Blume« für alle drei Substantive **rose, tulpe, blume** und ermitteln die Hyponymie-Beziehung bezüglich des Aspektes »Blume«, dann erhalten wir neben der bereits aufgeführten Hyponymie-Beziehung zwischen **tulpe** und **blume,** jeweils als Blume, auch die Hyponymie-Beziehung zwischen **rose** und **blume,** jeweils als Blume. Spezialisieren wir jedoch die Betrachtung auf den Aspekt »Zwiebelgewächs«, dann passen zwar die Formen **tulpe** und **blume** noch zu diesem Aspekt und sie stehen auch in einer entsprechenden Hyponymie-Beziehung zueinander, aber die Form **rose** paßt nicht mehr zu diesem Aspekt, da in unserer Welt die Blume Rose kein Zwiebelgewächs ist, womit auf dem Hintergrund dieses Aspektes trivialerweise zwischen den Formen **rose** und **blume** keine Hyponymie-Beziehung mehr bestehen kann. Verschärft tritt diese Problematik bei der Inkompatibilitäts-Relation auf. Wie soll ich absolut gesehen entscheiden können, ob z.B. das Substantiv **kirchenglocke** im Deutschen mit dem Substantiv **buch** im Deutschen kompatibel oder inkompatibel ist? Dies kann höchstens im Hinblick auf einen vorgegebenen Hintergrund geschehen, wobei der Hintergrund als Bedeutungsrahmen für die beiden Formen gedacht ist. Geben wir als Aspekt »Zum Besuch der Heiligen Messe einladend« vor, dann ist die Form **kirchenglocke** mit dem üblichen Inhalt: »kegelähnlicher Schallkörper mit einem Klöppel im Inneren« (vgl. Wahrig [1978, 357]), der zum angenommenen Inhalt paßt, kompatibel mit der Form **buch** mit dem üblichen Inhalt: »Druckwerk aus miteinander verbundenen Papierbogen und einem festen Einband« (vgl. Wahrig [1978, 181]), der zum angenommenen Aspekt paßt. Eine Änderung des Aspektes jedoch zu »Form der Präsentation der Einladung zur Heiligen Messe« hat wohl eine Änderung bei der Relation zur Folge: Beide Formen sind inkompatibel bezüglich dieses Aspektes, denn die Form **kirchenglocke** hat in ihrem oben angegebenen Inhalt, der zum Aspekt paßt, speziell »lautliche Präsentationsform«, während die Form **buch** in ihrem oben angegebenen Inhalt, der zum Aspekt paßt, speziell »schriftliche Präsentationsform« aufweist. Trifft der angenommene Bedeutungsrahmen für eine der Formen überhaupt nicht zu, dann ist die Frage nach der semantischen Relation von vorneherein sinnlos. Denken wir an unsere beiden Formen **kirchenglocke** und **buch** und den Aspekt »Zum Lesen geeignet«, dann paßt die Form **kirchenglocke** sicherlich nicht zu diesem Aspekt. Veränderungen bei Sinnrelationen, die durch den Übergang von einer Textsorte zu einer anderen auftreten können, verlangen ebenfalls die Relativierung auf geeignete Aspekte. Drastische Beispiele haben wir in den Unterschieden zwischen einer Textsorte aus dem Alltagsleben und einer religiösen Textsorte vor uns. Die Substantive **blut** und **getränk** sind, wie wir aus Textsorten des Alltagslebens mit dem Verständnis eines menschlichen Getränkes entnehmen können, inkompatibel miteinander bezüglich des Aspektes »Menschliches Getränk im Alltagsleben«. Dagegen ist das Substantiv **blut**, wie wir aus Textsorten des religiösen Lebens mit dem Verständnis eines menschlichen Getränkes lernen können, sogar hyponym zu dem Substantiv **getränk** bezüglich des Aspektes »Menschliches Getränk im religiösen Leben«.

Ebenso wissen wir aus der Logik, daß semantische Relationen zwischen Sätzen, wie die Folgerung, erst auf dem Hintergrund einer Interpretation eingeführt werden. Dabei ist elementarer Bestandteil jeder Interpretation die Festlegung der Bedeutungen des Vokabulars der Sprache und der Sätze der Sprache. Als Bedeutung beim Vokabular zählt der Referenzbezug auf die Gegebenheiten im Modell und bei den Sätzen der Wahrheitswert im Modell, d.h. der Bedeutungsbegriff wird auf den Referenzbegriff und den Wahrheitsbegriff reduziert. Dies kann – falls wir die Wirklichkeit als solch ein mögliches

Modell ansehen – zumindest als Leitfaden für die Beantwortung der entsprechenden Fragen 11–13 bei Katz dienen, insbesondere dahingehend, daß zunächst einmal Klarheit über den zu verwendenden Bedeutungsbegriff herrschen muß. Da die beiden letzten Fragen eher der Pragmatik zugeordnet werden, können wir die Ergebnisse unserer letzten Überlegungen folgendermaßen zusammenfassen: Die Organisation einer linguistischen Semantik als Disziplin verlangt als Ausgangspunkt die Festlegung eines Bedeutungsbegriffes. Sowohl die Bevorzugung der Eigenschaftslesart als auch die von Katz als Umweg gedachten relevanten Fragen für eine linguistische Semantik stellen keine akzeptable Alternative dar, da der erste Weg in einer Sackgasse endet und der zweite Weg durch den Relativierungszwang nach einem Bedeutungsbegriff verlangt.

3.3 Sprachliches Wissen vs enzyklopädisches Wissen

In der Auseinandersetzung mit der Wirklichkeit spielt die Sprache für den Menschen eine große Rolle. Konkrete Erfahrungen der Welt werden als Wissen über die Welt im einzelnen Gedächtnis verankert und können eventuell in konkreten Situationen wieder verbalisiert werden. Dies erlaubt auch jeder neuen Generation auf Erfahrungen vorheriger Generationen aufzubauen, wodurch produktive und kreative Kräfte der Jüngeren nicht alte Erfindungen neu erfinden und alte Erkenntnisse neu entdecken müssen, sondern auf bisher noch ungelöste Aufgaben gerichtet werden können. An dem bei diesen Betrachtungen im Blickpunkt stehenden Dreigestirn: Sprache bzw. sprachliche Formen – Denken des Einzelnen – Wirklichkeit entzünden sich eine ganze Menge von Kontroversen. Die Aufteilung ist in erster Linie theoretisch zu verstehen, da selbstverständlich Sprache und Denken Aspekte der Wirklichkeit sind. Einem der im Zusammenhang mit dieser Aufteilung gesehenen Streitpunkte wende ich mich nun zu. Es handelt sich um die Frage, ob als Bedeutungen für die sprachlichen Formen alles in Frage kommt, was wir aus der Welt an Wissen mitbringen oder ob sozusagen ein (semantisches) Wissen über die Sprache vom Wissen über die Welt getrennt werden kann. Häufig wird ein solcher behaupteter Gegensatz mit dem Paar »sprachlich-lexikalische Bedeutung« und »enzyklopädische Bedeutung« belegt. Vergleichen wir Diagramm D 18.
Zu den *sprachlich-lexikalischen* Bedeutungen sind nach dieser Vorstellung alle semantischen Fakten der Wörter zu zählen, während zu den *enzyklopädischen* Bedeutungen sicherlich alle empirischen Fakten über die Referenten – »Referent« so weit wie möglich verstanden

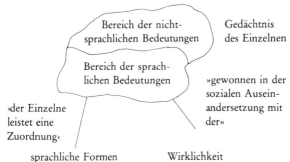

Bereich der nicht-
sprachlichen Bedeutungen

Gedächtnis
des Einzelnen

Bereich der sprach-
lichen Bedeutungen

»gewonnen in der
sozialen Ausein-
andersetzung mit
der«

›der Einzelne
leistet eine
Zuordnung‹

sprachliche Formen   Wirklichkeit

– in der Welt gehören. Bei dieser Formulierung und am Diagramm D 18 wird bereits ein Problem dieser Unterscheidung deutlich: Wir können zwar einen Bereich der sprachlichen Bedeutungen hypothetisch leicht von einem Bereich der nichtsprachlichen Bedeutungen unterscheiden, welchen Umfang hat dann aber der Bereich der enzyklopädischen Bedeutungen? Ist er identisch mit dem Bereich der nichtsprachlichen Bedeutungen oder umfaßt er gar den Bereich der nichtsprachlichen Bedeutungen und den Bereich der sprachlichen Bedeutungen oder ist er irgend etwas dazwischen? Der Bereich der enzyklopädischen Bedeutungen muß zumindest in den Bereich der sprachlichen Bedeutungen mit hineinreichen, anders kann man es sich eigentlich nicht recht vorstellen. Ist doch für jeden Einzelnen in der Sprachgemeinschaft die Sprachentwicklung entscheidend in der Auseinandersetzung mit der Welt und in dieser Welt existierenden Menschen geschehen und mag zwar dieser ursprünglich direkte Bezug später nicht mehr im Bewußtsein vorhanden sein und, wie ein Vertreter der Trennungsthese sagen würde, entsprechendes Wissen nunmehr rein sprachlich organisiert sein, der ursprüngliche Bezug ist dann noch immer unbewußt vorhanden, läßt sich somit nicht verleugnen, und muß darüber hinaus bei Veränderungen der Referenten in der Welt neu hergestellt werden. Auch ansonsten scheint eine Trennung zwischen lexikalischer und enzyklopädischer Bedeutung kaum plausibel. Der Übergang von einer allgemeinen Bedeutungslehre zu einer Bedeutungslehre sprachlicher Formen bringt für den Bereich der Bedeutungen keine entscheidende Einengung. Dies ergibt sich aus der uns auf einer gewissen Präzisionsebene selten im Stich lassenden Verbalisierungsfunktion einer natürlichen Sprache. Soviel wissen wir, seit wir uns die Relevanz einer linguistischen Semantik überlegt haben. Das Gemeinte wird ferner mittels sprachlicher Formen dem Gegenüber versucht mitzuteilen. Dieser muß das

Gemeinte über die Bedeutungen der verwendeten sprachlichen Formen versuchen zu erschließen. »Sprachliche« Bedeutungen in dem trivialen Sinne, daß sie aufgrund von sprachlichen Formen aktiviert werden, sind es natürlich; dies lohnt sich kaum zu erwähnen. Aber was in so verstandene sprachliche Bedeutungen alles einfließen kann, da kann es wegen des auf einer groberen Ebene ziemlich umfassenden Charakters einer natürlichen Sprache sinnvollerweise keine Grenzen geben. Deshalb können wir auch keine expliziten Beispiele von in diesem Sinne verstandenen nichtsprachlichen Bedeutungen erwarten. Weder die Trennung von enzyklopädischer Bedeutung und sprachlicher Bedeutung, noch die im trivialen Sinne getroffene Unterscheidung von »sprachlicher« Bedeutung und »nichtsprachlicher« Bedeutung scheint erfolgversprechend zu sein. Ist dieses durch abstrakte Überlegungen gewonnene Resultat vorschnell getroffen? Schauen wir uns hierfür etwas um, was Befürworter der Trennung von lexikalischer und enzyklopädischer Bedeutung an konkreten Argumenten vorbringen.

Eugene Nida, eine für die Linguistik der USA wichtige Persönlichkeit, will als semantische Fakten der Wörter nur zulassen, was sich als Kontrast zu anderen Wörtern ergibt. In Nida (1975) versucht er diese Vorgehensweise am Beispiel der englischen Form **father** zu illustrieren:

>»Information about the age of males when they become fathers, the extent of paternal legitimacy, and legal requirements of paternity are all important sociological facts, but these facts are encyclopedic data; they would become semantic data only if they become a part of some contrast in lexical structures. [...] Only what is marked by structural contrasts becomes a part of the language structure; all the rest is part of the structure of the culture. It may be discussed by means of language, but is not a part of the language system itself.« (35/36)

Nida legt großen Wert auf solche angenommenen strukturalen Kontraste, da seine angenommenen lexikalischen Bedeutungen aus Merkmalsmengen bestehen. Nach dieser Konzeption muß es einige in der Merkmalsmenge auftretende Charakteristiken für den Gebrauch der Form **father** im Unterschied etwa zu den Formen **mother** und **child** in unserem Kulturkreis geben. Entsprechend diesen Charakteristiken würden wir die Form **father** auch für andere Kulturen verwenden. Im Vergleich mit anderen Kulturen wären jedoch gerade eventuell jene von Nida angesprochenen soziologischen Fakten die für unseren Gebrauch entscheidenden Merkmale und würden sozusagen als Bestandteil der sprachlichen Bedeutung auftreten. Bei einer in vielen Gegenden, die laufend von Kriegen betroffen sind, gar nicht so hypothetischen Kultur, in der auch ältere Kinder die Vaterrolle übernehmen können oder müssen, würde etwa die Frage des Alters im Zusammenhang mit Formen wie **child, father** – im weiteren, nicht nur leiblichen Sinne – und **adult** als Kontrast relevant werden. Ein zusätzliches Problem bei diesem Vorschlag ist die ungeklärte Frage, welche Wörter zur Kontrastbildung jeweils herangezogen werden sollen. Wir können bei dieser Vorgehensweise an keiner Stelle sicher sein, ob nicht doch noch ein Wort des Wortschatzes auftaucht, das ein bisher als nicht sprachlich relevantes Faktum für die Kontrastbildung erfordert.

Katz (1975, 15) sucht das Heil über Folgerungen. Nur diejenigen Informationen, die essentiell in die Erklärungen von Folgerungen und anderen semantischen Relationen zwischen Sätzen eingehen, sollen als semantische Fakten des Wortes gelten. Nur, was ist unter »essentiell« zu verstehen? Hier muß Katz leider passen. Ich bin überzeugt, daß sich jede empirische Erfahrung in eine Folgerung umwandeln läßt. Eine ganze Menge solcher empirischen Erfahrungen sind in der Sprachgemeinschaft weit verbreitet und dem jeweiligen Wort direkt zugeordnet. Denken wir etwa an die Form **wasser** im Deutschen: Wie sollen wir uns mit dem Kriterium von Katz bei der Folgerung (48) verhalten?

> (48) **Falls diese Flüssigkeit Wasser ist, dann friert sie unter normalen Bedingungen bei 0° Celcius zu Eis.**

Burckhardt (1982) gibt zwar zu: »Allgemeines Verstehen und sprachliches Verstehen interagieren miteinander [...].« (85), meint aber dennoch, eine Trennung zwischen rein sprachlichen und anderen nicht rein sprachlichen Aspekten der Bedeutung durchführen zu können. So sieht er etwa bei der Skopusambiguität von

> (49) **Hans glaubt, daß eine Frau ihn liebt.,**

nur rein sprachliche Aspekte der Bedeutung am Werke (87). Satz (49) läßt zunächst zwei Lesarten zu; einmal die transparente Lesart: »Hans glaubt von einer ganz bestimmten Frau, daß sie ihn liebt« (und damit weiter Skopus des unbestimmten Artikels) und zum andern die opake Lesart: »Hans glaubt, daß es irgendeine Frau gibt, die ihn liebt« (und damit enger Skopus des unbestimmten Artikels). Diese beiden Lesarten unterscheiden sich nun aber nicht nur in ihrer logischen Form, sondern dieser Skopusunterschied äußert sich auch inhaltlich in ihren semantischen Wahrheitsbedingungen. Für die transparente Lesart muß es eine »ausgezeichnete« Frau geben, von der Hans glaubt, daß sie ihn liebt, während es für die opake Lesart genügt, wenn Hans glaubt, daß es wenigstens eine ihm eventuell unbekannte Frau gibt, die ihn liebt. Wir verstehen solche Wahrheitsbedingungen nur, wenn wir sie an Modellen überprüfen. Das naheliegendste Modell ist natürlich die Wirklichkeit. Hier stellt sich für die transparente Lesart des Satzes (49) die Forderung, daß Hans uns die fragliche Frau benennen oder zeigen kann, womit eine Referenzangabe für die unbestimmte Substantivphrase **eine Frau** verlangt ist. Andere naheliegende Modelle sind für die zu betrachtenden Sätze in einer Hinsicht extreme Modelle. So können wir uns für Satz (49) als extremes Modell eine Welt ohne Frauen vorstellen. In diesem Modell wäre die der transparenten Lesart entsprechende Wahrheitsbedingung automatisch unerfüllbar, die Lesart also falsch, da kein Referenzbezug auf irgendeine Frau hergestellt werden kann. Die opake Lesart allerdings kann sowohl wahr oder falsch in diesem Modell sein; es hängt ganz allein von Hans ab, ob er die Aussage »Eine Frau liebt mich« in dieser Welt, in der er noch keiner Frau begegnet sein kann, glauben will oder nicht. Referenzfragen und damit im Burckhardtschen Sinne »nichtsprachliche« Aspekte der Bedeutung spielen auf subtile Weise somit auch beim semantischen Verständnis dieser Skopusambiguität von Satz (49) mit. Damit besteht aber im Hinblick auf die Trennbarkeit von sprachlichen und nichtsprachlichen Aspekten der Bedeutung letztlich kein Unterschied zu der von Burckhardt (1982, 88) als nichtsprachlich anerkannten Mehrdeutigkeit von Satz

(50) **Er versuchte, die Bank zu finden.**

Eine Mehrdeutigkeit, die auf die nach unserem Wissen über die Welt unterschiedlich aufzufassende Form **bank** – als Sitzgelegenheit oder Geldinstitut – zurückzuführen ist.

Horstkotte (1982) beschäftigt sich gerade mit dem Problem der Auflösung lexikalischer Mehrdeutigkeiten. Sie untersucht speziell die im Zusammenhang mit einem Kontextwort realisierten Lesarten von Homonymen, wobei nur Homonyme mit 2 Bedeutungen, z.B. **gericht** mit »Justiz« und »Speise« oder **schimmel** mit »Pilz« und »weißes Pferd« (68), betrachtet werden. Dabei hat sie vorher sowohl assoziative Ähnlichkeiten zwischen Kontextwörtern und möglichen Lesarten als auch klassifikatorische Ähnlichkeiten zwischen Kontextwörtern und möglichen Lesarten experimentell bestimmt. Bei assoziativen Ähnlichkeiten kommt außersprachliches Wissen ins Spiel (52); eine Ansicht, der man ohne Schwierigkeiten zustimmen kann. Klassifikatorische Ähnlichkeiten durch Festlegen von Oberbegriffen sind nach ihrer Ansicht eher auf die sprachliche Ebene beschränkt (51); eine Ansicht, die mir problematisch erscheint. Über- und Unterordnungen werden sicherlich auch durch Wissen über Beziehungen zwischen den jeweiligen Referenten beeinflußt. Für die Untersuchung besonders wichtig ist nun jener Fall, bei dem nach dem Ergebnis der assoziativen Ähnlichkeiten die eine Lesart dem Kontextwort ähnlicher ist, während sich nach dem Ergebnis der klassifikatorischen Ähnlichkeiten eine größere Ähnlichkeit zur anderen Lesart ergibt. Ein Beispiel für diesen gegensinnigen Reiztypus lieferte etwa das Homonym **auflauf** mit den Lesarten »Zusammenrottung« und »Speise«, wobei kontextfrei die »Speise«-Lesart dominant ist. Für das Kontextwort **freibier** ergaben sich hierbei folgende Ergebnisse: Nach den klassifikatorischen Ähnlichkeiten ist das Kontextwort eindeutig der »Speisen«-Lesart ähnlicher, nach den assoziativen Ähnlichkeiten dagegen ist das Kontextwort eindeutig der »Zusammenrottungs«-Lesart ähnlicher (122). Die Tests schließlich lieferten folgendes Ergebnis: »Relativ einheitlich sagen die assoziativen Ähnlichkeiten Disambiguationsergebnisse besser vorher als die klassifikatorischen Ähnlichkeiten [...].« (85) Obwohl ich mit der Sicht zu den klassifikatorischen Ähnlichkeiten nicht einig bin, scheint mir Horstkottes Interpretation ihres Tests plausibel: »[...] die Annahme eines einfachen sprachlichen Gedächtnisses als Wissensgrundlage für sprachliche Disambiguationen unzureichend bzw. falsch ist. Die Annahme eines generellen Wissenssystems dagegen nimmt sich nach den Ergebnissen recht positiv aus, wenn auch Einschränkungen anzubringen sind.« (88)

Stachowiak (1979) glaubt psychologische Evidenz für die Trennung zwischen lexikalischer Bedeutung und enzyklopädischer Bedeutung gefunden zu haben. Er nahm sich hierfür aphasische Patienten vor, Patienten also, die eventuell durch einen Unfall plötzlich starke Sprachschwierigkeiten aufweisen, die sie vorher nicht hatten. Stachowiaks Grundidee ist folgende: Stimmt das sprachliche Wissen mit dem enzyklopädischen Wissen überein, dann müßten die semantisch-lexikalischen Störungen bei der Aphasie einer konzeptuellen Störung im Bereich des enzyklopädischen Wissens gleichkommen (249). Nun ist mehr oder weniger anerkannt, daß es sich bei Aphasie in erster Linie um eine Sprachstörung und nicht so sehr um eine Denkstörung handelt. D.h. meiner Meinung nach, die Verbalisierungsfunktion, generell die Kopplung zwischen sprachlichen Formen und Inhalten, sowie die an Formen orientierte Organisation des Wortschatzes sollten hauptsächlich betroffen sein. Falls dem so wäre, dann hätten Versuche über den Weg sprachlicher Formen zu Aussagen über Denkstrukturen zu kommen, bei aphasischen Patienten nur eine geringe Chance. Dieses Problem einer sehr fraglichen Erfolgschance für die interessierende Fragestellung besteht selbst dann noch, wenn wir wie Stachowiak, Patienten mit schwerer Alexie, bei denen also große Lücken bei den sprachlichen Formen selbst bestehen, ausschließen. Die sprachlichen Formen mögen zwar bei den anderen Patienten aktivierbar sein, aber die Verbindung mit den ursprünglichen Inhalten mag nicht mehr herzustellen sein oder die

Formen mögen in völlig neuen hierarchischen und gegensätzlichen Beziehungen zueinander stehen. Aus diesen Gründen scheint bereits die zitierte Grundidee von Stachowiak zweifelhaft. Echt sprachlichem (semantischem) Wissen, falls es so etwas gäbe, wäre ja nur über die sprachlichen Formen beizukommen, dieser Zugang ist aber gerade gestört. Also können wir über den Denkbereich so nur vage Andeutungen erwarten. Schauen wir uns jedoch kurz noch den von Stachowiak durchgeführten Test an. Es ging um Tiere, wobei auf Karten entweder Tierbezeichnungen oder typische Abbildungen der Tiere vorbereitet waren. Jeweils 4 Bezeichnungen oder 4 Abbildungen wurden auf einer Karte vereinigt. Eine Bezeichnung oder eine Abbildung davon paßte nicht zu den drei anderen und die Testpersonen hatten diese nicht passende Bezeichnung oder Abbildung zu kennzeichnen. Die Nichtzugehörigkeit ergab sich entweder aus unterschiedlicher Gattungszugehörigkeit, als Beispiel hierfür eine Karte mit den Bezeichnungen **pferd, bussard, hase** und **schwein**, wobei offensichtlich der Vogel auszuschließen ist, oder aus abweichenden Eigenschaften, als Beispiel hierfür eine Karte mit den Bezeichnungen **elefant, büffel, giraffe** und **maus**, wobei aufgrund der Größe **maus** auszuschließen ist. Die Bildkarten betrafen die gleichen klassifikatorischen Unterschiede oder Eigenschaftsunterschiede. Grob zusammengefaßt lieferte dieser Test folgende Resultate: Die aphasischen Patienten wiesen in der verbalen Aufgabenstellung deutlich schlechtere Leistungen als in der visuellen Aufgabenstellung auf (260). Dies kann uns aber nicht überraschen, bei der visuellen Aufgabenstellung erfolgt ein Umgehen mit Bedeutungen bzw. mit Wissen über empirischen Fakten zu den Tieren ohne Dazwischenschalten sprachlicher Formen. Innerhalb der verbalen Aufgabenstellung zeigte sich ferner eine höhere Fehlerzahl bei Karten mit klassifikatorischen Unterscheidungen (262). Dies rührt meiner Ansicht nach von der Möglichkeit her, daß bei aphasischen Patienten an sprachlichen Formen orientierte Wortschatzstrukturen gestört sind. Einzig dadurch ist wahrscheinlich den Patienten die semantische Information nicht so sicher greifbar, was bei den auf die empirischen Fakten direkter abzielenden Eigenschaftsunterschiede offensichtlich nicht so stark ins Gewicht fällt. M.a.W., keines dieser Resultate zwingt uns mit diesem Test die Unterscheidbarkeit von sprachlich-lexikalischem Wissen und enzyklopädischem Wissen als erwiesen anzusehen. Stachowiak selbst macht im Verlauf seiner Erläuterungen in einer Fußnote eine wichtige Einschränkung seiner generellen Behauptung: »Bestimmte Eigenschaften [gemeint sind empirische Fakten über die Referenten in der Welt (P. R. Lutzeier)] können aber zu einem gegebenen Zeitpunkt auch für die sprachliche Kategorisierung und für die

Prozesse, die bei der Kombination von Wörtern zu Sätzen eine Rolle spielen, relevant werden [...].« (267) Überhaupt scheint er inzwischen viel vorsichtiger geworden zu sein. In Stachowiak (1982), wo er über ein Experiment zur Namensgebung und Berufsbezeichnung von Photographien prominenter Personen berichtet, kann er sich trotz einiger halsbrecherischer Annahmen zur mentalen Repräsentation von Eigennamen nicht zu einer definiten Stellungnahme zur Trennbarkeit von sprachlichem Wissen und Weltwissen durchringen.

Friendly (1979) fand nach Tests, die Tiernamen aus dem Gedächtnis abriefen und nach Tests, die das Erinnerungsvermögen von vorher gezeigten Listen von Tiernamen untersuchten, allenfalls lokale Differenzen (118) und tendiert somit eher zu der Annahme, daß semantische und episodische Informationen in einer einheitlichen Gedächtnisstruktur versammelt sind.

Bierwisch (1983b), der die Unterscheidung von semantischer und konzeptueller Struktur befürwortet (63), kommt schließlich zu einer für mich völlig unhaltbaren Behauptung:

»Veränderungen im Sachwissen [...] sind nicht identisch mit Veränderungen oder Unterschieden in der lexikalischen Kenntnis. Ich kann eine Vielzahl von Dingen über die Anatomie, die Lebensgewohnheiten, die Verbreitung von Löwen lernen, die meine Theorie über Löwen erheblich modifizieren, ohne daß sich damit die sprachliche Verwendung des Wortes ›Löwe‹ verändert.« (97/98)

Wie schon bei Horstkotte (1982) und Friendly (1979) angedeutet, bin ich natürlich nicht allein mit meiner Meinung. Bereits Chafe (1972, 67) kam zum gleichen Ergebnis und auch Palmer (1976) bezieht klar Stellung gegen eine Trennung:

»[...] how many meanings has **I am looking for the bible?** The answer depends on whether you know that one of the cow's stomachs is called the bible! [...] The distinction between the speaker's knowledge of his language and his knowledge of the world is blurred [...]. There is, [...] no such thing in semantics as linguistic ability that is unrelated to knowledge of the world. These are essentially one and the same thing.« (46)

In Gauger (1970) finden wir den interessanten Hinweis darauf, daß durch das Netz der Beziehungen zu anderen Wörtern häufig auf den ersten Blick Außersprachliches als innersprachlicher Inhalt eines Wortes zu berücksichtigen ist:

»[...] was uns als ›außerinhaltlich‹, als ›außersprachliche‹ Kenntnis über ein bestimmtes Ding erscheinen mag, in Wirklichkeit auf der Kenntnis anderer Wortinhalte beruht. Gehört zum Inhalt des Adjektivs **rot** das Wissen, daß Blut rot ist? An Blut [...] zeigt sich gewiß diese Eigenschaft in einer paradigmatischen Weise: das ist mehr als eine ›Assoziation‹, die sich einstellen kann oder nicht; jedenfalls fehlt dieses Wissen über ›rot‹ bei keinem Angehörigen der Sprachgemeinschaft. Daß nun aber die rote Farbe vor allem andern dem Blut zukommt, weiß ich, weil ich den Inhalt des Wortes **Blut** kenne. Ebenso weiß ich, daß Eier, wie sie mir in der Küche begegnen, in der Regel von Hühnern stammen, weil ich den Inhalt von ›Huhn‹ kenne usw.« (66/67)

Mir ist diese Haltung sympathisch. Sprache dient eben unter anderem dazu, Außersprachliches zu benennen, womit es ganz natürlich ist, daß Charakteristiken in die Sprache mit eingehen und schließlich auch für die innersprachliche Organisation herangezogen werden.

Haiman (1980) untermauert in sorgfältigen Überlegungen seine These: »[...] the distinction between dictionaries and encyclopedias is not only one that is practically impossible to make, but one that is fundamentally misconceived.« (331) und der an anthropologischen Fragestellungen interessierte Keesing (1979) bringt bei seinen interessanten Untersuchungen des Kwaio, einer Sprache auf Malaita (Insel der Solomon Islands im West-Pazifik) entsprechende Ergebnisse zutage. Er bestätigt damit praktisch meine zu Nidas Vorgehensweise vorgebrachten Einwände beim Übergang von unserem Kulturkreis zu anderen Kulturkreisen.

Langacker (1983 b) ist von erfrischender Deutlichkeit, wenn er schreibt:

»The distinction [...] between linguistic and extra-linguistic knowledge is largely artifactual, and the only viable conception of linguistic semantics is one that avoids such false dichotomies and is consequently encyclopedic in nature.« (63) »[...] the task of semantic description is essentially open-ended, and linguistic analysis is inextricably bound up with the characterization of knowledge and cognition in general.« (64)

Später greift er den wichtigen Punkt auf, daß natürlich nicht alles an semantischer Information zu jeder Zeit gleich wichtig sein kann:

»No claim is made to the effect that all facets of our knowledge of an entity have equal status [...]. The multitude of specifications that figure in our encyclopedic conception of an entity clearly form a gradation in terms of their centrality to our understanding of the notion. The thrust [...] is [...] that there is no specific point along this gradation of centrality that is non-arbitrarily chosen as a line of demarcation, such that specifications on one side of the line can uniformly be attributed linguistic significance while all those on the side are linguistically irrelevant.« (66/67)

In voller Einigkeit mit solchen Äußerungen können wir diesen Abschnitt folgendermaßen abschließen: Es kann von keiner Trennung zwischen sprachlicher und nichtsprachlicher Bedeutung in sinnvoller Weise gesprochen werden. Unser anfängliches Resultat war also nicht vorschnell gewonnen. Alles in allem scheinen mir auch diese Überlegungen wiederum gezeigt zu haben, wie flexibel eine natürliche Sprache letztlich ist. Gleichzeitig erkennen wir, daß mein Generalthema dieses Kapitels »Linguistische Semantik: Die Welt im Vergrößerungsglas?« nun ohne Fragezeichen seine Berechtigung hat.

4. Wortbedeutung: Bei Nacht sind alle Katzen grau oder Unser Schimmel ist schwarz

4.1 Bedeutungsbegriff für Wörter?

Das Hauptresultat unserer Überlegungen aus den letzten Abschnitten: Die Notwendigkeit, einen Bedeutungsbegriff als Ausgangspunkt einer semantischen Theorie zu nehmen, führt uns automatisch zur nächsten Fragestellung: der Bedeutungsbegriff selbst. Im Augenblick wollen wir uns über einen Bedeutungsbegriff für Wörter Gedanken machen. Dafür müssen wir zunächst voraussetzen, daß für die zu beschreibende natürliche Sprache diejenigen Formen, die als Formen von Wörtern dieser Sprache gelten können, ausgezeichnet sind. Traditionellerweise wird eine solche Auszeichnung des Wortschatzes innerhalb der *morphologischen* Beschreibung der Sprache versucht. Genauso wie bei dem Versuch der Festlegung der sprachlichen Formen überhaupt, ist diese Aufgabe für eine natürliche Sprache leichter gestellt als durchgeführt. Problemfälle im Sinne einer die Form als Einheit auffassenden Bestimmung oder im Sinne einer die etwaige syntaktische Komplexität der Form berücksichtigende Bestimmung sind jeweils bei den Komposita und den Redewendungen zu finden. Vergleichen wir z.B. die Formen im Deutschen **stuhlbein** und **heimwerker**, dann läßt sich die Bedeutung in beiden Fällen auf die gleiche Weise als Modifikation einer Grundbedeutung ermitteln. Trotzdem scheint mir die Auffassung der Form **heimwerker** als Einheit im Unterschied zur Form **stuhlbein** als »echte« Zusammensetzung durchaus vertretbar. Wie man sich auch entscheidet, ein ungutes Gefühl bleibt zurück. Einen guten Einblick in die Probleme gibt auch die Diskussion der Adjektive auf **-bar** bei Rettig (1981, 33–37). Bei den Sätzen (51) und (52)

(51) **Das Schiff hatte einen blinden Passagier an Bord.**

(52) **Endlich ließ er die Katze aus dem Sack.**

können die Formen **blinden passagier** und **ließ die katze aus dem sack** sowohl als syntaktische Ketten aus einzelnen Wortformen als auch als unanalysierte Wortformen aufgefaßt werden. Die syntaktische Zerlegung führt auf die bei Redewendungen im Unterschied zu (nicht explizit oder implizit negativen) metaphorischen Bildungen immer mögliche »wörtliche« Bedeutung, während die unanalysierte Auffassung die *idiomatische* Bedeutung liefert. Nicht zu dieser anscheinend einfach vorzunehmenden Trennung paßt jedoch die aus der historischen Linguistik bekannte Tatsache, daß sich die idiomatischen Bedeutungen aus den wörtlichen Bedeutungen meist im Lauf der Zeit verselbständigt haben und damit von den wörtlichen Bedeutungen meist abgeleitet sind. Oft entscheidet man sich gegen solche diachronischen Einwände, was allerdings für eine Sprachtheorie, die auch die Erscheinung des Wandels bei natürlichen Sprachen ernst nehmen will, nicht der Weisheit letzter Schluß sein kann. Wie soeben erwähnt, bin ich im Gegensatz zu Burger (1973, 29) und Chafe (1970, 48) sehr wohl der Meinung, daß idiomatische Wendungen – falls überhaupt analysierbar – immer eine wörtliche Bedeutung zulassen. Sicherlich mag dies in einigen Fällen einige Phantasie erfordern.

Die wie auch immer vorgenommene Auszeichnung sprachlicher Formen als Wörter legt eine Trennung in *Wortsemantik* und *Satzsemantik* nahe. Bei näherem Hinsehen ist man sich jedoch auch dieser Trennung nicht mehr allzu sicher, da wir etwa im Deutschen ja auch Ein-Wort-Sätzen begegnen:

(53) **Und?** (Frageintonation)
(54) **Bedienung!** (Ausrufeintonation)
(55) **Abfahren.** (Aufforderungsintonation)
(56) **Endlich.** (Intonation, die Erleichterung anzeigt).

Es kann nicht bewiesen werden, aber folgendes ist nach diesen Beispielsätzen mit Elementen aus verschiedenen Wortarten plausibel: Für jedes Wort im Wortschatz kann man sich bei einiger Phantasie einen entsprechenden Ein-Wort-Satz vorstellen, d.h. man kann sich eine Situation ausmalen, in der das vorgegebene Wort als Äußerung sinnvoll gebraucht werden kann.

Zwingt uns dies die Wortsemantik als reinen Spezialfall der Satzsemantik aufzufassen, in dem Sinne von einer Wortsemantik als Satzsemantik für Ein-Wort-Sätze? Die Satzsemantik hätte damit eindeutig eine Vorrangstellung und wir müßten uns eigentlich zuerst um einen Bedeutungsbegriff für Sätze kümmern, ehe wir Aussagen zu einem Bedeutungsbegriff für Wörter erwarten könnten. Was ergibt sich aber nach einiger Überlegung als Kandidat für die Bedeutung solcher Ein-Wort-Sätze? Wie man aus den Beispielen (53)–(56) ablesen kann, bedürfen wir zu ihrem Verständnis zumindest einer expliziten Angabe der Intonationsart. Damit kann man sich diesen »Sätzen« eigentlich nur als mögliche Äußerungen nähern. Bei einer konkreten Äußerung hilft die Intonation und die Kenntnis des jeweiligen sprachlichen und nicht-sprachlichen Kontextes dem Gegenüber bei seinem Versuch, das zu verstehen, was der Produzent gemeint hat. Nach Abschnitt 1.5 ist der Gegenüber bei diesem Versuch nur deshalb nicht völlig verloren, weil dem Produzenten mit seiner gewählten Äußerung selbst Grenzen für das damit Meinbare auferlegt sind. Und diese Grenzen wurden durch die wörtliche Bedeutung des jeweiligen Satzes gesteckt. Bei Ein-Wort-Sätzen kann es sich hierbei nur um die lexikalische Bedeutung der gebrauchten Wortform handeln. Betrachten wir etwa Satz (53): Die Wortbedeutung der Konjunktion **und** im Deutschen drückt, allgemein gesprochen, eine Verbindung von mehreren Elementen aus. In meinem Idiolekt sehe ich für das mit einem fragend geäußerten **und** Gemeinten zwei Möglichkeiten: Entweder meint der Sprecher so etwas wie »Fahren Sie bitte fort«, begleitet meist mit einer gewissen Ungeduld, oder er meint so etwas wie »Was wollen Sie damit sagen?«, begleitet meist mit Gesten des Unverständnisses. Bei beiden Möglichkeiten handelt es sich letztlich um eine Aufforderung an den Gegenüber, über das von ihm bereits Gesagte hinaus noch mehr zu sagen. Dieses gemeinsame Element der geforderten Anknüpfung an Vorgehendes ist aber nichts anderes als Ausdruck der lexikalischen Bedeutung von **und** im Deutschen. Umgekehrt argumentiert, die Konjunktion **und** bietet sich somit aufgrund ihrer lexikalischen Bedeutung geradezu an, um eine aus Ungeduld oder Unverständnis gespeiste Aufforderung an den Gegenüber in möglichst knapper Form zu artikulieren. In diesen Fällen handelt es sich bei Satz (53) um einen angemessenen Gebrauch. Die Abhängigkeit sieht in Wirklichkeit also so aus: Aufgrund der lexikalischen Bedeutung »an sich« eröffnen sich für das Wort Möglichkeiten des Gebrauchs als Satz. In diesem Fall muß es geradezu erwünscht sein, Wortbedeutungen »an sich« zunächst zu untersuchen und die Erscheinung der Satzsemantik von Ein-Wort-Sätzen als abgeleiteten Fall zu betrachten. Als Nebenbemerkung sei darauf hingewiesen, daß auch in der Syntax die Erscheinung der Ein-Wort-Sätze für die Ermittlung eines Satzbegriffes auf den ersten Blick irritierend wirkt, vgl. Bünting/Bergenholtz (1979, 27, 31). Häufig ordnet man sie dann dort eher der Äußerungsebene als der Satzebene zu. Dieser beliebte Zugang zu Ein-Wort-Sätzen über mögliche Äußerungen zeigt, daß davon auf der inhaltlichen Ebene die schwierige Frage der Trennung zwischen Semantik und Pragmatik berührt ist.

Die Betrachtung von Wortbedeutungen für sich im Unterschied zur alleinigen Betrachtung von Satzbedeutungen ist also gerechtfertigt. Die folgenden Ausführungen sollen auf meine augenblickliche Auffassung zum Bedeutungsbegriff hinführen. Es kann nicht mehr als ein informeller Versuch sein – ich, wir alle, wissen ganz einfach zu wenig darüber –, es sollte aber auch nicht weniger sein, denn kein Weg führt am Bedeutungsbegriff vorbei. Auch der von Katz eingeschlagene Weg – beschrieben in Abschnitt 3.2 – endete in der Zirkularität. Nur indem wir mit unseren Versuchen nicht lockerlassen und selbst jeweils so weit wie möglich Farbe bekennen, besteht für die linguistische Semantik insgesamt die Chance, etwas Wahres oder Falsches zum Bedeutungsbegriff zu finden. Einige Bemerkungen vorneweg: Die wichtige Erscheinung des Wandels in natürlichen Sprachen stellt ein bedeutsames Kriterium für Begriffserklärungen in der Linguistik dar. Auch für uns hatte sie bereits einige Male diese Funktion, so bei den Fragen nach dem konstanten Anteil der Bedeutungen in der Kommunikation und bei Fragen zum Konventionsbegriff. Somit sollte auch unser Bedeutungsbegriff die Möglichkeit beinhalten, daß sich die Bedeutung einer sprachlichen Form im Verlauf der Zeit verändern kann; ebenso natürlich bei Änderung anderer Parameter, wie Örtlichkeit und Sprecher/-in. Zur Vereinfachung der Darstellung und einiger Argumentationsgänge werden wir uns meist auf einzelne Lesarten der sprachlichen Formen beschränken, also praktisch über die Erscheinung der Mehrdeutigkeit einzelner Formen hinwegsehen. Hier wird später zu überlegen sein, ob dies bei dem vorgeschlagenen Bedeutungsbegriff eine Änderung erzwingen würde. Eine vorgegebene sprachliche Form hat für sich gesehen noch keine Bedeutung. Erst wenn wir sie als Teil einer bestimmten natürlichen Sprache verstehen, wird die Frage nach der Bedeutung sinnvoll. Mit der Vorgabe der natürlichen Sprache ist ihre natürliche Interpretation mit gegeben und unsere Bedeutungsbeschreibungen bzw. Bedeutungsumschreibungen müssen sich bekanntlich daran messen lassen. Die Redeweise von der Bedeutungsumschreibung sollte uns daran erinnern, daß jede Versprachlichung des prinzipiell nichtsprachlichen Phänomens eine qualitative Veränderung mit sich bringt und wir einen Erklärungsgehalt nur dann erwarten können, wenn wir nicht auf maximaler Übertragungstreue bestehen. Wir setzen uns für unsere Darstellung das Ziel, daß sie offen ist gegenüber dem nicht sprachlich Erfaßbaren bei Bedeutungen. Ferner sollten wir detaillierte Aussagen nur erwarten, wenn wir uns auf bestimmte Aspekte des Bedeutungsbegriffes konzentrieren. Vieles beim Bedeutungsbegriff muß besser anderen Disziplinen wie Psychologie, Neurophysiologie, Philosophie und Soziologie überlassen bleiben. Dies wird im Verlauf der Erörterungen immer deutlicher werden.

4.2 Merkmalskonzeption

In der Linguistik und vor allem in der linguistischen Praxis des Aufstellens von künstlichen Interpretationen ist die Idee eines zerlegbaren Bedeutungsbegriffes vorherrschend. Standardauffassung ist, daß die Bedeutung eines Wortes in Komponenten oder Merkmale zerlegt werden kann. Ein typisches Zitat eines wichtigen Vertreters der

Komponentialanalyse sei angeführt. Es handelt sich um Bendix (1971): »A minimal definition of the meaning of an item will be a statement of the semantic components necessary and sufficient to distinguish the meaning paradigmatically from the meanings of all other items in the language.« (393) Diese Merkmalskonzeption des Bedeutungsbegriffes verdient nicht nur wegen ihrer Verbreitetheit Beachtung, sondern es werden einige meiner Positionen zum Bedeutungsbegriff nur verständlich sein, wenn klar ist, wie ich zu solch einer angestrebten Zerlegung der Bedeutung stehe. Deshalb ist ein Eingehen auf diese Konzeption an dieser Stelle hilfreich. Es geht mir hier besonders um die Diskussion der Methode der Komponentialanalyse, unterschiedliche Details und Sprachregelungen bei einzelnen Autoren müssen dafür vernachlässigt werden. Nimmt man das obige Zitat ernst, dann kann einem bereits angst und bange werden, denn die Differenzierung soll danach so weit getrieben werden, bis die Bedeutung eines einzelnen Wortes der Sprache von den Bedeutungen aller anderen Wörter der Sprache verschieden ist. Ein Riesenprogramm also schon vom Ansatz her. Aber schauen wir uns die Sache Schritt für Schritt an und versuchen so, ein Gefühl für das Vorgehen nach dieser Konzeption zu bekommen. Da niemand den gesamten Wortschatz einer natürlichen Sprache im Auge behalten kann, beginnt man beim praktischen Arbeiten mit der kleinstmöglichen Menge von mehreren Wörtern, also mit einer Menge von zwei Wörtern. Vorbild für dieses Vorgehen ist das bekannte Aufstellen von *Minimalpaaren* in der Phonologie zur Ermittlung von Phonemen. Denken Sie an die als Minimalpaar im Deutschen fungierenden Phonketten [ro:t] und [to:t], wobei der oppositionelle Unterschied in einem Laut an der gleichen Stelle bei ansonsten gleicher Umgebung entscheidend ist. Bei der Komponentialanalyse ist die Idee, solche zwei Wörter als Minimalpaar zu behandeln, die auf dem Hintergrund einer größtmöglichen semantischen Gemeinsamkeit sich bezüglich einer Dimension nur in einem Merkmal voneinander unterscheiden und so sukzessive für jedes Wort die relevanten Merkmale aufzufinden. Standardbeispiel hierfür sind die Formen **vater** und **mutter** im Deutschen. Sie bilden zweifellos ein Minimalpaar, da sie sowohl bedeutungsmäßig vieles gemeinsam haben – beides sind Verwandtschaftsbezeichnungen –, als auch deutlich bezüglich einer Dimension, nämlich der Dimension »Geschlecht«, in nur einem Merkmal voneinander unterschieden sind, wodurch wir für die Form **vater** ein Merkmal »männlich« und für die Form **mutter** ein Merkmal »weiblich« finden können. Der leise Verdacht, der einen bei diesen beliebten Standardbeispielen beschleichen mag, daß dieses Vorgehen keinesfalls so selbstverständlich auf weite Teile des Wortschatzes angewandt werden kann, läßt sich leicht bestätigen. Nehmen wir etwa die Form **stuhl** im Deutschen. Hier fällt einem sofort die Abhängigkeit der Ermittlung von Merkmalen von den im Augenblick berücksichtigten anderen Formen der Sprache auf. Kommen z.B. keine weiteren Wörter für Sitzmöbel wie **sofa** und **hocker** vor, also etwa nur Wörter wie **tisch** und **schrank**, dann brauche ich keine Merkmale wie »für eine Person« und »Rückenlehne«, sondern wahrscheinlich nur Merkmale wie »Möbel«, die das Gemeinsame ausdrücken, und Merkmale wie »zum Sitzen«, die den Unterschied ausdrücken. Diese allein schon aus unterschiedlichen Kenntnissen der Formen einer Sprache resultierenden unterschiedlichen Merkmalsbeschreibungen ein und derselben Form stammen dann nicht nur von verschiedenen Personen der gleichen Sprachgemeinschaft, sondern eventuell auch von ein und derselben Person zu verschiedenen Zeiten. Die beschriebene Variation und Unsicherheit wird sich bei Bereichen des Wortschatzes noch vergrößern, die für den Einzelnen geringeren Bekanntheitsgrad aufweisen. Hierüber war sich, lange bevor es die Merkmalskonzeption in der modernen Linguistik gab, kein Geringerer als Immanuel Kant (1956) im Klaren:

»[...] so ist es niemals sicher, ob man unter dem Worte, das denselben Gegenstand bezeichnet, nicht einmal mehr, das andremal weniger Merkmale desselben denke. So kann der eine im Begriff von Golde sich, außer dem Gewichte, der Farbe, der Zähigkeit, noch die Eigenschaft, daß es nicht rostet denken, der andere davon vielleicht nichts wissen. Man bedient sich gewisser Merkmale nur so lange, als sie zum Unterscheiden hinreichend sind [...].« (623)

Abraham (1972) betont die jeweilige Interessenabhängigkeit bei der Merkmalsangabe: »Unser Ziel ist es, die Klasse der semantischen Primitive klein zu halten und zwar nach Maßgabe der Möglichkeit, Oppositionen zwischen jenen Begriffen herzustellen, die für die jeweilige Aufgabe relevant sind.« (5) Eine solche Interessenabhängigkeit ist allerdings etwas fragwürdig, solange es darum geht, die Bedeutungen vorgegebener Formen zu beschreiben; im Gegensatz etwa zur Organisation von Wortlisten mit Hilfe eines einfacheren Merkmalsystems für Zwecke der Dokumentation oder der künstlichen Intelligenzforschung, bei denen nur ausreichende Unterscheidung untereinander gefragt ist. Die vorher erwähnte Möglichkeit der Variation der Merkmalsbeschreibungen aufgrund unterschiedlich berücksichtigter Wortmengen und unterschiedlichen Wissensständen über die betroffenen Bereiche zeigt zwar eine in den Standardbeispielen noch nicht angedeutete Verkomplizierung an, ist aber keineswegs von vornherein eine vernichtende Kritik der Merkmalskonzeption, wie man auf den ersten Blick denken könnte. Diese Variationen könnten ja gerade als der jeweilige subjektive Anteil bei der Bedeutung einer vorgegebenen Form beim Vergleich von einer Person zur andern oder als subjektive Veränderung bei der Bedeutung einer vorgegebenen Form beim Vergleich einer Person zu verschiedenen Zeiten angesehen werden. Folgendes darf man aber wohl fragen: Ist die geforderte vollständige Ausdifferenzierung einer Merkmalsbeschreibung einer vorgegebenen Form gegenüber den Merkmalsbeschreibungen aller anderen Formen des Wortschatzes zumindest prinzipiell möglich und wird dies eben in der Praxis beim konkreten Beispiel aus Zeitmangel, Mangel an Geduld und allerhand anderen menschlichen Eigenschaften nicht durchgeführt? Diese Frage nach der wenigstens prinzipiellen Möglichkeit muß meiner Meinung nach verneint werden und trifft damit einen kritischen Punkt bei dieser Konzeption. Solange wir noch nicht einmal eine generell akzeptierte Liste von Merkmalen haben, ist die Möglichkeit der unbestrittenen völligen Ausdifferenzierung von vornherein ausgeschlossen. An keinem Punkt unserer Analyse können wir uns sicher sein, ob wir eine verdeckt vorliegende Opposition zwischen zwei Wörtern übersehen haben, da uns dafür vielleicht keine Merkmale vorliegen. Dies ist ein wichtiger Unterschied zur Situation in der Phonologie. Dort besitzen wir ein mehr oder weniger generell akzeptiertes Inventar von Merkmalen bezüglich dessen der Lautbestand einer jeden natürlichen Sprache beschrieben werden kann. So wählt im Grunde jeder Linguist bei der semantischen Merkmalskonzeption Merkmale aus, die ihm für die zu berücksichtigenden Bereiche des Wortschatzes angemessen zu sein scheinen. Bierwisch (1967) formulierte ein ideales Ziel für die Auswahl der Merkmale: »A semantic analysis of a lexical item is finished only if it leads to a combination of basic elements, that are true candidates for the universal set of semantic markers, i.e., that may be interpreted in terms of basic dimensions of the human apperceptive apparatus.« (35) Daß unsere sinnliche Organisation die Kategorisierung unserer Umwelt entscheidend prägt und sich wohl somit auch bei den Bedeutungen sprachlicher Formen niederschlagen sollte, ist nur zu bejahen. Insofern zeigt Bierwisch eine wichtige Richtung für das Erstellen einer verbindlichen Merkmalsliste auf, falls letzteres überhaupt als erstrebenswertes Ziel gelten soll. Diese Frage, ob der Ansatz der Komponentialanalyse für einen Bedeutungsbegriff für natürlich-sprachliche Wortformen überhaupt sinnvoll ist, müssen wir uns noch genauer überlegen.

Ein noch völlig ungeklärtes Thema für die Komponentialanalyse fällt unweigerlich auf: Es ist der Status der Merkmale. Für Katz (1966, 155) sind sie zwar formal primitive Elemente, jedoch gibt es Gegenstücke für sie im Denken. Bierwisch, wie wir im vorigen Zitat gelesen haben, geht etwas weiter, an anderer Stelle dieses Aufsatzes (3) schwebt ihm sogar eine Interpretation mittels angeborener Eigenschaften vor. Inzwischen ist er in Bierwisch (1982) sehr viel unverbindlicher und spricht nur davon, daß Seme durch kategorisierte semantische Primitive wie PERSON, YOU charakterisiert werden können (6, 7). Solange sich selbst die Vertreter der Merkmalskonzeption noch nicht über den Status der Merkmale klar sind, bleibt nichts anderes übrig, als sie so zu nehmen, wie sie in konkreten Analysen auftreten. Dabei handelt es sich in allen Fällen um Ausdrücke einer Sprache, die meist beträchtliche Ähnlichkeit mit einer bekannten natürlichen Sprache hat. Für Klare (1975) sind Merkmale zweifelsfrei etwas Sprachliches (166). Bei Hilty (1972) heißt es unmißverständlich: »Jede natürliche Sprache ist grundsätzlich für die (ohnehin behelfsmäßige) Wiedergabe von Semen gleich gut – und auch gleich schlecht – geeignet.« (42, Fußnote 7) Wilks (1977) bejaht diese Verbindung mit natürlichen Sprachen explizit: »[...] every semantic primitive can appear as a surface word in a natural language.« (197) Die Merkmalssprache, die als semantische Beschreibungssprache dient, muß natürlich vom Leser verstanden werden, deshalb sind die Anleihen bei natürlichen Sprachen überhaupt nicht überraschend. Aus diesen Gründen hatten wir ja auch bei der Diskussion der Bedeutungsbeschreibungen die Wahl der Objektsprache als Beschreibungssprache vorgeschlagen. Wortbedeutung ergibt sich bei dieser Verwendung der Merkmale als Übersetzung des intuitiv der natürlichen Interpretation entnommenen Inhaltes der objektsprachlichen Form in die Merkmalssprache. Diese rein sprachliche Lesart für den Status der Merkmale scheint mir die plausibelste. Da, wie wir gesehen haben, jedoch nicht alle Vertreter mit dieser Interpretation einverstanden sind, ergibt sich an dieser Stelle ein weiterer Unterschied zur Situation der Merkmalskonzeption in der Phonologie: Für die dort verwendete Merkmalsliste mit Merkmalen wie »lateral«, »nasal« und »hoch« bietet sich eine im wahrsten Sinne natürliche Interpretation über den Stimmtrakt des Menschen von selbst an. Eine ähnliche Meinung vertritt Kastovsky (1980, 4).

Bleiben wir bei der sprachlichen Lesart für die Merkmale, dann müssen wir uns für die Beurteilung der Güte solcher Bedeutungsumschreibungen um die Frage kümmern, was eigentlich die Merkmale vom Bedeutungsbegriff erfassen. Haben wir diese Frage beantwortet, dann fällt die Antwort auf die Frage nach dem Sinn einer Merkmalszerlegung wahrscheinlich ebenfalls leichter. Ausgangspunkt und Illustrationsobjekt bei allen Ansätzen bilden die konkreten Substantive. Die Merkmale im Falle dieser Substantive dienen zur Festlegung der *Extension* der Form, also derjenigen Menge von Objekten, die von der Form bezeichnet werden. Die Kombination der Merkmale stellt eine notwendige und hinreichende Bedingung für Objekte der Wirklichkeit dar, um Element der Extension zu sein. Ignorieren wir hier die Probleme im Zusammenhang mit der Phrase »Kombination der Merkmale«, vgl. hierzu die gute Darstellung in Lyons (1977), und lassen wir beliebige Merkmale zu, dann ist diese Annahme über die Festlegung der Extension von konkreten Substantiven trivialerweise erfüllt. Da eben z.B. die Extension der Form **giraffe** im Deutschen die Menge der Giraffen ist, brauchen wir nur ein der Eigenschaft »eine Giraffe sein« entsprechendes Merkmal in der Beschreibungssprache einzuführen, um somit ein notwendiges und hinreichendes Kriterium für jedes Objekt, das der Extension der Form **giraffe** im Deutschen angehört, zu erhalten. Ist die Beschreibungssprache die Objektsprache selbst, m.a.W. eine Sprachausprägung des Deutschen, dann lautet das Merkmal ebenfalls »eine Giraffe sein«. Dies erinnert Sie vielleicht fatal an die frühere Diskussion der Bedeutungsbeschreibungen mit dem Schema: die Form **w** im Deutschen bedeutet w, das von der Forderung nach maximaler Übertragungstreue geprägt war. Die auch hier mit Merkmalen, die für Eigenschaften wie »ein w sein« stehen, erzielte Selbstreferenz ist sicherlich nicht beabsichtigter Zweck der Übung einer Merkmalsbeschreibung. Was den Vertretern der Komponentialanalyse vorschwebt, sind natürlich nicht solche trivialen Eigenschaften bzw. Merkmale, sondern solche, die eine echte erklärende Funktion haben. Um die Extensionsbestimmung garantieren zu können, muß aber jedes einzelne Element der Merkmalsmenge eine notwendige Bedingung für die der Extension angehörenden Objekte darstellen. Gefragt sind demnach, wie Philosophen sagen würden, die jeweiligen *essentiellen* Eigenschaften, die als Kandidaten für die als Namen dieser Eigenschaften fungierenden Merkmale gelten würden. Wie steht es aber um diese essentiellen Eigenschaften? Sind sie leicht aufzufinden? Nehmen wir die Form **tasse** im Deutschen. Ein naheliegender Vorschlag für eine essentielle Eigenschaft wäre »einen Henkel haben«. Die Aufstellung eines solchen Merkmals kann zusätzlich durch den Vergleich mit der Form **becher** im Deutschen gerechtfertigt werden; in diesem Sinne scheinen **tasse** und **becher** ein Minimalpaar zu bilden. Trotz allem, die dem Merkmal »einen Henkel haben« zugeordnete Eigenschaft bildet keine notwendige Bedingung für ein Objekt, um als Tasse zu zählen. Eine Tasse mit gebrochenem Henkel ist ja wohl immer noch eine Tasse. Sicherlich, denn sonst hätte ich den letzten Satz gar nicht so formulieren können. Ich muß ja nicht plötzlich sagen: »Der Becher oder das Glas oder die Schale mit gebrochenem Henkel« oder sollte man vorsichtiger sein und sagen: »Dies hier war eine Tasse, nun ist sie – Verzeihung, nun ist dieses Objekt – ein Becher«? Normalem Sprachverhalten würde dies alles nicht entsprechen. Die Verfeinerung der Eigenschaft zu »zu einem Zeitpunkt einen Henkel haben« bringt uns ebenfalls nicht viel weiter, da es (chinesische) Teetassen ohne Henkel gibt. Ich fürchte, die Suche nach nicht trivialen, essentiellen Eigenschaften ist bei solchen Fällen vergebliche Liebesmüh. Genauso erscheint für das Substantiv **schimmel** im Deutschen in der Lesart »Tier« fraglos das Merkmal »weiße Farbe« als Kandidat für eine essentielle Eigenschaft; auf dem Hintergrund der Dimension »Farbe« bilden die Formen **schimmel** und **rappe** wohl ein Minimalpaar. Der Titel für das augenblickliche Kapitel mit »Wortbedeutung: Bei Nacht sind alle Katzen grau oder Unser Schimmel ist schwarz«, wobei der Teil »Unser Schimmel ist schwarz« keine widersprüchliche Aussage sein muß, stimmt einen allerdings auch für diesen Vorschlag vorsichtiger. Weshalb muß eine Aussage »Unser Schimmel ist schwarz« keinen Widerspruch darstellen? Denken wir uns eine Situation, bei der der Reiter mit seinem Schimmel nach einem Ausritt in tiefem, morastigem Gelände zurückkommt und das Pferd tatsächlich vollständig mit Dreck übersät ist. Hier wäre das Kriterium der weißen Farbe als notwendige Bedingung zur Bestimmung der Menge der Schimmel in der beschriebenen Situation nicht direkt anwendbar. Wir haben zwar immer noch einen Schimmel vor uns, dessen Farbe aber in der beschriebenen Situation alles andere als weiß ist. Diese mag den Reiter zu der Aussage (57) bewegen:

(57) **Unser Schimmel ist ganz schwarz, dem muß ich erst mal eine gehörige Wäsche verpassen.**

Zahlreiche, auf den ersten Blick essentielle Eigenschaften, die zumal noch sinnlich erfahrbar und angeblich leicht überprüfbar sein mögen – man braucht ja nur die Tasse oder den Schimmel anschauen –, müssen also an bestimmten, keineswegs abwegigen Kontexten gerade vernachlässigt werden. Zusammensetzungen wie **grauschimmel** und **rappschimmel** im Deutschen weisen ebenfalls deutlich darauf hin, daß die weiße Farbe keine notwendige Eigenschaft für Schimmel sein kann. So finden wir für **grauschimmel** in Grimm/Grimm (1958) die Angabe: »Name eines Schimmels, dessen helle Farbe eher grau als weisz ist.« (Z 2209) und für **rappschimmel** im Duden. Das große Wörterbuch der deutschen Sprache in sechs Bänden (1980) die Angabe: »als Rappe geborener, noch nicht vollständig weißer Schimmel.« (S 2096) Ebenso zeigt die Redensart »Bei Nacht sind alle Katzen grau« in übertragenem Sinne sehr deutlich, daß wir uns auf angenommen verläßliche Äußerlichkeiten keinesfalls verlassen können. Nun mögen wir durchaus das Gefühl haben, daß wichtige inhaltliche Elemente der Formen **tasse** und **schimmel** im Deutschen durch die angegebenen Beispiele nicht erschüttert wurden. M. a. W., wir wollen vielleicht die Bedeutung von **schimmel** im Deutschen in der Lesart »Tier« nach wie vor mit so etwas wie »weiße Farbe« in Verbindung bringen. Auf welche Weise dies geschehen kann, deuten wir weiter unten und im Abschnitt 4.4 an. Was durch die Beispiele zweifellos erschüttert wurde, ist der Glaube an eine für die Extensionsbestimmung der jeweiligen Form behauptete Funktion der Merkmale. Wo Merkmalsbeschreibungen im Sinne von notwendigen und hinreichenden Bedingungen für die Bestimmung der Extensionen tatsächlich funktionieren, sind sie meist mehr oder weniger willkürliche Festsetzungen zum Zwecke von Klassifikationen im Bereich der Wissenschaften, wie z.B. Taxonomien in der Biologie, oder im Bereich von fachsprachlichen Übereinkünften, wie z.B. die DIN-Normen oder die vom Deutschen Turnerbund offiziell zu Wettkämpfen zugelassenen Turngeräte. Meist werden solche Festsetzungen nicht in die Umgangssprache mit übernommen. Mit der Bestimmung der Extension ist es also bei einer Merkmalsbeschreibung, die dem Anspruch eines Erklärungsgehalts entsprechen will, nicht allzu weit her. Einzig im eher atypischen Fall der expliziten (definitorischen) Festlegung können die Merkmale die Funktion einer notwendigen Bedingung ohne wenn und aber erfüllen. Das, was als wichtiges Ziel einer Komponentialanalyse angesehen werden muß: die Ermittlung der Kontraste zu anderen Wörtern, die dann auch relevant sind für den jeweiligen Bezug auf die Wirklichkeit, kann in den sprachlich am meisten interessierenden Fällen überhaupt nicht erreicht werden. Sicherlich ist dies keine gute Werbung für die Merkmalskonzeption. In dem ausgezeichneten Buch von Smith/Medin (1981) fällen die Autoren kein so hartes Urteil. Sie weisen darauf hin, daß die Unauffindbarkeit von essentiellen Eigenschaften in vielen Fällen zwar bis jetzt empirisch bestätigt sei, wir aber keine unbestreitbaren theoretischen Gründe kennen, daß dies immer so bleiben müsse (30/31). Zumindest bei einer Darstellung, die sich um Alltagsbegriffe kümmern will [Kühnert (1983)], scheint mir die konstante Erinnerung an das behauptete Ideal des Auffindens der Wesensmerkmale dann doch etwas befremdlich (63, 124, 137). Daß man mit einer Beschreibung, die nur auf Kontraste abzielt, nicht zufrieden sein kann, hebt Kühnert (1983, 78/79) allerdings richtig hervor.

Zuvor hatten wir schon gelernt, daß die Merkmalskonzeption für die Erfassung des Bedeutungsbegriffes »an sich« wenig attraktiv ist, da jegliche Merkmalsbeschreibung bestenfalls Teile der Bedeutung in Bezug auf andere Wörter erfaßt. Damit kann ich im Augenblick den Überblick zur Merkmalskonzeption abschließen; den Zerlegungscharakter dieser Konzeption werde ich später aufgreifen und im Zusammenhang mit meinem Vorschlag diskutieren. Was wir allerdings für die weitere Diskussion besser festhalten, ist folgende im Zusammenhang mit den Beispielen gewonnene Erkenntnis: Bei der Erklärung der Bedeutung eines Wortes im Alltag spielen natürlich gewisse Eigenschaften eine wichtige Rolle. Und zwar werden diese angeführten Eigenschaften als Eigenschaften *normaler* Mitglieder der jeweiligen Extension angesehen und man nimmt dann an, daß diese Informationen fürs erste als Bedeutungserklärungen ausreichen. »Einen Henkel haben«, die vorhin besprochene Eigenschaft für die Extension des Substantivs **tasse** im Deutschen, was sich als nicht notwendige Eigenschaft für Tassen herausstellte, wäre solch eine Eigenschaft, die eben dem Sprach- und Weltverständnis kompetenter Sprecher des Deutschen nach typische Tassen im Normalzustand charakterisieren würde. Black (1954) spricht bei der Erörterung solcher Eigenschaften von konstitutiven Faktoren (29). Hilary Putnam, ein in der anglo-amerikanischen Szene einflußreicher amerikanischer Philosoph, hat sich mit diesen Fragen in den letzten 10 Jahren intensiv auseinandergesetzt und formulierte in Putnam (1975 a) als Hypothese:

»[...] there are, in connection with almost any word [...], certain core facts such that (1) one cannot convey the normal use of the word (to the satisfaction of native speakers) without conveying those core facts, and (2) in the case of many words and many speakers, conveying those core facts is sufficient to convey at least an approximation to the normal use.« (148)

Sinnlich wahrnehmbare Kriterien sind wahrscheinlich die naheliegendsten Kandidaten für solche Eigenschaften, obwohl sie – wie wir gesehen haben – einen nicht allzu hohen Grad an Sicherheit für die Extensionsbestimmung mit sich bringen. Interessanterweise sind es jedoch gerade diese Kriterien, die bei nicht realen Situationen beibehalten werden. Dagegen können oft für die reale Situation mehr charakteristische Eigenschaften problemlos aufgegeben werden. So sprechen in Märchen und Kindergeschichten plötzlich Pflanzen oder Tiere – was Kinder in den seltensten Fällen stört –, aber ihre äußere Form oder Gestalt wird beibehalten. Eigenschaften der Umwelt, für die wir über unsere Sinne einen direkten Zugriff haben, dienen offensichtlich auch in nicht realen Situationen als erster Orientierungsrahmen. Hölker (1977, 97–103) geht auf diese interessanten Verhältnisse ein. McNamara/Sternberg (1983) bestätigten durch Experimente, daß wir zumindest für Substantive relativ leicht Merkmale angeben können, die nach unserem Dafürhalten notwendige Eigenschaften der den Substantiven zugeordneten Gegenstände bezeichnen (454). Die meist genannten Merkmale bei vielen Substantiven waren häufig Versprachlichungen einer übergeordneten Kategorie, wie z.B. für **tiger** »member of the cat family«; **banana** »a fruit« and **yacht** »a boat« (472). Die andern meist genannten Angaben, etwa für **potato** »grows underground« (471) oder **violin** »has four strings« (472), halten selbstverständlich einer eingehenderen Prüfung als Merkmale für notwendige Eigenschaften nicht stand. Obwohl die Autoren einer Merkmalsauffassung zuneigen, sehen sie die theoretische Möglichkeit eines elementareren Bedeutungsbegriffes: »[…] it is possible that the attributes listed by our subjects were constructed at the time of task performance from a more basic representation that little resembles listed attributes.« (471)

4.3 Psychologische Konzeption

Ein Ansatz, der nicht von einem Bestand an objektivierbaren Merkmalen ausgehend die Bedeutung zu beschreiben versucht, verlegt die Erklärung des Bedeutungsbegriffes eher in das subjektive Denken des einzelnen Mitglieds der Sprachgemeinschaft. Es handelt sich um eine Sicht, die den Bedeutungsbegriff mit Vorstellungen, Ideen, Bildern usw. in Zusammenhang bringt. Häufig wird diese Sicht die *psychologische Konzeption* des Bedeutungsbegriffs genannt. Aus zwei Gründen ist dieser Ansatz auf den ersten Blick nicht leicht von der Hand zu weisen: Einmal wird die Tatsache der Dreierbeziehung zwischen Sprache, Denken und Wirklichkeit auch als Grundlage für den Bedeutungsbegriff ernst genommen, denn die Vorstellungen beruhen ja wahrscheinlich unter anderem auch auf Erfahrungen mit der Wirklichkeit, wobei, wie wir bereits früher gelernt haben, durch den sozialen Kontakt mit anderen Mitgliedern der Sprachgemeinschaft durchaus ein Zug zur Objektivierung mit hereinkommt. Zum andern ersparen wir uns mit dem Arbeiten mit Begriffen wie »Vorstellung« oder »Bild« das mühselige Suchen nach Teilen der jeweiligen Bedeutung. Eine Vorstellung als Ganzes gesetzt, soll ja die Bedeutung der vorgelegten sprachlichen Form erfassen. Genau an dieser Stelle tauchen aber schon Probleme mit dieser Konzeption auf. Was sind denn das z.B. für Vorstellungen, die beim Sprecher/Schreiber oder Hörer/Leser im Zusammenhang mit der Form **tasse** im Deutschen auftreten? Kann es sich um ein mentales Bild einer ganz konkreten Tasse handeln, etwa um das Bild derjenigen Tasse, auf die man als Kind mit der Form **tasse** zum ersten Mal hingewiesen wurde? Letzteres kann mit Sicherheit verneint werden; nur wenige von uns werden noch eine konkrete Vorstellung von dem Objekt haben, das damals zum ersten Mal für uns mit **tasse** benannt wurde. Kann es sich dann jeweils um die Vorstellung von wenigstens irgendeiner konkreten Tasse handeln? Das wohl schon eher, denn die Tassen, mit denen man bisher persönlich mit den eigenen Augen oder vom bloßen Hörensagen konfrontiert wurde, sollten sicherlich eine Rolle spielen. Aber man kann sich kaum vorstellen, daß es sich um das Bild jeweils der gleichen konkreten Tasse handelt; aus dem einfachen Grunde, wir vergessen im Laufe der Zeit sehr vieles, also auch das konkrete Aussehen von Objekten, mit denen wir zu einem bestimmten Zeitpunkt etwas zu tun hatten. Dann bleibt nur noch die Möglichkeit, daß es sich um Vorstellungen von zwar konkreten, aber immer mal wieder verschiedenen Tassen handelt. Auch diese Meinung kann nicht ernsthaft vertreten werden: Die Form **tasse** wäre in diesem Falle hoffnungslos mehrdeutig, entsprechend der Anzahl von Vorstellungen verschiedener Tassen. Die nach dieser Hypothese direkt ins Denken übertragene Vielzahl der erfahrenen Ausprägungen in der Wirklichkeit bringt eine Art von Mehrdeutigkeit für jede sprachliche Form mit sich, die mit gewöhnlicher sprachlicher Mehrdeutigkeit nichts mehr zu tun hat. Bei sprachlicher Mehrdeutigkeit müssen die jeweiligen unterschiedlichen Bedeutungen bzw. gemäß dieses Ansatzes die jeweiligen unterschiedlichen Vorstellungen ausreichend voneinander verschieden sein. Nehmen wir als Beispiel die Form **schimmel** als Substantiv im Deutschen mit ihren ausreichend verschiedenen Lesarten »Tier« und »Pilz«. So verschieden die einzelnen konkreten Vorstellungen für die besprochene Form **tasse** auch sein mögen, handelt es sich doch allesamt um Vorstellungen von Tassen; eine Tatsache, die als das konstante mentale Gegenstück zur Form **tasse** erfaßt werden sollte. Eine der wichtigen Funktionen von Sprache ist ja gerade, über die individuelle Verschiedenheit der Objekte hinaus, solche Dinge mit ein und demselben Namen zu belegen und somit ein Ordnungsschema für die Welt vorzugeben. Demnach können gar keine Vorstellungen von konkreten Tassen als Inhalt vorkommen. Was aber dann? Es kann sich höchstens noch um die Vorstellung einer nicht-konkreten, von allen individuellen Besonderheiten gereinigten Tasse handeln. Wer kann sich darunter etwas vorstellen? Niemand natürlich, wenn wir ehrlich sind. Deshalb behilft man sich für solche Vorstellungen zunächst mal mit einer Sprachregelung, um überhaupt über sie reden zu können: man spricht von *Abstraktionen;* so etwa Panfilov (1974, 36) und der unterhaltsame Mauthner (1923) sieht sie drastisch als »[...] Schatten eines Hohlgefäßes.« (277) Die psychologische Konzeption behauptet also letztlich, daß als Inhalt sprachlicher Formen mentale Bilder, die Abstraktionen von konkreten Erfahrungen sind, anzusetzen sind. Frege (1967) benennt es für einen sinnlich wahrnehmbaren Gegenstand so: »[...] so ist meine Vorstellung davon ein aus Erinnerungen von Sinneseindrücken, die ich gehabt habe, und von Tätigkeiten, innern sowohl wie äußern, die ich ausgeübt habe, entstandenes inneres Bild.« (145) Die Anführung von Tätigkeiten ist wichtig, da auch in der Psychologie anerkannt ist, daß es sich bei Vorstellungen nicht um mentale Bilder handelt, die man einfach wie ein Photoalbum betrachtet. Block (1983), der den Prozeßcharakter betont (660), gibt zu bedenken: »Perhaps mental images are more like pictures that one draws, rather than like photographs or other pictures that one merely looks at.« (658) Dennoch ist der Zusammenhang mit Sinneseindrücken unübersehbar. So treffen Kosslyn/Pomerantz (1977) folgende Festlegung: »An image is a spatial representation like that underlying the experience of seeing an object during visual perception.« (65) Denken wir an die Sinneseindrücke für blinde Menschen, die im Gegensatz zu Gehörlosen relativ problemlos eine natürliche Sprache erlernen, dann sollten wir natürlich die visuellen Eindrücke nicht überbetonen. In diese Richtung zielt Langacker (1983b), wenn er schreibt: »Cognivite functioning is largely autonomous; it proceeds in the absence of sensory input.« (17) Wie gesagt, wir haben nun zwar eine Sprachregelung für diese Sache, aber schlauer sind wir dadurch kaum geworden. Allenfalls bekommt man zu hören, daß bei einer Abstraktion eben die unwesentlichen Dinge vernachlässigt werden und man sich auf die wesentlichen Dinge konzentriert. Eine Explikation, also eine konkrete Anführung dieser wesentlichen Dinge, kommt unweigerlich einer Merkmalsbeschreibung gleich. Man sucht dann im Grunde auch die essentiellen Eigenschaften einer Tasse. An dieser Stelle trifft dann alle Kritik an der Merkmalskonzeption auch die psychologische Konzeption.

Interessanterweise setzt sich in letzter Zeit ein Linguist für eine neue Art von psychologischer Konzeption der Wortbedeutung ein. Es handelt sich um Hans-Heinrich Lieb, hauptsächlich mit den Arbeiten Lieb (1977) und Lieb (1980). Dabei soll der Ansatz insbesondere bisherige, oben von mir teilweise angesprochene Schwächen psychologischer Konzeptionen vermeiden. Betrachten wir deshalb kurz Liebs Vorstellungen. Wortbedeutungen sind hiernach Begriffe, wobei jeder Begriff eine Eigenschaft von Perzeptionen und/oder Konzeptionen ist. Eigenschaften sind, wie Sie sich erinnern, einstellige Relationen; Beispiele hierfür sind »Bedeutung haben«, »schön sein« und »Deutscher Fußballmeister von 1984 sein«. Können wir also so, wie wir sprachlichen Formen die Eigenschaft »Bedeutung haben«, Menschen und anderen Dingen der Natur die Eigenschaft »schön sein« und Fußballvereinen die Eigenschaft »Deutscher Fußballmeister von 1984 sein« zusprechen mögen, Perzeptionen oder

Konzeptionen bestimmte Begriffe zusprechen? Das Verständnis hierüber hängt von den Festlegungen ab, die Perzeptionen oder Konzeptionen betreffen. Perzeptionen faßt Lieb als Bewußtseinsereignisse auf und wir erfahren in Lieb (1980) über sie: »Zu jeder Perzeption gibt es genau eine nicht-leere Menge von Attributen (Eigenschaften oder intensionalen Relationen), so daß gilt: die Perzeption besteht in der Annahme [...], es gebe etwas sinnlich Wahrnehmbares, dem die Attribute sämtlich zukommen. Die Menge von Attributen von sinnlich Wahrnehmbarem ist der Gehalt der Perzeption.« (2−3) Konzeptionen sind weitgehend analog Bewußtseinszustände, die ebenfalls Mengen von Attributen bereitstellen. Mit Hilfe des Bezuges auf Perzeptionen und Konzeptionen wird einmal die bereits angesprochene Vorstellung nachgespielt, daß unsere Begriffe in irgendeiner Weise aus unseren persönlichen Erfahrungen mit der Umwelt und ihrer denkerischen Verarbeitung hervorgehen, zum andern die Rede von »Vorstellungen« und »Bildern« umgangen. Wichtiger noch, da Begriffe Eigenschaften von Perzeptionen und/oder Konzeptionen sind, werden Begriffe sicherlich nicht mit so etwas wie »Vorstellungen« oder »Bildern« gleichgesetzt. Keineswegs selbstverständlich ist jedoch die Annahme über die Zuordnung zwischen Perzeptionen bzw. Konzeptionen und jeweils eindeutigen Mengen von (nicht-trivialen) Attributen. Diese Annahme steht zunächst im Gegensatz zu gestalttheoretischen Prinzipien der Psychologie und auch ich möchte Perzeptionen oder Konzeptionen eher Ganzheitscharakter zusprechen als ihre Auflösbarkeit in einzelne Attribute voraussetzen. Weshalb soll die sinnliche Erfahrung eines Hauses oder eines Musikstückes bzw. die Konzeption des nächsten Familienausfluges mit der Zerlegung in Attribute, zumal noch in eine eindeutige Menge von Attributen, einhergehen? Man vermutet natürlich bereits hier, Anklänge an eine Merkmalskonzeption herauszuhören. Aber betrachten wir vor solch einem vorschnellen Urteil noch die weiteren Schritte. Intuitiv gesprochen soll nun ein Begriff wie »Haus« die Eigenschaft all jener Perzeptionen und/oder Konzeptionen sein, die Perzeptionen bzw. Konzeptionen von Häusern sind. Mit der angesprochenen Annahme können wir dann davon ausgehen, daß es eine Menge von Haus-Attributen gibt, die all den eventuell an Attributen umfangreicheren einzelnen Perzeptionen bzw. Konzeptionen von Häusern zukommt. Allgemein finden wir deshalb folgende Annahme für Begriffe: Wenn b ein Begriff ist, so gilt: es gibt genau eine ausgezeichnete nichtleere Menge von Attributen derart, daß b = die Eigenschaft von Perzeptionen oder Konzeptionen ist, deren einzelne Mengen von Attributen die ausgezeichnete Menge von Attributen als Teilmenge enthält; vgl. Lieb (1977, 38) oder Lieb (1980, 3). Nach Lieb (1977) könnte die ausgezeichnete Menge von Attributen für den Begriff »Wohnhaus« aus folgenden Attributen bestehen: »[...] die Eigenschaft, zum Zwecke des Bewohnens errichtet zu sein; die Eigenschaft, ein Dach zu haben usw.« (37) und nach Lieb (1980) finden wir für den Begriff »Apfel« den Vorschlag: »[...] die Eigenschaft, Frucht eines Apfelbaums zu sein.« (3) Im Unterschied zu dem Apfelbeispiel fällt bereits bei dem Wohnhaus-Beispiel das »usw« unangenehm auf. Nach der Annahme sollte es sich ja eigentlich um eindeutig festlegbare Mengen von Attributen handeln, im konkreten Einzelfall läßt sich dies anscheinend gar nicht so einfach realisieren. Problematischer ist bei diesem Ansatz jedoch folgendes: Nicht jede beliebige Perzeption oder Konzeption, deren Menge von Attributen die ausgezeichnete Menge von Attributen umfaßt, sollte wohl für die Begriffsbildung zugelassen werden. So wären für den Vorschlag der ausgezeichneten Menge von Attributen des Begriffes »Wohnhaus« auch Perzeptionen oder Konzeptionen eines Zeltes oder eines Iglus erlaubt. Für einen allgemein verstandenen Begriff »Wohnhaus« mag dies noch angehen, sicherlich aber nicht mehr für den der Form **wohnhaus** im Deutschen nach diesem Ansatz zuzuordnenden Begriff »Wohnhaus«. Hierfür kommen nur Perzeptionen oder Konzeptionen von Wohnhäusern in Frage, m. a. W., wir oder der einzelne Sprachteilnehmer/die einzelne Sprachteilnehmerin müßten bereits vor der Begriffsbildung wissen, was Perzeptionen von Wohnhäusern oder was Konzeptionen von Wohnhäusern im Unterschied zu etwa Perzeptionen von Zelten oder Konzeptionen von Zelten sind. Nur so können wir auch unserer intuitiven Vorstellung der Begriffsbildung gerecht werden. Die bloße Forderung einer ausgezeichneten Menge von Attributen garantiert nicht, daß wir oder der einzelne Sprachteilnehmer/die einzelne Sprachteilnehmerin die »richtigen« Perzeptionen oder Konzeptionen zusammenfassen. In Lieb (1983, 211) taucht nun in einer Bemerkung in anderem Zusammenhang die Redeweise von »relevanten« Perzeptionen oder Konzeptionen auf; eine Redeweise, die meiner Kritik entgegenkommt. Grundlegender und einleuchtender für solche Begriffsbildungen scheint mir die Annahme einer auch von Gerhard Reule in seiner interessanten, aber in der Ausformulierung Mängel aufweisenden Dissertation [Reule (1984)] vertretenen Ähnlichkeitsbeziehung zwischen ganzheitlich erfaßten Perzeptionen oder Konzeptionen zu sein. Trotz gegenteiliger Behauptungen von Lieb (1980, Fußnote 10) und Lieb (1983, 212) sehe ich in diesem Ansatz eine größere Nähe zu Vorstellungen der Merkmalskonzeption als zu ganzheitlichen Vorstellungen. Die einzelnen Perzeptionen oder Konzeptionen müssen zerlegt werden, gleiches gilt für den Begriff selbst, dem eine ausgezeichnete Menge von Merkmalen zugeordnet werden muß. Sicherlich, wie im Apfelbeispiel demonstriert, mag es auch mit einelementigen Mengen abgehen, aber mit dem Attribut »Frucht eines Apfelbaums zu sein« wird keine ganzheitliche Auffassung von »Apfel« nachgespielt, sondern ein eher triviales Merkmal für »Apfel« formuliert.

Vermeidet man die Explikation der mentalen Bilder, um die Kritik an einer Merkmalsbeschreibung zu umgehen, dann setzen sich die mit mentalen Bildern arbeitenden Vertreter einer psychologischen Konzeption dem Vorwurf aus, als Inhalt sprachlicher Formen etwas völlig Vages angesetzt zu haben. Einer zusätzlichen Kritik, die man häufig hört, kann ich mich jedoch nicht anschließen: Es wird gerne behauptet, mit dem Ansetzen von mentalen Bildern als Bedeutung sei jene sozusagen in das Gedächtnis des einzelnen Mitglieds der Sprachgemeinschaft verbannt und somit völlig unzugänglich. Als Linguisten müßten wir dann wohl auf Ergebnisse aus der Neurophysiologie warten, bis wir zur Bedeutung selbst etwas sagen könnten. Hier kann man nur folgendes antworten: Bis zu einem gewissen Grade ist es tatsächlich so, auch wenn einige sich daran stören mögen. Bedeutung ist zunächst nichts Sprachliches, dennoch bleibt für den Linguisten auf diesem Gebiet genug zu tun. So kann er/sie sich etwa um die Prozesse des Versprachlichens mit Hilfe von sprachlichen Formen kümmern und daraus auch Bedingungen an einen Bedeutungsbegriff ableiten, der für sprachliche Formen taugt und einen Erklärungsgehalt aufweist. Genau dieser Frage widmen wir uns ja. Für andere Zwecke mag sich die Situation wiederum anders darstellen. Bin ich z. B. in der künstlichen Intelligenzforschung auf das beschränkt, was Computer leisten können, dann könnte ich natürlich mit einer Bedeutungsauffassung, die mit mentalen Bildern arbeitet, herzlich wenig anfangen. Deshalb vertritt Wilks (1972, 18) die Übersetzung in eine semantische Beschreibungssprache als Bedeutungsangabe. Positiv festzuhalten bleibt bei der allgemein vorgestellten psychologischen Konzeption auf jeden Fall zweierlei: Erstens, Bedeutungen werden, zumindest im ersten Schritt, häufig als etwas Ganzes angesehen; es geht zunächst nicht um eine Zerlegung. Zweitens, das Dreigestirn Sprache – Denken – Wirklichkeit steht im Zentrum der Diskussion. Solche positiven Dinge wollen wir im Gedächtnis behalten.

4.4 Ganzheitliche Konzeption

Der Einfluß der Wirklichkeit auf die Sprache, insofern, als wir häufig über etwas reden, für das es konkrete Gegenstücke in der Welt gibt und für die wir besonderes Interesse zeigen, zeigt umgekehrt, daß wir den mit Sprache möglichen Bezug auf die Wirklichkeit für den Bedeutungsbegriff nicht vernachlässigen können. Man sieht hierfür oft einen *Referenzanteil* bei der Bedeutung vor. Über eines müssen wir uns dabei zunächst im klaren sein: Wörter einer Sprache für sich referieren nicht, nur Sprecher/Schreiber referieren auf etwas beim Äußern der entsprechenden Wörter; vgl. Strawson (1950, 326/327), Linsky (1967, 116) und Lyons (1977, 177). Da Wörtern natürlich Bedeutungen zukommen, ist es somit bereits klar, daß die Referenz eigentlich nicht Teil der Bedeutung sein kann. Höchstens könnte man sich parallel zum Verhältnis zwischen Meinen und Bedeuten ein durch die Bedeutung festgelegten Referenzbereich vorstellen. Ferner ist spätestens seit Frege (1967) unbestritten, daß bei übereinstimmender Referenz von zwei verschiedenen, gebrauchten Formen nicht auf deren Bedeutungsgleichheit geschlossen werden kann. So mag ein Sprecher/Schreiber zwar sowohl mit dem Gebrauch der Form **morgenstern** als auch mit dem Gebrauch der Form **abendstern** im Deutschen auf ein und dasselbe Objekt, nämlich die Venus, verweisen, trotzdem wären die lexikalischen Bedeutungen beider Formen im Deutschen nicht identisch. Bei **morgenstern** gehört zumindest dazu, daß es sich um die Venus am Morgenhimmel handelt, während bei **abendstern** mindestens die Venus als Stern am Abendhimmel angesprochen wird. Frege selbst spricht in diesem Zusammenhang von einer unterschiedlichen Art des Gegebenseins ein und desselben Objektes (143/144). Referenz ist also sicher wichtig, aber eben nicht an der Sprache, insbesondere an ihren Formen, allein festzumachen, sondern nur über den Sprecher, der sich gewisser Wörter bedient, um einen Bezug auf die Wirklichkeit herzustellen. Was an der Sprache bzw. an einzelnen Wörtern allein festzumachen ist und mit der Referenz meist in einem Atemzuge erwähnt wird, ist die *Extension* einzelner Wörter. Wörter referieren zwar nicht, aber sie können Extension haben. Unter der Extension eines Wortes versteht man dabei, salopp ausgedrückt, die Menge der Dinge, die inhaltlich gesehen unter das Wort fallen. So ist z. B. die Extension des Substantivs **pferd** im Deutschen schlicht die Menge aller Pferde. Die Extension wird somit durch den Inhalt, die Bedeutung der Form festgelegt. In diesem Sinne sollte für Vertreter der Merkmalskonzeption die Menge an distinktiven Merkmalen bei Wörtern, die über Dinge der Wirklichkeit handeln, bestimmend für deren Extension sein. Analog zum Referenzbegriff gilt auch beim Extensionsbegriff nicht, daß Extensionsgleichheit zweier verschiedener Formen ihre Bedeutungsgleichheit mit sich bringt. Denken wir an die Formen **lebewesen mit herz** und **lebewesen mit nieren,** dann sind die Extensionen beider Formen, soviel wir wissen, gleich, dennoch würde man nicht von Gleichheit der Bedeutungen reden. Solche Gemeinsamkeiten sind meist der Grund, wenn versäumt wird, einen Unterschied zwischen dem Referenzbegriff und dem Extensionsbegriff zu machen. Einer solchen Vermischung scheint mir Bierwisch (1983 a) nahezukommen, wenn er hier als Extensionsbereich ein internes Modell der Umwelt beim einzelnen Sprecher ansetzt (51/52). Zumindest im Hinblick auf die uns umgebende, reale Welt, im Unterschied etwa zu sicherlich als Vorstellungen anzusetzende Welten der Fiktion, scheint mir dieser Ansatz höchst unplausibel. Aber wie sieht es eigentlich konkret mit der Beziehung zwischen der Referenz des Sprechers/Schreibers beim Gebrauch eines Wortes und der Extension dieses Wortes aus? Erste Anregungen zu den folgenden Bemerkungen fand ich in Linsky (1967, 118/119) und in Lieb (1979, 371–377). Sind etwa die Referenten – also die Dinge, auf die der Sprecher/Schreiber verweist – beim Äußerungsakt automatisch Element der Extension des Wortes, m. a. W., ist der Bereich für die Referenten durch die lexikalische Bedeutung und den Kontext der Äußerung bestimmt, oder müssen wir der Intention des Sprechers/Schreibers Vorrang geben und eventuell zulassen, daß die Referenten beim Äußerungsakt auch außerhalb der Extension des Wortes liegen? Der Einfachheit halber betrachte ich Eigennamen, denn diese haben in entsprechenden Kontexten einzelne Referenten und auch die Extensionen von solchen Eigennamen sind relativ unproblematisch. Gehen wir von Satz (58) aus:

(58) **Gerd ist ein wissenschaftlicher Assistent.**

Vollzieht der Sprecher/Schreiber von Satz (58) »unmittelbar« vorher oder bei und mit der Äußerung von **Gerd** einen Benennungsakt oder »Taufakt« einer Person, dann müssen wir sehr wohl mit der Möglichkeit rechnen, daß der Referent des Eigennamens **Gerd** in dieser Äußerung nicht in die Extension von **Gerd** fällt. Abgesehen von Ironie, bewußten Täuschungen und Tests der Hörer/Leser wird man dem Sprecher/Schreiber als Annahme sicherlich folgendes zubilligen: **Gerd** ist der Name der von mir intendierten Person. Was sollen wir unter dem für diese Überlegungen wichtigen Begriff »Benennungsakt« verstehen? Unter einem Benennungsakt verstehe ich die Zuordnung des in der Äußerung gefallenen Namens zu einer anderweitig zumindest für den Sprecher/Schreiber festgelegten Person. Diese anderweitige Festlegung kann bei der Äußerung des Namens durch einen direkten Verweis, etwa gestisch, erfolgen, aber es sind auch im Sinne des Philosophen Donnellan (1966, 285) »referentiell« gemeinte Kennzeichnungen in einem vorausgehenden Text möglich. Denken wir uns etwa die dem Satz (60) oder dem Satz (61) vorangehende Äußerung (59):

(59) Ich komme nun zum jüngsten Sohn der Familie.
(60) Er, Gerd, ist ein wissenschaftlicher Assistent.
(61) Er heißt Gerd.

Weder der direkte Verweis noch eine »referentiell« gemeinte Kennzeichnung schließt natürlich Mißverständnisse auf der Hörer-/Leserseite aus. Entscheidend beim Benennungsakt ist, daß der geäußerte Name nicht dazu dienen soll, eine bestimmte Person aus einer in der Situation in Frage kommenden Personenmenge herauszugreifen. Der Name stellt in diesem Fall eigentlich nur eine bequeme Abkürzung für Kennzeichnungen wie (62) und (63) dar:

(62) Dieser Mann, auf den ich nun deute, ist ein wissenschaftlicher Assistent.

(63) Dieser Mann, der soeben gerade als der jüngste Sohn der Familie bezeichnet wurde, ist ein wissenschaftlicher Assistent.

Die Phrase »in diesem Fall« darf hier nicht übersehen werden; der Eigenname Gerd und die in den Sätzen (62) und (63) vorkommenden Kennzeichnungen haben natürlich unterschiedliche Bedeutungen. Durch den für die anderweitige Festlegung der Person notwendigen Verweis oder vorherige notwendige Kennzeichnung werden Benennungsakte vom Sprecher/Schreiber dem Hörer/Leser gegenüber irgendwie signalisiert. Liegt die Person damit schon fest, dann kann es beim Gebrauch eines Eigennamens für diese Person einfach nicht mehr um das Herausgreifen einer Person gehen. Derartiges sprachliches Handeln würde einem seltsam vorkommen. Vielmehr wird der festgelegten Person mit dem Gebrauch des Eigennamens dieser Name gegeben und die in der Äußerung vorkommende Aussage wird dieser festgelegten Person zugesprochen. Dabei ist eben sehr wohl möglich, daß der Sprecher/Schreiber sich mit dem gebrauchten Namen irrte und die Person einen ganz anderen Namen trägt. Bei solch irrtümlichem Gebrauch würde der Referent des geäußerten Eigennamens nicht Element der Extension dieses Eigennamens sein. Die der festgelegten Person zugesprochene Aussage mag dagegen trotzdem zutreffen. Bleibt eine anderweitige Festlegung der Person aus, m. a. W., liegt kein Benennungsakt vor, dann dient der Eigenname sowohl dazu, die Person mit diesem Namen, falls es in der in Frage kommenden Personenmenge eine solche gibt, herauszugreifen, als auch diese herausgegriffene Person mit dem gebrauchten Namen zu benennen. In diesem Fall ist der Referent des Namens, falls es überhaupt einen Referenten gibt, garantiert Element der Extension des Eigennamens und die in der Äußerung vorkommende Aussage ist für die Person mit diesem Namen gedacht. Eine entsprechende Situation im Zusammenhang mit dem Satz (58) wäre ein Gespräch über die Familie X, wobei man schließlich zu den Berufen der Söhne kommt. Natürlich sind in diesem Fall, bei dem der Referent in der Extension liegt, Mißverständnisse bereits auf der Sprecher-/Schreiberseite nicht ausgeschlossen. Vielleicht wird mit dem gebrauchten Namen eine andere Person bestimmt, als der Sprecher/Schreiber gedacht hätte. Wie meine Diskussion gezeigt hat, müssen wir für den Vorgang des Referierens zwei Funktionen unterscheiden: Einmal die Funktion des Herausgreifens, zum andern die Funktion des Benennens.

Benennungsakte sind nicht auf Eigennamen beschränkt. Theoretisch können sie für Wörter aus allen syntaktischen Kategorien, bei denen auf sinnvolle Weise von Extensionen geredet werden kann, auf analoge Weise vorgenommen werden. Praktisch kommen sie natürlich hauptsächlich für Substantive vor, da bei ihnen der Objektcharakter der Referenten am stärksten vorherrschend ist. Einige Beispiele aus verschiedenen syntaktischen Kategorien seien im folgenden dennoch angeführt:

1. Nehmen wir einen Piloten in einem Jumbo beim Start. Er läßt die Motoren vor dem Anfahren voll aufheulen, was für die meisten Außenstehenden einen unerträglichen Lärm verursacht. Er aber äußert dabei Satz (64) oder die Sequenz (65):

(64) **Dies ist für mich Musik.**

(65) **Es kann abgehen. Die Musik stimmt.**

Für den Piloten ist der Referent des Substantivs **musik** in diesen Äußerungen das besagte Geräusch der Flugzeugmotoren, während dieses Geräusch normalerweise nicht zur Extension von **musik** im Deutschen gezählt wird.

2. Spaziergänger im Grunewald erreichen eine Kreuzung, an der für sie überraschend gerade ein Pulk von Sportlern vorüberzieht – es handelt sich um die Teilnehmer am 10km-Gehen. A sagt zu B, indem er auf die Sportler deutet:

(65) **Ich habe noch niemand so rennen gesehen.**

Mit dem Verb **rennen** intendiert Sprecher A, auf die durch den Verweis identifizierte Bewegungsart der Sportler hinzuweisen, obwohl im normalen Sprachgebrauch diese Bewegungsart eine etwas komische Art des Gehens darstellt, also unter die Extension des Verbs **gehen** fällt.

3. Der noch verschlafene Vater betritt am Morgen das Kinderzimmer. Leicht erbost äußert er:

(67) **Jetzt schaut Euch mal wieder an, wo Eure Bücher sind. Daß sie wieder unter den Betten liegen, gefällt mir gar nicht.**

Eines der Kinder erwidert in besserwisserischem Ton:

(68) **Immerhin liegen zwei Bücher neben meinem Bett.**

Die durch die erste Äußerung der Folge (67) herausgegriffene Lokalität der in Frage kommenden Kinderbücher wird in der zweiten Äußerung des Vaters mit der Präposition **unter** in ein bestimmtes Verhältnis zu den Betten gesetzt. Die Berechtigung der vom Vater intendierten Referenz der gebrauchten Präposition auf das in Betracht kommende lokale Verhältnis wird mit dem Hinweis (68) bezweifelt. Salopp ausgedrückt, was neben dem Bett liegt, gehört nicht zur Extension der Präposition **unter**.

Bei allen drei Beispielen liegen die vom Sprecher intendierten Referenten nicht oder nicht insgesamt in der Extension des jeweiligen Wortes. Selbstverständlich wird dieses Nichtzusammenfallen der Referenten mit der Extension bei vielen Benennungsakten gerade nicht der Fall sein, es werden also auch häufig bei Benennungsakten die Referenten Mitglied der durch die Bedeutung bestimmten Extension des gebrauchten Wortes sein. Dennoch sind Benennungsakte eine der wichtigsten Arten, wie Abweichungen vom normalen Sprachgebrauch in der Sprachgemeinschaft zunächst einmal akzeptabel sind. Als Grund dafür ist schlicht folgendes anzuführen: Worüber bzw. worum es in der Wirklichkeit geht, ist ja in diesen Fällen normalerweise nicht nur dem Sprecher/Schreiber klar, sondern über den gestischen Verweis oder über referentiell gebrauchte Kennzeichnungen auch den Hörern/Lesern. D. h. die Sache »an sich« ist bereits gegeben, wie sie benannt wird, ist sozusagen dann zunächst zweitrangig. In erster Linie geht es um eine Aussage über die festgelegte Sache. Daß die gewählte Benennung durchaus von Wichtigkeit für den weiteren Verlauf sein kann, zeigt mein drittes Beispiel. Um allzu unliebsamen Folgen von vornherein aus dem Wege zu gehen, weist das Kind die gewählte Benennung zurück.

Alles in allem können wir also nicht in jedem Fall davon ausgehen, daß die Referenten geäußerter Wörter allein aus der lexikalischen Bedeutung und der jeweiligen Situation abzuleiten sind. Die Intention des Sprechers/Schreibers mag die Oberhand gewinnen, wodurch eventuell die Bindung des Referenten an die jeweilige Extension des Wortes aufgehoben wird. Diese Freiheit herrscht jedoch nur beim Benennungsakt. Könnte ohne das damit verbundene Signal jeder Sprecher/Schreiber in jeder Situation nach Belieben Referenten bestimmen, wäre Kommunikation innerhalb einer Sprachgemeinschaft schlechterdings undenkbar. Ganz besonders gilt dies für Gespräche über Gegenstände, Personen, Situationen usw., die nicht präsent sind. Deshalb muß einem Sprecher/Schreiber das Kommunikationsinteresse abgesprochen werden, falls seine Referenten außerhalb Benennungsakten nicht Elemente der jeweiligen Extensionen sind. Dies gilt meiner Meinung nach auch für die bei Schwarz (1979) aufgeführten Fälle von sogenannter »nicht-identifizierender Referenz«:

»[...] a speaker making a non-identifying reference is not committed to specifying the referent for his audience. The reason is that, in making this sort of reference the speaker does not intend to specify the referent for his audience. [...] This means that where the descriptions uttered happen to apply uniquely to an individual, the referent is not necessarily this individual.« (29)

Wie sollen wir hier von Kommunikationsinteresse reden, falls das wenige an Beschreibung noch nicht einmal stimmt?

Wir haben uns in dieser Diskussion hauptsächlich auf Situationen konzentriert, bei denen etwas Festgelegtes mit einem Namen belegt wurde. Wonach richten wir uns eigentlich generell, wenn wir etwas sprachlich benennen, z.B., wenn wir Satz (69) äußern:

(69) **Nehmen Sie doch bitte diese Tasse.**?

Praktisch unbestritten ist, daß das Objekt, auf das der Sprecher/Schreiber mit dieser Äußerung referiert, eine Ähnlichkeit zu den Dingen aufweist, die er und andere aus seiner Sprachgemeinschaft schon früher »Tasse« genannt haben. Nachzufragen, worin denn nun diese Ähnlichkeit bestehe, wird meist als lästig empfunden. Bei der künstlichen Intelligenzforschung hängt die Erkennung von Gegenständen in erster Linie von Gestalteindrücken ab. Deshalb liegt bei meinem Beispiel die Vermutung nahe, daß die Gestalt des vorliegenden Objektes für die zu beurteilende Ähnlichkeit mit anderen Tassen eine wichtige Rolle spielt. Verlassen wir jedoch die Welt der Figuren in Geometrie und Topologie, bei der die Reduktion auf bestimmte Typen von Figuren, wie Kegel versus Pyramide, erfolgreich durchgeführt werden kann, dann sind selbst die Gestalten und Figuren nicht mehr so klar voneinander unterscheidbar. Es kommt sogar noch schlimmer: Einige Dinge, besonders solche mit beweglichen Teilen, unterliegen Transformationen und ändern somit ihre Gestalt immer wieder. Trotzdem erhalten sie in vielen Sprachen einen Namen. Im Deutschen können als Beispiele die Substantive **wolke, buch** und **klappfahrrad** angeführt werden. Die Gestalt einer soeben fixierten und vorbeiziehenden Wolke kann sich im nächsten Moment völlig verändern – ein beliebtes Spiel für Kinder da alle möglichen Formen hineinzuinterpretieren; ein Buch kann offen oder zugeklappt auf dem Tisch liegen und das Klappfahrrad in Aktion oder im Kofferraum des Autos unterscheidet sich ziemlich stark in seiner Erscheinung. Ausgangspunkt für irgendwelche Zusammenfassungen sind Urteile über konkrete Objekte, Vorgänge usw. Dies scheint plausibel und wird auch von Kutschera (1975, 190–195) und Lieb

(1980, 12−17) als Grundlage zur formalen Erfassung einer informellen und häufig angeführten Idee von Wittgenstein (1971, 56−58) über sogenannte Familienähnlichkeiten herangezogen. Solche formalen Modelle ursprünglich informeller Bemerkungen sind natürlich immer von Interesse, da sie konstruktiver Kritik gegenüber offener sind. Ob sie jedoch im Sinne von Wittgenstein selbst wären, steht für mich auf einem anderen Blatt; zudem bleiben von diesen Vorschlägen die eigentlich brennenden Fragen nach den bestimmenden Prinzipien der in den Modellen auch nur gesetzten Ähnlichkeitsurteile und nach der Tendenz zur Kategorienbildung überhaupt, völlig unberührt. Selbstverständlich drängen sich hier evolutionäre Erklärungen auf, da Kategorienbildung die fremde Wirklichkeit verständlicher machen hilft. Smith/Medin (1981) schreiben: »Concepts [...] give our world stability.« (1) Was davon als angeboren angesehen werden muß, bleibt dennoch reine Spekulation. Die zugrundeliegenden Urteile bilden sich wohl in einem *induktiven* Prozeß aus den bisherigen Beispielen heraus. Dieser Prozeß ist insofern dann auch nie völlig abgeschlossen. Damit wäre ebenfalls eventuell abweichenden Verwendungsweisen und der Veränderbarkeit der Bedeutungen sowohl beim Einzelnen als auch für die gesamte Sprachgemeinschaft Rechnung getragen. Die Annahme von induktiven Prozessen gilt praktisch für alle gängigen Ansätze in diesem Bereich. Dies findet der Leser in dem äußerst informativen und verständlich geschriebenen Artikel von Fodor/Garrett/Walker/Parkes (1980) bestätigt (278−280). Wichtig für unser Vorgehen ist dabei, daß hier eine überzeugende und durch einleuchtende Experimente unterstützte Attacke gegen jede Art von Zerlegungsansätzen, insbesondere gegen die lexikalische Dekomposition von Wörtern, vorgenommen wird. Aus welchen konkreten Erkenntnissen sich der induktive Prozeß zusammensetzt, ist schon schwieriger zu beantworten. Daß etwa alle Beispiele, denen man bisher begegnet ist, gleichgewichtig wären und einen gleich starken Eindruck hinterlassen hätten, kann man sich kaum vorstellen. Typische Beispiele, in meinem Fall von Tassen, haben sich wahrscheinlich aus der bisherigen Erfahrung herausgebildet und nur diese werden dann zum Vergleich herangezogen. Ist ein Kind, verglichen zu einem Kind, das zunächst ziemlich untypische Exemplare einer Kategorie vorgesetzt bekommt, von Anfang an den typischen, normalen Exemplaren einer Kategorie ausgesetzt, dann erleichtert dies zumindest anfangs die Lernsituation einer Kategorienbildung. Die typischen Beispiele werden dann auch bevorzugt zur Ähnlichkeitsbildung herangezogen. Dies fanden Mervis/Pani (1980) heraus. Vieles, was mit diesen typischen Beispielen zusammenhängt, ist ziemlich offen. Etwas später werde ich darauf noch zu sprechen kommen. Da wir alle unterschiedliche Erfahrungen und Kenntnisse haben, ergeben sich bei jedem bezüglich einzelner Gebiete unterschiedliche Genauigkeitsgrade für die typischen Beispiele, manchmal sogar völlig unterschiedliche Arten von typischen Beispielen. Bei Wörtern für Gegenstände, mit denen wir täglich umgehen – Tassen fallen darunter –, ist das vielleicht nur schwer einsehbar. Aber denken Sie nur an Substantive wie **rheuma** oder **geier**. Der jeweilige Sprecher/Schreiber sollte eigentlich bereits ein gewisses Maß an Wissen und Erfahrung über rheumatische Krankheiten oder Raubvögel mitbringen, um überhaupt über für ihn typische Beispiele für Rheuma oder Geier mitreden zu können. Der größere Zusammenhang muß erst einmal klar sein, bevor man sich über die Details unterhalten kann. Burckhardt (1982) erfaßt diese Intuition sehr gut, wenn er als Kernsinn für **wasser** im Deutschen »Flüssigkeit« und für **gold** im Deutschen »Metall« angibt (50). Ein so verstandener Kernsinn könnte den rahmenabsteckenden Aspekt für ein Wortfeld oder einen übergeordneten Ausdruck innerhalb der Hyponymie-Beziehung darstellen. Ist dieser größere Zusammenhang nicht gegeben, dann kann es zu Unverständnis oder sogar zu Streit kommen. Letzteres ergibt sich bei einer Begegnung eines Vogels mit einer Ente in einem musikalischen Märchen von Prokofieff (1979):

»Als der kleine Vogel die Ente sah, flog er hinunter, setzte sich neben sie ins Gras und plusterte sich auf: ›Was bist du für ein Vogel, wenn du nicht fliegen kannst?‹ sagte er, und die Ente erwiderte: ›Was bist du für ein Vogel, wenn du nicht schwimmen kannst?‹ und stieg ins Wasser. So stritten sie miteinander. Die Ente schwamm auf dem Teich, und der kleine Vogel hüpfte am Ufer hin und her.« (7)

Ich glaube, Sprecher als Mitglieder einer Sprachgemeinschaft sind sich über diese Gegebenheiten und damit einhergehende Verschiedenheiten sehr wohl bewußt, mehr jedenfalls als viele Linguisten und Philosophen ihnen zugestehen wollen. Wie solche individuellen Beschränkungen in der Sprachgemeinschaft und damit auch mögliche Variationen im Hinblick auf einen einheitlichen, lexikalischen Bedeutungsbegriff überwunden werden können, wird uns gleich noch beschäftigen. Sicherlich wird bei dem erwähnten induktiven Prozeß für Wörter, die Referenz zulassen, eine Organisation und Strukturierung von vorwiegend sensorischen Eindrücken vorgenommen. Geht diese Strukturierung in Richtung auf die Abstrahierung von »Unwichtigem« – und nach allem was wir uns im Zusammenhang mit der Diskussion der psychologischen Konzeption überlegt haben, muß es so sein –, dann führt dieser Prozeß letztlich auf das, was traditionellerweise in einem Bereich der Psychologie, so etwa bei Koffka (1935,

682), eine *Gestalt* genannt wurde. Der Prozeß der Abstraktion wird als Zug gemäß einer Prägnanztendenz interpretiert, wobei das Resultat eben eine Gestalt ist. Mit Gestalt kann nicht ernsthaft nur der umgangssprachliche, figürliche Sinn gemeint sein, falls für unsere Fragestellung überhaupt die Chance bestehen soll, diesen Begriff nutzbringend anzuwenden. Soviel haben wir bei den laufend veränderbaren Figuren für Substantive wie **buch** bereits gelernt. Die Frage nach dem Entstehen von Bedeutungen führte uns nun zu einem induktiven Prozeß über typische Beispiele, der in Gestalten endet. Diese Gestalten zeichnen sich vor allem durch die Abstraktion von »Unwichtigem« aus. Faszinierend bleibt trotzdem, daß bereits dem Kind selten unklar ist, worauf wir uns genau mit einer Benennung wie **tasse** beziehen. Neben der Tasse könnte ja etwa der Henkel oder die Untertasse in Frage kommen. Der bekannte Psychologe George A. Miller versucht in Miller (1982) eine Antwort: Dabei beruft er sich ebenfalls auf Gestaltprinzipien:

»[...] we must assume that their [gemeint sind die Kinder. P. R. Lutzeier] perceptual experiences are organized by the same principles as are adults. [...] their perceptions are organized into figure and ground [...]. Then we can assume the priority of the figure: in any stable perceptual field the most salient figure experienced from the perspective determined by the demonstration will be taken as the demonstratum, and the ground will be taken as its context.« (67/68)

Dazu paßt noch die Tendenz, Wörter für ganze Objekte vor den Wörtern für ihre Teile zu lernen (70). So rudimentär auch unsere Theorien über bestimmte Bereiche sein mögen, sie müssen die induktiven Prozesse bei der Herausbildung der Bedeutungen wohl steuern. Dies ist nicht allzuviel an Wissen über diese Fragestellungen und deshalb kommt Carey (1983) zu dem ernüchternden Ergebnis: »[...] we are left with the pessimistic proposal that the only constraints on inductive practices are the theories held at the moment of induction. The only constraints on natural concepts come from the entrenchment of concepts in theories currently held.« (141) An diesem Punkt angelangt, sind wir im Grunde nicht weiter, als wir bereits von der psychologischen Konzeption her wußten. Wollen wir uns nun nicht dem dortigen Vorwurf der völligen Vagheit aussetzen, müssen wir wohl oder übel versuchen, noch etwas mehr zum Bedeutungsbegriff auszusagen. Was mit den letzten Bemerkungen allerdings deutlich geworden sein sollte, ist folgendes: Obwohl ein Begriff wie »Gestalt« zunächst auch nicht mehr als eine Metapher ist, hat die Psychologie im Bereich der Gestaltpsychologie Begrifflichkeiten entwickelt, die offensichtlich auch nutzbringend auf Probleme des Bedeutungsbegriffs anwendbar sind. Dies bestätigt meinen früheren Hinweis, daß im Grunde viele Disziplinen zusammenarbeiten müssen, um eine letztlich befriedigende Erklärung des Bedeutungsbegriffes erzielen zu können.

Was der Sprecher/Schreiber nun in der jeweiligen Situation eine Tasse nennt, muß den Kriterien genügen, die sich aus seiner Vorstellung von Tassen im Hinblick auf die durch die Situation bestimmten Interessen ergeben. Die Vorstellung von Tassen und somit wohl einige Kriterien werden variieren, je nachdem, ob das Interesse für Tassen etwa in ihrer Verwendung als Trinkgefäß zum Frühstück oder als Trinkgefäß am Ende einer längeren Speisenfolge besteht. Diese Interessenabhängigkeit erklärt vor allem die bei der Diskussion der Merkmalsbeschreibungen gefundene Tatsache, daß es keine nicht-trivialen Eigenschaften gibt, die einer Tasse notwendigerweise zukommen. Die jeweilige Vorstellung von (in der in Frage kommenden Situation normalen) Tassen nennen wir mit Putnam (1975 b) ein *Stereotyp:* »In ordinary parlance a ›stereotype‹ is a conventional (frequently malicious) idea (which may be wildly inaccurate) of what an X looks like or acts like or is.« (169) So ein Stereotyp entsteht durch Abstraktion. Dies können wir nach meinen bisherigen Ausführungen erwarten und es wird in dem interessanten und einflußreichen Artikel Rosch (1973) bestätigt: »[…] subjects appear to operate inductively by abstracting a ›prototype‹ (a central tendency) of the distribution […], a ›prototype‹ which then appears to ›operate‹ in classification and recognition of instances.« (113) Obwohl Rosch mit ihren Experimenten herausfand, daß es für die Elemente einer Kategorie im Hinblick auf die Repräsentantenfunktion für die gesamte Kategorie klare Abstufungen gibt – so ist »robin« ein sehr viel besseres Beispiel für die Kategorie »bird« als »penguin« –, zögere ich ihren Schluß nachzuvollziehen, daß es sich hier um Prototypikalität in irgend einem absoluten Sinne handelt. Meiner Meinung dienen irgendwelche »normalen« Kontexte, die von Subjekt zu Subjekt zwar variieren mögen, aber sich insbesondere bei Angehörigen aus demselben Kulturbereich – wie bei den Experimenten der Fall – kaum drastisch unterscheiden, als Grundlage für solche Bewertungen. Umgangssprachlich zunächst beschrieben wird ein Stereotyp, das ja die typischen Beispiele bezüglich eines Gesichtspunktes bestimmt – die »Paradigmen« bei Black (1954, 29) –, aber eben nicht die Extension als Ganzes, wohl am besten mit Hilfe einer Menge von Eigenschaften, was man dann auch als eine Merkmalsbeschreibung verstehen kann. So ist bei Carroll (1962):

»›You're serpent; and there's no use denying it. I suppose you'll be telling me next that you never tasted an egg!‹. ›I have tasted eggs, certainly‹, said Alice, who was a very truthful child; ›but little girls eat eggs quite as much as serpents do, you know.‹ ›I don't believe it‹, said the Pigeon; ›but if they do, why then they're a kind of serpent, that's all I can say.‹« (75)

klar, daß für die arme Taube in der Vorstellung von Schlangen im Hinblick auf den Gesichtspunkt »Gefahr bringend« das Fressen von Eiern das entscheidende Kriterium ist. Eine solche Merkmalsbeschreibung des Stereotyps liefert die relevanten Kriterien für die Bestimmung der normalen Mitglieder. Da diese Merkmalsbeschreibung, auch nach dem Selbstverständnis des jeweiligen Sprechers/Schreibers, noch nicht einmal eine Bestimmung der Extension für das fragliche Wort liefern kann, sollte eine so verstandene Merkmalsbeschreibung des Stereotyps natürlich auch nicht mit der Bedeutung des jeweiligen Wortes verwechselt werden! Bierwisch (1983a) dagegen scheint eine Verbindung zu sehen, wenn er – ohne konkrete Beispiele allerdings – vorschlägt, Stereotypen als Merkmalskonfigurationen mit neutralen Werten einzuführen. Je spezifischer die Werte für Elemente angenommen werden müssen, um so weniger typisch sollen diese Elemente für die gesamte Kategorie sein (61). Vorbild hierfür ist ein linguistischer Markiertheitsbegriff, wobei mir jedoch für den Anwendungsbereich der neutrale Ausgangswert nicht einleuchten will. Nehmen wir etwa die Kategorie »Vogel« mit einem unspezifizierten Merkmal »kann fliegen«. Nun muß dieses Merkmal sowohl für das Element »Amsel« als auch für das Element »Penguin« spezifiziert werden; für »Amsel« offensichtlich positiv und für »Penguin« offensichtlich negativ. Welches der beiden Elemente ist dann das markierte oder das in höherem Maße markierte und damit weniger typische Element? Unabhängig von den zu erwartenden Problemen mit Merkmalsbeschreibungen für Bedeutungen überhaupt, scheint dieser Vorschlag zusätzlich Schwierigkeiten mit sich zu bringen.

Auf etwas ganz anderes kommt es mir an: Ein einzelner Sprachteilnehmer kann durchaus verschiedene Stereotypen mit dem selben Wort verbinden, je nach den Gesichtspunkten, die eine Rolle spielen. Man denke an das Substantiv **doktor** im Deutschen im medizinischen Sinne. Das Stereotyp, das ein Sprecher eines Idiolekts des Deutschen diesem Wort unter dem Gesichtspunkt »Status und Besitz« zuordnet, ist wahrscheinlich verschieden von dem Stereotyp, das dieser Sprecher diesem Wort unter dem Gesichtspunkt »berufliche Fähigkeiten« zuordnet. Den Status und Besitz berücksichtigend, finden wir wahrscheinlich Eigenschaften wie »hoch angesehen«, »unverzichtbar für die Gesellschaft«, »hohe Einkommen erzielend«; für die beruflichen Fähigkeiten werden dagegen wohl Eigenschaften wie »hohe Belastbarkeit«, »in heiklen Situationen klaren Kopf bewahrend«, »Interesse an Menschen« wichtig. Auch das Stereotyp für

pflaume beim Gesichtspunkt »nicht reifes Stadium« wird als Kriterium der Farbe »grünlich« liefern, während das Stereotyp für **pflaume** beim Gesichtspunkt »reifes Stadium« für die Farbe »dunkelblau«, »lila« bestimmt. Diese Möglichkeit, für einen Sprachteilnehmer mehrere Stereotypen mit einem Wort zu verbinden, wobei die jeweilige Auswahl vom Gesichtspunkt, den Interessen usw. abhängt, möchte ich ausdrücklich zulassen. Wüßten wir, was ein Stereotyp wirklich ist, wäre es für einzelne Wörter eine empirische Frage, wieviel Stereotypen ein Sprachteilnehmer benutzt. Hampton (1981, 152) erwägt bei abstrakten Begriffen wie etwa »Regel« zumindest die Möglichkeit von einer Anzahl unterschiedlicher Vorstellungen. Klare Hinweise auf die Variabilität von typischen Exemplaren für die Kategorien in Abhängigkeit vom Kontext, was ja dann mit unterschiedlichen Vorstellungen – Stereotypen – zu diesen Kategorien einhergehen würde, geben dagegen Roth/Shoben (1983). Was als typisches Beispiel außerhalb eines Kontextes für eine Kategorie zählen mag – ob dies überhaupt ein sinnvolles Konzept ist, habe ich bereits in Frage gestellt –, muß bezüglich eines bestimmten Kontextes noch lange nicht als typisch gelten. Als Beispiel aus dem Artikel (349): Für die Kategorie »Vogel« würde für einen Angehörigen der amerikanischen Sprachgemeinschaft das Rotkehlchen mit zum typischsten Exemplar zählen. Für den Kontext

(70) **The bird walked across the barnyard.**,

wäre dagegen eine Fortsetzung mit

(71) **The robin was larger than average.**,

sehr viel überraschender als die Fortsetzung mit

(72) **The chicken was larger than average.**

Das Stereotyp im Bauernhofkontext für Vogel ist also nicht mehr auf die Vorstellung eines Rotkehlchens und ähnlicher Vögel zugeschnitten. Die Autoren arbeiten mit einer durch drei Experimente bestätigten Restrukturierungs-Hypothese, wonach je nach Kontext sich eine unterschiedliche Prototypikalitätsverteilung für die jeweilige Kategorie ergibt: »[...] the present results indicate conclusively that instantiation (i. e., expecting a particular exemplar as the referent of a category term) is not universal.« (375) Obwohl sich auch Bierwisch (1982) gegen ein einzelnes Stereotyp wendet, brauchen wir deshalb nicht von diesem Begriff Abschied zu nehmen, wie er anzustreben scheint: »Instead by a fixed and uniform stereotype, a concept will [...] be represented by a flexible schema of distinctions emerging from the principles in terms of which experience is accomodated.« (9) Die hier erwähnte Flexibilität kann trotz der Heranziehung des Begriffes ›Stereotyp‹ für den Bedeutungsbegriff garantiert werden. Wiederholen wir noch einmal die Funktion eines bezüglich eines Gesichtspunktes ausgewählten Stereotyps für ein bestimmtes Wort, wie z.B. **tasse**. Das Stereotyp etwa für den Gesichtspunkt »Trinkgefäß zum Frühstück« bestimmt die Kriterien für die für den jeweiligen Sprachteilnehmer typischen, normalen Mitglieder derjenigen Objekte, die für den Sprachteilnehmer unter das Wort **tasse** im Deutschen bei besagtem Gesichtspunkt fallen. M.a.W., es geht hier um typische, in ihrer Erscheinung grober wirkende Frühstückstassen im Gegensatz zum Stereotyp unter dem Gesichtspunkt »Trinkgefäß am Ende einer längeren Speisenfolge«, bei dem es eher um typische, in ihrer Erscheinung delikater wirkende Mokkatassen geht. Die Modifikation mit »typisch« und »normal« ist wichtig, da sich die Sprachteilnehmer im allgemeinen bewußt sind, daß ihre Kriterien nicht allen Elementen der Extension für die sprachliche Form zukommen müssen; in unserem Beispiel also nicht allen Frühstückstassen bzw. nicht allen am Ende einer längeren Speisenfolge verwendeten Kaffeetassen. Stereotypen sind also Vorstellungen, die normale, typische Mitglieder bestimmen. Normalitätsurteile brauchen selbstverständlich nicht mit Qualitätsurteilen einhergehen. Die Frage nach den besten Bundesligaspielern im Fußball ergibt etwa eine Liste von Personen als Antwort, die Qualitäten aufweisen, die über die Eigenschaften eines normalen, typischen Bundesligaspielers weit hinausgehen. Auf die Notwendigkeit einer solchen Unterscheidung weist Lakoff (1982, 27) in seinem insgesamt sehr lehrreichen Aufsatz hin.

Wir alle wissen aus eigener Erfahrung, daß verschiedene Sprachteilnehmer/-innen einem Wort bei festgelegtem Gesichtspunkt immer noch unterschiedliche Stereotypen zuordnen können. Dennoch mag dies die Kommunikation nicht weiter stören, insbesondere dann nicht, wenn sich die Sprachteilnehmer/-innen über die typischen, normalen Mitglieder einig sind. Die Tendenz einer weitgehenden Übereinkunft über die typischen Beispiele fanden Kay/McDaniel (1978) bei den Farben voll bestätigt. Man sollte aber vermeiden, dieses Ergebnis ohne nähere Untersuchungen auf andere, nicht perzeptuelle Bereiche auszuweiten. Zur Vorsicht mahnen auch bemerkenswerte individuelle Unterschiede bei der Beurteilung von Vergleichen etwa zwischen der Röte eines Feuerwehrautos und der Röte eines Sonnenbrandes, die Halff/Ortony/Anderson (1976, 382) bei ihrer Untersuchung zur Bedeutung von **red** im Englischen zu ihrer eigenen Überraschung herausfanden. Der umgekehrte Schluß, von einheitlichen typischen Referenten auf die verwendeten Kriterien, darf dagegen auf keinen Fall gemacht werden. So wie ich die Bezeichnung »Stereotyp« bisher gebraucht habe, handelt es sich bei Stereotypen um etwas Individuelles und sicherlich Mentales. Oft sind Stereotypen so, daß die jeweiligen Sprachteilnehmer/-innen unheilvolle Dinge aus ihnen ableiten. Als bekanntes Beispiel erwähne ich das Substantiv **student**. Bei einigen Sprachteilnehmern des Deutschen würde bezüglich des Gesichtspunktes »Verhalten« Eigenschaften wie »faul«, »Krawallmacher« und »Schmarotzer der Gesellschaft« aus dem dazugehörigen Stereotyp folgen. Stereotypen sind nach Schaff (1984, 89) mehr oder weniger stark emotional beladen. Damit mag auch einiges, was traditionell zum *Konnotationsanteil* bei der Bedeutung gezählt wird, unter die Stereotypen fallen. Mehr Erläuterungen zu solchen individuellen Stereotypen darf man hier nicht erwarten. Dies ist vielmehr eine reizvolle und durchaus noch zu bewerkstelligende Aufgabe für die *Psycholinguistik*. Lakoff (1982) hebt ebenfalls hervor, daß wir mit Hilfe von Stereotypen andere Menschen klassifizieren: »[...] the most horrible of abuses have resulted: slavery, genocide, repression and discrimination of all sorts. The use of stereotypes is not about to disappear. [...] The question is not whether people will use stereotypes to categorize, but which ones they will use.« (2) Ein Ansatzpunkt für ein verbessertes Zusammenleben in multikulturellen Gesellschaften kann darin gesehen werden, wenn wir erst einmal genauer wissen, was die Mitglieder voneinander denken. Dies ist ein Punkt, der zu den Punkten paßt, die ich für die Relevanz einer linguistischen Semantik angeführt habe.

Als Hauptunterschied zur psychologischen Konzeption stellt sich bisher heraus, daß wir beim Sprecher/Schreiber nicht nur ein wie auch immer geartetes mentales Bild ansetzen, sondern ausdrücklich die Möglichkeit mehrerer solcher mentaler Bilder – Stereotypen genannt – vorsehen. Die Anzahl hängt insbesondere von der Streuung der für den Sprecher wichtigen Gesichtspunkte und von dem Kenntnisstand über den angesprochenen Bereich ab. Zusätzlich verlangen wir von diesen Stereotypen nichts unmögliches, wie die Bestimmung der Extension etwa; sie bestimmen einzig die für den Sprecher typischen Beispiele unter festgelegten Gesichtspunkten. Mit dieser Erweiterung läge nun nahe, als *individuelle* Bedeutung der sprachlichen Form **w** bzw. als Bedeutung der sprachlichen Form **w** in einem Idiolekt der jeweiligen natürlichen Sprache S die Menge der für die Form **w** in frage kommenden individuellen Stereotypen anzusetzen. Johnson-Laird (1982) scheint sich auch mit der Ebene der Stereotypen zufriedenzugeben: »[...] stereotypes rather than sets of necessary and sufficient conditions are our only mental bagagge for many terms.« (21) Als Verbesserung gegenüber der psychologischen Konzeption kann diese Menge von Stereotypen sicherlich gelten, ob es allerdings für die Erklärung eines Bedeutungsbegriffes akzeptabel ist, muß noch eingehender untersucht werden. Eines fällt sofort auf: Die Elemente in jeder Menge sind ungeordnet, die Reihenfolge spielt für die Menge als Ganzes überhaupt keine Rolle. Daß nun Stereotypen einer sprachlichen Form in völlig ungeordneter Weise zu einer Menge zusammengefaßt werden, scheint wenig wahrscheinlich. Verschiedene Stereotypen rühren ja von unterschiedlichen Gesichtspunkten her und im Bereich der Gesichtspunkte gibt es für jeden Sprecher/Schreiber sicherlich eine Anordnung gemäß den persönlichen Interessen. Diese Interessen mögen etwa das Gewicht der einzelnen Gesichtspunkte bestimmen. Stereotypen, die Resultate relevanterer Gesichtspunkte sind, sollten irgendwie »näher« liegen und die dadurch bestimmten typischen Beispiele einen größeren Vertrautheitsgrad aufweisen. Selbstverständlich sind dies nichts anderes als Hypothesen, in erster Linie, weil wir ja noch nicht einmal genau wissen, was Stereotypen sein sollen. Eine naheliegende Anordnung in der Menge der Stereotypen würde nichts anderes heißen, als eine strukturierte Menge anzunehmen, zunächst im Sinne von: die Menge der Stereotypen hat eine Struktur; wobei diese Struktur nach den persönlichen Interessen ausgerichtet ist. Gibt es weitere Argumente, die eine solche Redeweise unterstützen? Stellen wir uns folgende Situation vor: Bezeichnungen für Kinderkrankheiten stehen zur Debatte. Vielen Mitgliedern der deutschen Sprachgemeinschaft sind zwar die meisten sprachlichen Formen, die zur Bezeichnung von Kinderkrankheiten dienen, durchaus geläufig; mit detaillierten Kenntnissen über die einzelnen Krankheiten ist es dagegen meist nicht allzu weit her. So sind für Hans die Substantive **masern** und **röteln** bekannt, ebenso weiß er, daß beide Formen im Deutschen Kinderkrankheiten bezeichnen und zwar unterschiedliche. Auf Befragen muß er jedoch gestehen, daß er sich völlig im unklaren darüber ist, worin die Unterschiede zwischen beiden Krankheiten bestehen. Stereotypen, die Hans der Form **masern** unter verschiedenen Gesichtspunkten zuordnet, dienen dazu, Kriterien für Hans zu liefern, um die Krankheitsformen zu bestimmen, die für Hans typische Formen von Masern bei besagten Gesichtspunkten sind. Ebenso dienen die Stereotypen, die Hans der Form **röteln** unter verschiedenen Gesichtspunkten zuordnet, dazu, Kriterien für Hans zu liefern, um die Krankheitsformen zu bestimmen, die für Hans typische Formen von Röteln bei besagten Gesichtspunkten sind. Das Wissen, daß Unterschiede in beiden Krankheitsformen bestehen, kann nun bei den Stereotypen selber nicht zum Tragen kommen, denn Hans kann ja nicht angeben, worin die Unterschiede zwischen Masern und Röteln bestehen. Theoretisch ist damit der Fall naheliegend, daß alle für Hans für die Form **masern** in Frage kommenden Stereotypen auch Stereotypen für Hans für die Form **röteln** sind und umgekehrt. Zwei solche Stereotypen lassen sich leicht angeben: Ein Stereotyp ergibt sich bei dem Gesichtspunkt »Krankheitsbild«. Davon mag Hans die folgenden Kriterien ableiten: »rotfleckiger Ausschlag, der hinter den Ohren beginnt« und »Fieber«. Ein weiteres Stereotyp liefert der Gesichtspunkt »Behandlung«. Dies führt Hans zu den praktisch selbstverständlichen Kriterien »Bettruhe« und »Kontrolle durch den Arzt«. Die Erklärung des Bedeutungsbegriffes mit Hilfe einer Menge von der jeweiligen sprachlichen Form zugeordneten Stereotypen würde bei der geschilderten Situation für die Substantive **masern** und **röteln** im Idiolekt von Hans identische Bedeutungen vorhersagen. Dieses Resultat steht meiner Meinung nach in offensichtlichem Widerspruch zu der Tatsache, daß er sich über einen Unterschied zwischen beiden Krankheiten, worin dieser auch im Einzelnen bestehen mag, bewußt ist. Das Wissen von Hans über dieses empirische Faktum sollte auch für die sprachliche Bedeutung in dem Idiolekt von Hans zum Tragen kommen; keine Überraschung mehr nach meiner früheren Diskussion über die Unmöglichkeit einer Trennung zwischen sprachlicher und nichtsprachlicher Bedeutung. Nur mit etwas Zusätzlichem über die bloße Menge von Stereotypen hinaus, können wir nun die verschiedenen Bedeutungen garantieren. Als Zusätzliches, zur Komplettierung der Bedeutung für Hans, scheint geeignet, was die Stereotypen in der Menge organisiert und strukturiert. D. h. das Wissen über die Verschiedenheit von Masern und Röteln müßte in einer unterschiedlichen Organisation der ansonsten identischen Stereotypen resultieren. Die hier nur verbal anzugebenden Klammern der identischen Mengen der Stereotypen sind für **masern**: »Es besteht ein Unterschied zu Röteln« und für **röteln**: »Es besteht ein Unterschied zu Masern«. Die Möglichkeit verschiedener Interessenlagen ließ dieses Ergebnis einer Menge von Stereotypen, die eine Struktur hat, gleich anfangs erwarten. Das mit der jetzigen Überlegung gefundene gleiche Ergebnis kann uns also nicht überraschen. Interessanterweise stellte bereits Wegener (1885, 47) den Gesichtspunkt der Ordnung der von ihm als Bedeutungen angesetzten Vorstellungen in den Vordergrund.

Die lexikalische Bedeutung »an sich« in der Sprachgemeinschaft, zu der Hans mit seinem betrachteten Idiolekt zählt, bestimmt die Extension der Wörter. Damit kann umgekehrt aus unterschiedlichen Extensionen automatisch auf unterschiedliche lexikalische Bedeutungen »an sich« geschlossen werden. Da es jedoch bei meiner Diskussion im Augenblick um die Bedeutung von Wörtern im Idiolekt von Hans ging, habe ich für die Substantive **masern** und **röteln** diesen Schluß nicht angewandt. Bei relativ unproblematischer Zuordnung der Redeweise »Etwas hat eine Struktur« können wir auch den Schritt zur Redeweise »Etwas ist eine Struktur« wagen; soviel wissen wir seit Abschnitt 2.2. Wäre ein solcher Schritt bereits gerechtfertigt? Ich glaube nein. Mit der vorgeschlagenen Strukturzuordnung, bei der die Stereotypen die Teile der Struktur sind – wobei diese als Menge mit dem Bewußtsein gesetzt sind, daß es sich allesamt um Stereotypen derselben sprachlichen Form handelt – und die Beziehungen der Stereotypen gemäß der Ordnung der Gesichtspunkte und dem Wissen über die Welt erfolgen, haben wir einfach zu wenig Erfahrung. Wie wir gesehen haben, steckt die Psycholinguistik, selbst was die Erforschung einzelner Stereotypen angeht, noch in den Kinderschuhen. Aus diesem Grunde formuliere ich meine Ergebnisse zum Bedeutungsbegriff besser als Thesen:

Thesen zur individuellen Bedeutung:
S sei ein Idiolekt; **w** ein Wort in S; P eine Person, die Idiolekt S beherrscht.

a) Die Bedeutung von **w** in S für P ist eine mentale Struktur.

b) Die Bedeutung von **w** in S für P hat eine mentale Struktur über P-individuelle Stereotypen. Die P-individuellen Stereotypen sind die Teile der Struktur und die Beziehungen der Stereotypen ergeben sich aus P's Gesichtspunkten und P's Wissen über die Welt.

Wir müssen bei den Festlegungen Personen von Idiolekten unterscheiden, da eine Person natürlich verschiedene Idiolekte beherrschen kann. Ferner sind in der These b) nur Stereotypen der betreffenden Person gefragt. Über These a) kann prinzipiell nichts weiter gesagt werden. Dies ergibt sich aus meinen Erörterungen zum Strukturbegriff. Sie kann insgesamt nur plausibler werden, wenn wir mehr und mehr Erkenntnisse über These b) gewinnen.

Bedeutung ist somit nicht bloß eine Menge. Insofern greift mir auch Suppes (1980, 28) zu kurz, wenn er sich mit einer Menge von Anwendungsprozeduren zufriedengibt. Mit der Auffassung von Bedeutung als einer Struktur haben wir eine *ganzheitliche* Auffassung von Bedeutung angenommen. Dies ist für mich erkenntnistheoretisch die einzig plausible Weise, wie Bedeutungen erfaßt werden können und wie sie im Zusammenhang mit Wörtern aktiviert werden. Wir erfahren tagtäglich, daß z.B. Gegenstände und Vorgänge als Ganzes einfacher zu verstehen sind als irgendwelche Teile von ihnen. So denke man an den Vorgang »ein Victory-Zeichen machen« oder »die Zunge herausstrecken« und an den Versuch, diese Vorgänge in einzelne Handlungen »sinnvoll« zu zerlegen. Die Verarbeitung visueller Eindrücke ist gerade ein beliebtes Modell auch für das Umgehen mit Bedeutungen. Dies ist keineswegs abwegig, wenn man sich mit Porzig (1971, 209/210) darüber klar wird, daß alle Sprachen unanschauliche Verhältnisse in Visuelles und Räumliches übersetzen.

Vielleicht erinnern Sie sich, im Zusammenhang mit der sprachlichen Form **tasse** im Deutschen erwähnte ich, daß für einige Psychologen die Organisation von sensorischen Eindrücken in Richtung auf eine Gestalt hin führt. Nun haben wir einmal herausgefunden, daß Bedeutungen für eine Person bestimmte Strukturzuordnungen zulassen, zum andern sahen wir eben die Beziehungen zwischen dem Umgehen mit Bedeutungen und bildhaften Vorstellungen. Beim Begriff *Gestalt* schwingt dies alles mit. Ferner versteht Grossmann (1974) Gestalten gerade als Strukturen (63). Was liegt also näher als der Hinweis auf Zusammenhänge mit meiner Idee von Bedeutungen und dem Gestaltbegriff? Nun ist es leider nicht so, daß sich die Gestaltpsychologen – geschweige denn andere Psychologen – einig wären, was denn genau Gestalten seien. Es wird also noch weiterer Bemühungen in der Psychologie bedürfen, ehe Linguisten in dieser Hinsicht aus dem Vollen schöpfen können. Im folgenden möchte ich jedoch einige Eigenschaften von Gestalten angeben, die vermutlich bei der Verwendung des Gestaltbegriffes zur Erklärung des Bedeutungsbegriffes nützlich sind:

1. Eine Gestalt als Ganzheit kann selbstverständlich Teile haben, die als Teil des Ganzen aufgefaßt, eine spezielle Bedeutung oder Funktion erhalten.

Denken Sie an die Schreibmaschinentype 1, die je nach Zusammenhang oder Gestalt als Buchstabe l, z.B. in **feld**, oder als Zahl 1, z.B. in 10, interpretiert wird. Für meine Auffassung von Bedeutung können wir den Einfluß des Ganzen auf das Verständnis einzelner, unter einer Struktur zusammengefaßter Stereotypen sehen. Das Beispiel mit Stereotypen, die sowohl für das Substantiv **masern** im Deutschen als auch für das Substantiv **röteln** im Deutschen in Frage kommen, ist hier einschlägig, da erst aus dem Ganzen heraus ihre unterschiedliche Anordnung in der jeweiligen Struktur resultiert.

2. Je nach Gesichtspunkt kann man Teile aus der Gestalt aussondern, aber die Gestalt läßt sich nicht als einfache Kombination der Teile auffassen.

Das Zitat von Arnheim (1961) verdeutlicht diese berühmte Eigenschaft: »We do not say: the whole is ›more‹ than the sum of the parts; we prefer to assert that the whole is ›something else‹ than the sum of its parts.« (91) Dies ist genau der Aspekt, dem eine Zerlegung der Bedeutung in Merkmale nicht gerecht werden kann. In der Konzeption der Komponentialanalyse fehlt jegliche Vorsorge für eine Klammer, die die Strukturierung der Teile leisten könnte. Bei meiner ganzheitlichen Auffassung dienen die Gesichtspunkte und das Wissen über die Welt hierzu.

3. Eine Gestalt kann eine Eigenschaft besitzen, die keine seiner Teile besitzt.

Grossmann (1974) bringt das Beispiel eines Quadrats A, das aus 4 Dreiecken zusammengesetzt ist (vgl. Figur 3):

Figur 3

 A

»[...] A has the property of being square, even though none of its spatial parts has this property.« (63) Selbstverständlich hängt diese Eigenschaft von Gestalten eng mit der unter 2. formulierten zusammen. Als linguistisches Beispiel können wir wieder zu meinem Gedankenexperiment mit den Substantiven **masern** und **röteln** im Deutschen zurückgehen. Sind die einzelnen Stereotypen jeweils bei beiden Substantiven für Hans präsent, dann ist das Wissen von Hans über die Existenz von Unterschieden nur der Bedeutung selbst zuzuordnen, nicht aber den Stereotypen als Teile der Struktur.

4. Gestalten können Relationen zu anderen Gestalten eingehen.

Auch der Wortschatz eines individuellen Sprachteilnehmers läßt Strukturzuordnungen im Sinne der semantischen Relationen zwischen Wörtern, wie Hyponymie-Relation oder Inkompatibilitäts-Relation, zu. Solche semantischen Relationen müssen ja jeweils auf einen Aspekt als Bedeutungsrahmen relativiert werden. Dies ist ein weiterer Hinweis darauf, daß wir mit der Annahme einzelner Stereotypen für die Bedeutungen von Wörtern nicht sehr erfolgreich sein könnten. Hierzu passen ebenfalls Ergebnisse der Psychologie über Prototypikalitätsverteilungen bei Taxonomien. So fanden Roth/Mervis (1983): »[...] the GOE [goodness of example. P. R. Lutzeier] of an exemplar in categories at different levels within a taxonomy is determined independently.« (524) Ist etwa x typischer als y für eine Kategorie, dann kann durchaus y typischer als x für eine allgemeinere Kategorie sein. Beispiele hierfür sind: Für die Kategorie »bed« ist »cot« typischer als »sofa-bed«, während für die übergeordnete Kategorie »furniture« »sofa-bed« typischer als »cot« ist (518). Analog ist »blueberry« typischer als »cherry« für die Kategorie »berry«, dagegen ist »cherry« für die übergeordnete Kategorie »fruit« ein typischeres Exemplar als »blueberry« (520). Im Hinblick auf verschiedene Hierarchieebenen können eben unterschiedliche Stereotypen bestimmend für das betrachtete Wort sein. Diese Art von Flexibilität ist für natürliche Sprachen typisch; allerdings ein Ärgernis für jeden, der versucht, formale Beschreibungen zu liefern, da wir bisher keine formalen Mittel kennen, um sie adäquat zu erfassen.

5. Falls es »Hintergrund«-Eigenschaften gibt, dann werden sich diese in Opposition zueinander stehende Gestalten teilen.
Die Absetzung von Figur gegenüber einem Grund hat schon immer eine wichtige Rolle für die Gestalttheorie gespielt. Von der Inkompatibilitäts-Relation her ist nun ebenfalls bekannt, daß »in Opposition zueinander stehen« nur bezüglich eines feststehenden Bedeutungsrahmens sinnvoll ist.

Die Tendenz zu einer ganzheitlichen Konzeption von Wortbedeutungen fanden Quasthoff/Hartmann (1982) in ihrer interessanten Studie über Bedeutungserklärungen von einigen Substantiven. Die ganzheitliche Konzeption der Bedeutung vermeidet schließlich die meiner Meinung nach theoretisch unfruchtbare Trennung in kontextunabhängige Eigenschaften und kontextabhängige Eigenschaften von Begriffen. Barsalou (1982) beschäftigte sich mit dieser Frage. Er fand zwar signifikant kürzere Reaktionszeiten für angenommen kontextunabhängige Eigenschaften bei damit zusammenhängenden Kontexten im Vergleich zu damit nicht zusammenhängenden Kontexten (86). Ein Beispiel zur Verdeutlichung sei angeführt: Für den Begriff »roof« und der angenommen kontextabhängigen Eigenschaft »can be walked upon« ein damit zusammenhängender Kontext:

(73) **The roof creaked under the weight of the repairman.**, und ein damit nicht zusammenhängender Kontext:

(74) **The roof had been renovated prior to the rainy season.** (84).

In der ganzheitlichen Konzeption resultieren solche Eigenschaften eben aus »entfernteren« Stereotypen, die nichtsdestotrotz unter bestimmten Gesichtspunkten gerade relevant werden können und dabei eventuell einige als kontextunabhängig angesehene Eigenschaften völlig außer acht lassen. Deutet umgekehrt der Kontext, wie bei (74), nicht auf ein Stereotyp hin, das die fragliche Eigenschaft beinhaltet, dann muß erst ein geeignetes Stereotyp aufgebaut werden. Ferner ist zu berücksichtigen, daß im Unterschied zu den Testsituationen im Alltag die Gesichtspunkte nicht erst mit der Äußerung des Satzes sozusagen aus dem Nichts heraus festgelegt werden, sondern ein als relevant angesehener Hintergrund meist bereits feststeht und die einzelne Äußerung die Aufmerksamkeit nur noch auf Ausschnitte daraus lenkt. Soweit der etwas spekulative Ausflug in die Welt der Gestalten. Ich fasse jetzt noch einmal die Resultate über individuelle Bedeutungen in Form eines Diagrammes zusammen.

D 19

S sei ein Idiolekt; P ein Sprecher des Idiolekts S; **w** ein Wort in S; b eine Bedeutung.

»bedeutet für P in S«

w ⟶ b: b ist eine mentale Struktur

»erlaubt eine Zu-
ordnung von« (im
Sinne von »b hat die
und die Struktur«)

𝔖: Struktur über P's Stereotypen für **w** in S (In-
terpretation als Gestalt
naheliegend)

»P refe-
riert nach
seinem Ver-
ständnis mit **w**
in S unter dem
Gesichtspunkt G im
Kontext c außerhalb
Benennungsakten auf«

»evoziert bei P unter
dem Gesichtspunkt G«

St (b, 𝔖, G): ein Stereotyp aus 𝔖 bei G

»bestimmt für P unter
dem Gesichtspunkt G im
Kontext c«

R (**w**, G, c): typische Mitglieder für **w**
bei G in c als Referenten

Sowohl die Bedeutung b als auch die Struktur 𝔖, die die Bedeutung hat, sind etwas Nicht-Sprachliches. Eine Bedeutungsumschreibung wird sich aber über die natürliche Interpretation an der Struktur 𝔖 orientieren. Natürlich wird eine solche Bedeutungsumschreibung nur in den wenigsten Fällen ganz 𝔖 erfassen; wahrscheinlich nur in den Fällen, bei denen P nur eine ganz vage Vorstellung über die Bedeutung des fraglichen Wortes hat. In allen anderen Fällen ist selbst die Struktur 𝔖 noch zu komplex, um sie sprachlich erfassen zu können. Hier wird sich die Bedeutungsumschreibung in der möglichst detaillierten Angabe von einigen Stereotypen mit Festlegung der dazu wichtigen Gesichtspunkte erschöpfen. Auch für die Ermittlung von Wortschatzstrukturen müssen wir uns auf vorgegebene semantische Aspekte – sprich Gesichtspunkte – konzentrieren. Nach Festlegung eines geeigneten Gesichtspunktes kommt aber nur noch ein Stereotyp in Betracht, womit unsere Bedeutungsumschreibungen Grundlage für die Ermittlung von individuellen Wortschatzstrukturen liefern sollten. Falls Sie sich erinnern; dies war für mich ein wichtiger Punkt. Ebenso spielt im jeweiligen Kontext bei geeignetem Gesichtspunkt jeweils nur ein einzelnes Stereotyp eine Rolle. Die Bedeutung als Ganzes, bei uns potentiell sehr umfassend, da wir eine Trennung von sprachlicher und nicht-sprachlicher Bedeutung verwarfen, muß also auch in der Äußerung überhaupt nicht vollständig aufgebaut werden. Deshalb glaube ich, neben der Erfüllung unserer theoretischen Anforderungen, ein einigermaßen realistisches Modell vorgelegt zu haben.

Die bis jetzt erfaßte Bedeutung eines Wortes für die Person P kann nicht mit der lexikalischen Bedeutung »an sich« dieses Wortes in der Sprachgemeinschaft X, der P mit seinem Idiolekt S angehört, identifiziert werden. Unter anderem deshalb nicht, weil die P-individuellen Stereotypen für das Wort normalerweise alles andere als sichere Kriterien zur Bestimmung der jeweiligen Extension abgeben. Ein extremes Beispiel war der Fall von Hans im Hinblick auf die Substantive **masern** und **röteln** im Deutschen. Seine individuellen Stereotypen lieferten keine Kriterien für eine Unterscheidung. Dennoch ist sich Hans mit seinem Wissen, daß zwischen Masern und Röteln ein Unterschied besteht, im klaren darüber, daß die Extension von der Form **masern** im Deutschen eben die Menge der Krankheitsformen von Masern und die Extension von der Form **röteln** im Deutschen eben die Menge der Krankheitsformen von Röteln sind und diese Mengen in der Realität einen leeren Durchschnitt haben. Um Extensionen näher zu kommen, müssen wir also unser Diagramm D 19 etwas objektiver gestalten. Alles andere kann im Prinzip nach bleiben: Auch die lexikalische Bedeutung »an sich« ist eine Struktur und soll eine Struktur über Stereotypen haben. Aber wessen Stereotypen treten hier als Teile der der Bedeutung zugeordneten Struktur auf, wenn P's Stereotypen dafür nicht ausreichen? Es besteht kein Anlaß, P deshalb zu schelten. Zum Glück, für uns und für P, ist ja P mit seinem Idiolekt nicht allein. P ist Mitglied einer Sprachgemeinschaft, in der sein Idiolekt eingeht. Dies ist der einzige Zugang zu Sprache, bei der sie nicht zum Privatvergnügen degradiert wird, sondern bei dem sie als das gesehen wird, was sie unbestreitbar ist und als was sie für unsere Argumentationen immer wieder eine große Rolle gespielt hat: ein soziales Phänomen. Eine interessante, aber in der *Soziolinguistik* noch nicht empirisch überprüfte Erklärung, wie ein im Hinblick auf Extensionsbestimmungen eventuell nötiger Informationsaustausch innerhalb einer Sprachgemeinschaft funktioniert, gibt Putnam (1975b):

»Every linguistic community exemplifies the sort of division of linguistic labor [...] that is, possesses at least some terms whose associated ›criteria‹ are

known only to a subset of the speakers who aquire the terms, and whose use
by the other speakers depends upon a structured cooperation between them
and the speakers in the relevant subsets.« (146)

Mit dieser sprachlichen *Arbeitsteilung* werden also individuelle Beschränkungen überwunden. Selbstverständlich gelingt diese Objektivierung nur relativ zu dem jeweiligen Wissensstand der Sprachgemeinschaft bzw. denjenigen Sprachgemeinschaften, mit denen ein
Informationsaustausch stattfindet! Diese Erkenntnis gewannen wir
im Zusammenhang mit Überlegungen zur Frage der Bedeutungsumschreibungen. Die jeweils bekannte atomare Struktur bzw. was dem
am nächsten kommt, ist in vielen Situationen, auch wenn es um die
Eingrenzung der Extension geht, nicht gefragt. Dafür finden eventuell von einer einflußreichen Gruppe entwickelte Stereotypen Anwendung, die zwar in »Laborsituationen« weniger präzis wären,
aber dennoch als verbindlicher Maßstab von den Mitgliedern der
Sprachgemeinschaft anerkannt sind, da sie sich im Alltag bewähren.
Die Auswahl und Beeinflussung der als verbindlich anerkannten Stereotypen eines Wortes zähle ich zu den zentralen »Arbeiten« innerhalb einer Sprachgemeinschaft; eine Arbeit, die nie zu Ende geht, da
es sich um einen dynamischen Prozeß handelt. Hier steckt natürlich
auch eine große Gefahr, da den meisten Mitgliedern der Sprachgemeinschaft diese von anderen unternommene Arbeit überhaupt nicht
bewußt ist. Schließlich können wir hier nicht mehr vom mentalen
Charakter der Bedeutungen sprechen. Ich fasse nun die Resultate
über die lexikalische Bedeutung »an sich« bzw. die Bedeutung in
einer Sprachgemeinschaft wieder in Thesen und in einem Diagramm
zusammen:

Thesen zur lexikalischen Bedeutung
S' sei eine natürliche Sprache; X eine Sprachgemeinschaft, die die
Sprache S' beherrscht; **w'** ein Wort der Sprache S'.
a) Die Bedeutung von **w'** in S' ist eine Struktur.
b) Die Bedeutung von **w'** in S' hat eine Struktur über von X als verbindlich angesehenen Stereotypen. Diese Stereotypen sind die
   Teile der Struktur und die Beziehungen der Stereotypen ergeben
   sich aus für X relevanten Gesichtspunkten und entsprechend dem
   Wissensstand von X.
Die im Diagramm D 20 angesprochenen Stereotypen sind keine individuellen Stereotypen mehr. Insofern sind sie auch nicht nur auf normale Mitglieder in der jeweiligen Situation ausgerichtet, sondern
stecken vielmehr die Extension ab. Lassen sich die bestimmenden
Gesichtspunkte ermitteln, dann kann auf die in traditionellen Analysen gewonnenen Merkmale für unsere lexikalische Bedeutung durch-

D 20

S' sei eine natürliche Sprache; X eine Sprachgemeinschaft, die die Sprache S' spricht; w' ein Wort der Sprache S'; b' eine Bedeutung.

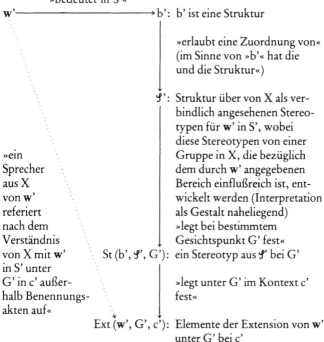

»bedeutet in S'«

w' ——————————————→ b': b' ist eine Struktur

»erlaubt eine Zuordnung von«
(im Sinne von »b'« hat die
und die Struktur«)

ℐ': Struktur über von X als verbindlich angesehenen Stereotypen für w' in S', wobei
diese Stereotypen von einer
Gruppe in X, die bezüglich
dem durch w' angegebenen
Bereich einflußreich ist, entwickelt werden (Interpretation
als Gestalt naheliegend)
»legt bei bestimmtem
Gesichtspunkt G' fest«

»ein
Sprecher
aus X
von w'
referiert
nach dem
Verständnis
von X mit w'   St (b', ℐ', G'): ein Stereotyp aus ℐ' bei G'
in S' unter
G' in c' außer-   »legt unter G' im Kontext c'
halb Benennungs-   fest«
akten auf«

Ext (w', G', c'): Elemente der Extension von w'
unter G' bei c'

aus zurückgegriffen werden. Das jeweilige Stereotyp, wie bereits angedeutet, läßt ja eine Merkmalsbeschreibung zu. Andererseits darf man sich natürlich keine Illusionen darüber machen, daß die aus solchen Merkmalsbeschreibungen stammenden Stereotypen meist nicht über die Ansprüche von individuellen Stereotypen hinausgehen, insofern sie nämlich nur die normalen Mitglieder charakterisieren. Das sollte niemand überraschen, jede Beschreibung ist ja von Individuen gemacht und in die Beschreibung fließt in erster Linie die natürliche Interpretation des jeweiligen Individuums. Deshalb müssen selbst Wörterbucheinträge mit etwas Vorsicht verwendet werden, obwohl man von ihnen schon erwarten würde, daß sie einige der in der Sprachgemeinschaft als verbindlich angesehenen Stereotypen anführen. Komponentialanalyse ist somit ein Mittel auf dem Weg zu Bedeutungsumschreibungen, nur muß man sich über ihren Stellenwert im klaren sein. So kann sie für die Festlegung von Stereotypen gut sein, keinesfalls selbst aber als Bedeutungsumschreibung oder gar -beschreibung gelten. Bedeutungen erfordern eine ganzheitliche Konzeption, dies hoffe ich, ist klar geworden. Einige der im Anschluß an Diagramm D 19 erfolgten Bemerkungen haben auch für die in Diagramm D 20 erläuterte lexikalische Bedeutung Gültigkeit. Ich erspare mir, diese hier noch einmal aufzuführen.

Jedes Mitglied der Sprachgemeinschaft bringt in der Kommunikation natürlich in erster Linie seine individuellen Stereotypen mit ein. Jene entstanden unter anderem aus den persönlichen Erfahrungen und den Auseinandersetzungen mit der Umwelt. Mit dieser Erkenntnis und mit der wohl nicht zu weit hergeholten Annahme von Ringle (1982): »We presuppose that items such as perceptual properties, dispositions to behave, and qualitative aspects of sensation, are dependent upon the nature of our physiology and its causal connections with the environment.« (55) läßt sich bei Mitgliedern einer nicht zu heterogenen Sprachgemeinschaft eine gewisse Verträglichkeit dieser individuellen Stereotypen ableiten. Selbstverständlich muß dies noch von der *Soziolinguistik* genauer untersucht werden. Solche Fragestellungen würden wahrscheinlich auch wichtige Erkenntnisse für die Probleme der Veränderung von Bedeutungen liefern. Eines steht allerdings fest: Meine Bedeutungsbegriffe sind *dynamische* Begriffe und deshalb offen gegenüber Veränderungen. Die einleuchtendste Stelle, an der sich in dieser Konzeption Veränderungen durchsetzen können, sind natürlich die Stereotypen. Insbesondere Veränderungen in der Wirklichkeit mögen sich schließlich hierauf auswirken. Nehmen Sie etwa das Substantiv **boot** im Deutschen, wozu unter dem Gesichtspunkt »Art der Fortbewegung« sicherlich als Stereotyp eine Vorstellung gehört, die als Kriterium »im Wasser« liefert. Was geschah und geschieht nun mit diesem Stereotyp seit dem Auftreten von Tragflügelbooten, die sich gerade nicht im Wasser, sondern knapp über dem Wasser fortbewegen? Auch die Erscheinung der Mehrdeutigkeit erzwingt meiner Meinung nach keine Änderung bei meinen Bedeutungsbegriffen. Mehrere Lesarten heißt auf der praktischen Ebene der Bedeutungsbeschreibungen nichts anderes als die Koppelung von mehreren verschiedenen Strukturen über Stereotypen an eine sprachliche Form. Daß einige dieser Strukturen enger zusammengehören, eventuell durch metaphorische Prozesse auseinander hervorgingen und dann natürlich auch so erklärt werden müßten, ist fraglos eine Tatsache, die noch einer zufriedenstellenden Erklärung harrt. Nur liegt dies daran, daß wir herzlich wenig über die Prinzipien der Ähnlichkeiten zwischen den einzelnen Lesarten wissen. Mein strukturierter Bedeutungsbegriff bietet vielleicht sogar interessante Ansatzpunkte für eine zukünftige Untersuchung. In Lutzeier (1981a, 207−230) zeigte ich, wie sich Wortfelder für die Entscheidung zwischen Polysemie und Homonymie nutzbringend verwenden lassen. Nur Einzeluntersuchungen können zeigen, ob für einige Wortarten bzw. syntaktische Kategorien Änderungen an dem vorgeschlagenen Aufbau der Wortbedeutungen vorzunehmen sind. Dabei wird auch eine Rolle spielen, wie weit der Bereich von Wörtern mit Extension ausgedehnt werden kann. Soviel zur Wortbedeutung, soviel zum ganzen Kapitel. Einige Fragen mußten als Fragen stehen bleiben; da etwas Nicht-Sprachliches zur Debatte stand und linguistische Fortschritte in vielen Einzelfragen von Resultaten anderer Disziplinen abhängen.

5. Satzbedeutung: Abbild der Wirlichkeit/Zugriff auf die Wirklichkeit?

5.1 *Bedeutungskomposition: Was Hänschen nicht lernt, lernt Hans nimmer mehr?*

Im letzten Kapitel haben wir die Berechtigung einer Wortsemantik erkannt und einige ihrer Grundprinzipien aufgestellt. Ist eine solche eigenständige Wortsemantik nun bloßer Gegenpol einer eventuell ebenfalls eigenständigen Satzsemantik oder gibt es eine Klammer zwischen Wort- und Satzsemantik? Dieser Frage will ich nun nachgehen.

Eine Klammer zwischen Wort- und Satzsemantik müßte als eine *gerichtete* Beziehung verstanden werden, denn Wortsemantik haben wir ja bereits ohne Berücksichtigung einer Satzsemantik betrieben. Also wäre die Eigenständigkeit der Satzsemantik anzuzweifeln und die Beziehung im Sinne des Diagramms D 21 zu verstehen:

D 21

als eine Grundlage

Wortsemantik ⎯⎯⎯⎯⎯⎯⎯⎯⎯⎯⎯⎯⎯⎯⎯⎯⎯→ Satzsemantik

Bewußt spreche ich im Diagramm von der Wortsemantik als »einer« Grundlage, da für die Satzsemantik insgesamt sicherlich noch weitere Grundlagen wichtig sind. Wie bekannt, sind dies *syntaktische* Grundlagen: Sätze einer Sprache sind keinesfalls nur ungeordnete Mengen von Wörtern bzw. Wortformen. Erst die bestimmte Anordnung der Elemente aus der Wortformenmenge {**lehrer, den, hans, belügt**} ergibt z.B. einen Satz einer Sprachausprägung des Deutschen:

(75) **Hans belügt den Lehrer.**

Die reine Folgebeziehung ist aber allein noch nicht genug; wie die Schlagzeile (76) zeigt, muß die in der *Konstituentenanalyse* angegebene hierarchische Gliederung der Schlagzeile berücksichtigt werden:

(76) **Frau von Geisterfahrer im Nebel getötet.**

So ist aus der Folgebeziehung nicht abzulesen, wie die Verkettung **frau von geisterfahrer** zu verstehen ist. Erst die hierarchische Gliederung weist diese Verkettung als entweder zwei unmittelbare Konstituenten (**frau, von geisterfahrer**) des Satzes als naheliegendere Version oder nur als eine unmittelbare Konstituente des Satzes auf. Bei der Aufforderung (77):

(77) **Lassen Sie die Diplomaten jagen.,**

kommen wir aber auch damit nicht viel weiter, denn die Funktion der Substantivphrase **die diplomaten** als Subjekt zu **jagen** oder als Objekt zu **jagen** kann der Konstituentenanalyse nicht entnommen werden. Also müssen wir sicherlich auch die *syntaktischen Relationen* mit erfassen. Weiter mag die *Intonation* zur Ermittlung der Binnenstruktur unentbehrlich sein, worauf uns Satz (78) hinweist:

(78) **Ich habe den Brief da geschrieben.**

Zunächst nur über die Intonation wird die unterschiedliche Funktion des Adverbs **da** deutlich, was sich dann auch in unterschiedlichen Konstituentenanalysen äußert. Schließlich begründet einzig eine *morphologisch-syntaktische Markierung* den strukturellen Unterschied der beiden Sätze (79) und (80) auf zufriedenstellende Weise:

(79) **Maria geht spazieren.**
(80) **Maria geht tanzen.**

Bei Satz (79) haben wir mit der Verkettung **geht spazieren** den Fall einer Wortform eines Verbes **spazierengehen**, während bei Satz (80) in die Verkettung **geht tanzen** die Wortformen zweier Verben **gehen** und **tanzen** eingehen. Von einer ausgearbeiteten Syntaxtheorie ist zu erwarten, daß sie die Begriffe und Methoden bereitstellt, um für einen Satz der zu untersuchenden Sprache eine syntaktische Analyse vornehmen zu können. Diese Hinweise auf syntaktische Grundlagen einer Satzsemantik müssen hier genügen: Einmal ist unsere generelle Thematik auf Semantik beschränkt, zum anderen sind die angesprochenen »Zutaten« keinesfalls Allgemeingut in Syntaxtheorien – löbliche Ausnahme Lieb (1983), und schließlich sollten diese weiteren Grundlagen eigentlich erst nach einer positiven Beantwortung der Frage nach einer Beziehung zwischen Wortsemantik und Satzsemantik interessant werden.

Die Bedeutungen haben in der Kommunikation eine Brückenfunktion für das mit den Äußerungen Gemeinte. Für den Gegenüber sinnvolle Äußerungen, egal ob sie syntaktisch gesehen »vollständige« Sätze sind oder nicht, erfüllen immer Satzfunktionen. Insofern ist analog zum Vorgehen bei der Wortsemantik klar, daß wir als zentralen Begriff der Satzsemantik die *Satzbedeutung* ansehen müssen. Es sind also Satzbedeutungen, die dem Sprecher/Schreiber für das mit den Äußerungen Gemeinte Beschränkungen auferlegen und dem Hörer/Leser Hilfestellung für das Verständnis des Geäußerten geben.

Ist die Verneinung jeglicher Beziehung zwischen Satzbedeutung und den Wortbedeutungen der im jeweiligen Satz vorkommenden Wörter plausibel? Zunächst einmal hieße dies, für die Satzbedeutung eine konsequent ganzheitliche Konzeption zu vertreten, da Satzbedeutung dann nicht aus über eine syntaktische Analyse zugänglichen semantischen Bestandteilen abgeleitet werden könnte. Dieser Vorschlag ist sicherlich eine eingehendere Überlegung wert, haben wir doch für die Wortbedeutung eine ganzheitliche Konzeption gutgeheißen. Betrachten wir die Sätze (81)–(83):

(81) **Hans hat vom Verlag sein neues Buch erhalten.**

(82) **Hans hat vom Verlag sein neues Buch bekommen.**

(83) **Hans hat vom Verlag sein neues Buch zurückgezogen.**

Nach der zur Diskussion stehenden ganzheitlichen Konzeption besitzen diese Sätze der Reihe nach die als Ganzes aufzufassenden Satzbedeutungen b_{81}, b_{82} und b_{83}. Woraus ergibt sich aber die zusätzliche Information, daß die Bedeutungen von Satz (81) und Satz (82) gleich sind und die Bedeutungen von Satz (83) verschieden zu den Bedeutungen der Sätze (81) und (82)? Unterschiedliche Sätze haben offensichtlich nicht immer verschiedene Bedeutungen. Diese hier etwas überraschende Erfahrung kann bei der angenommenen Konzeption nur vom Gebrauch der Sätze stammen. So mag auch hier, wie im Falle der Wortbedeutung, ein induktiver Prozeß im Gange sein. Die Sätze (81) und (82) etwa lassen sich in den gleichen Situationen als gleichwertige Mitteilungen verwenden, während Satz (83) in davon verschiedenen Situationen als Mitteilung akzeptabel ist. Im Unterschied zu der Häufigkeit des Vorkommens der meisten Wörter als Bestandteil zahlreich verschiedener Sätze kann man aber über die für einen sinnvollen induktiven Prozeß nötige Häufigkeit des Vorkommens der meisten Sätze nicht überzeugt sein. Schlimmer noch, das Wissen, daß die Sätze (81) und (82) in den gleichen Situationen als gleichwertige Mitteilungen verwendet werden könnten, kann aus dem Gebrauch dieser Sätze bei der angenommenen ganzheitlichen Konzeption überhaupt nicht abgeleitet werden, denn für jede Situation wird ja höchstens einer der beiden Sätze in der fraglichen Situation tatsächlich gebraucht. Schließlich sind wir zumindest als erwachsene Hörer/Leser in unserer Sprachgemeinschaft bei Sätzen, die wir zum ersten Mal hören oder lesen – eher der Normalfall als die Ausnahme –, keinesfalls auf bloßes Rätselraten angewiesen; in den meisten Fällen sind wir uns über die jeweilige Satzbedeutung ziemlich sicher. Für die Anfänge des Spracherwerbs ist dagegen die Hypothesenbildung über ganzheitlich aufgefaßte Bedeutungen sicherlich die Regel. Aber auch da greift später sowohl mein angeführtes Argument über das für sinnvolle induktive Prozesse nicht ausreichende Material als auch mein Argument über das unproblematische Verständnis von bisher noch nicht gehörten/gelesenen Sätzen. Die Kapazität des menschlichen Gedächtnisses ist allgemeiner Ansicht nach begrenzt, dies gilt aber für die Möglichkeit des Produzierens neuer Sätze einer natürlichen Sprache keinesfalls. Also kann das reine Zuordnen von Hypothesen und Speichern im Langzeitgedächtnis für jeden bisher noch nicht gehörten oder gelesenen Satz beim Spracherwerb nicht beliebig lange aufrecht erhalten werden. Uns interessiert hier nur das Langzeitgedächtnis, da im Kurzzeitgedächtnis nur Satzform und Analyse gespeichert werden können; vgl. Engelkamp (1976, 39). Natürliche Sprachen werden dennoch erlernt!

Ungereimtheiten und Widersprüche zuhauf lassen sich somit unter den Folgerungen der Verneinung jeglicher Beziehung zwischen Wort- und Satzsemantik finden. Drehen wir deshalb besser den Spieß um und gehen von einer gerichteten Beziehung zwischen Wort- und Satzsemantik aus. Lassen sich beim Bejahen einer Beziehung einige der gefundenen Ungereimtheiten und Widersprüche auflösen? Erlauben wir den Bezug auf die Wortbedeutungen, dann erklären sich die Urteile über die Sätze (81)–(83), bei angenommener einheitlicher syntaktischer Analyse, aus der Gleichheit der Wortbedeutungen der Verben **erhalten** und **bekommen** und aus der Verschiedenheit der Wortbedeutung des Verbs **zurückziehen** zu den Wortbedeutungen der beiden anderen Verben. Insgesamt werden somit viele semantische Beziehungen zwischen Sätzen verständlich, indem sie sich auf semantische Beziehungen zwischen in den Sätzen vorkommenden Wörtern zurückführen lassen. So rührt etwa die im Kontext »Reitturnier« gültige Folgerungsbeziehung zwischen den Sätzen (84) und (85) bzw. (84) und (86):

(84) **Das Springpferd übersprang den Oxer ohne Probleme.**

(85) **Das Springpferd überwand den Oxer ohne Probleme.**

(86) **Das Springpferd meisterte den Oxer ohne Probleme.**,

von der bezüglich des Aspektes »sich im Parcours bewegen« gültigen Hyponymiebeziehung zwischen den Verben **überspringen** und **überwinden** im Deutschen bzw. zwischen den Verben **überspringen** und **meistern** im Deutschen her. Mit der Möglichkeit auf die syntaktische Gliederung des Satzes und die Wortbedeutungen der im Satz vorkommenden Wörter zurückzugreifen, bleibt auch das meist unproblematische Verständnis der Satzbedeutung bei einem Satz, den der Hörer/Leser zum ersten Mal hört oder liest, kein Geheimnis mehr. Gleiches gilt für die Lernbarkeit einer natürlichen Sprache: Das menschliche Gedächtnis muß nicht mit ganzheitlichen Satzbedeutungen belastet werden; die Bedeutungen der Elemente des beim erwachsenen Sprachteilnehmers zwar umfangreichen, aber dennoch endlichen Grundwortschatzes und die Interpretationen der endlich vielen Verkettungsmöglichkeiten reichen völlig aus.

Konkret läßt sich unsere hiernach bejahte Beziehung im *Prinzip der Bedeutungskomposition* fassen:

(BK) S sei eine natürliche Sprache.
Die Bedeutungen eines Satzes aus S ohne direkte Rede oder allgemein eines syntaktisch komplexen Ausdrucks aus S ohne direkte Rede bei vorgegebener syntaktischen Analyse haben eine Struktur, die sich aus den Bedeutungen der Wörter, die den Satz oder den syntaktisch komplexen Ausdruck aus S bilden, und den Bedeutungen ihrer in der syntaktischen Analyse offengelegten syntaktischen Verknüpfungen untereinander, ergibt.

Da wir nicht wissen, was Satzbedeutungen wirklich sind, formuliere ich das Prinzip vorsichtigerweise über die »Etwas hat eine Struktur«-Redeweise. Sobald man die Abhängigkeit der Satzbedeutung von den Bedeutungen der am Satz beteiligten Wörter bejaht, muß man natürlich auch eine entsprechende Abhängigkeit der Bedeutung von syntaktisch komplexen Ausdrücken von den Bedeutungen der in die syntaktischen Verkettungen eingehenden Wörter bejahen. In vielen Fällen sind diese syntaktisch komplexen Ausdrücke ja gerade Konstituenten von Sätzen; nehmen wir fürs Deutsche etwa die Nominalphrase **das neuerbaute hotel am meer,** die Adjektivphrase **klein aber pfiffig** und den Satz (87):

(87) **Der kleine, aber pfiffige Architekt entwarf das neuerbaute Hotel am Meer.**

Aus diesem Grunde habe ich das Prinzip (BK) nicht nur für Sätze formuliert. Bewußt spreche ich auch von »Bedeutungen«, da trotz syntaktischer Analyse die Sätze aufgrund lexikalischer Mehrdeutigkeiten immer noch mehrdeutig sein können; vgl. Sie Satz (88):

(88) **Die Gesamtschule macht den Politikern Kopfzerbrechen.**

Je nach Lesart des Substantivs **gesamtschule** ergibt sich eine unterschiedliche Gesamtbedeutung. »Wörter« muß eventuell großzügig ausgelegt werden. So mag es Elemente geben, die für einen bestimmten Sprachzustand nur in festen Verbindungen vorkommen. Für das gegenwärtige Deutsch sind Beispiele für solche Elemente: **fug** und **dannen,** die einzig noch in den Wendungen **mit fug und recht** bzw. **von dannen** geläufig sind. Hier sind für das Prinzip (BK) nur die Bedeutungen der Wendungen als Ganzes zu berücksichtigen, nicht aber die Bedeutung des mittelhochdeutschen Substantivs **vuoc** bzw. des mittelhochdeutschen Adverbs **dannen.** Etymologie überhaupt, für eine reine Wortsemantik im Zusammenhang mit Fragen des Bedeutungswandels von Interesse, spielt hier keine Rolle. Nur die Bedeutungen für die Wörter des jeweils betrachteten Sprachzustandes gehen in die Satzbedeutungen ein. Ebenso darf man unterschiedliche Behandlungen je nach betrachteter dialektaler Sprachvariante erwarten. Das Substantiv **rank** ist für gegenwärtige bundesrepublikanische Sprachvarianten meist nur im Plural innerhalb der Wendung **ränke schmieden** bekannt, während das gegenwärtige Schweizerdeutsch das Substantiv in den Bedeutungen »Wegbiegung« und »Kniff« sehr wohl kennt; vgl. hierzu im Duden. Wörterbuch (1980, 2095). Der Ausschluß der direkten Rede wird später einleuchten.

Die Konzeption der Satzbedeutungen als (unanalysierbares) Ganzes gesetzt, haben wir mit dem Prinzip der Bedeutungskomposition aufgegeben. Wortbedeutungen und Bedeutungen von syntaktischen Verknüpfungsweisen ergeben sich hiernach als Bausteine, aus denen die Satzbedeutungen entstehen. Da diese Bausteine ebenfalls Bedeutungen sind, ist kein qualitativer Sprung zur Satzbedeutung nötig! Damit handeln wir uns mit dem Prinzip (BK) nicht einen möglichen Kritikpunkt ein, wie er im Zusammenhang mit der Merkmalskonzeption der Wortbedeutung auftreten kann: Bei der von uns noch am einleuchtendsten gefundenen sprachlichen Interpretation der Merkmale ist tatsächlich ein qualitativer Sprung zur (nichtsprachlichen) Wortbedeutung unumgänglich.

Problemen muß sich die kompositionelle Position der Satzbedeutung trotzdem stellen: Da sind einmal Einwände von seiten einer gestalttheoretischen Position ernst zu nehmen. Wie wir bereits wissen, gilt folgendes gestalttheoretisches Prinzip: Eine Gestalt – sprich: Satzbedeutung – kann eventuell Eigenschaften aufweisen, die keine ihrer Teile – sprich: Wortbedeutungen und Bedeutungen von syntaktischen Verknüpfungsweisen – haben. Der Extremfall wäre ein Unsinns-»Satz«, der aus für die Sprache phonetisch/graphisch möglichen, aber in der Sprachgemeinschaft bisher nicht etablierten und damit bedeutungslosen Teilen besteht, dem aber als Ganzes eine Bedeutung zugesprochen werden kann. Fraglich ist bei einer solchen Konstruktion bereits, ob man sie überhaupt als Satz der jeweiligen Sprache anerkennen soll, da ja offenbar keine Wörter der jeweiligen Sprache verwendet werden. Als spontane Äußerung in einer Situation, begleitet mit unterstützenden Gesten, mag eine solche Konstruktion zwar mit Mühen interpretierbar sein; eine Satzbedeutung für die Konstruktion haben wir damit allerdings noch nicht vorliegen. Drücken wir einmal vor dem Problem, ob es sich bei solchen Konstruktionen überhaupt um Sätze oder nicht handelt, beide Augen zu, dann bin ich der festen Überzeugung, daß die Zuordnung von einer Satzbedeutung die Interpretation der den Satz bildenden Formen voraussetzt. In Carroll (1962) geht Humpty-Dumpty nicht

anders vor, wenn er von Alice nach der Bedeutung eines Unsinns-
Gedichtes gefragt wird:

»[…] Alice repeated the first verse:
›Twas brillig, and the slithy toves
Did gyre and gimble in the wabe:
All mimsy were the borogoves,
And the mome raths outgrabe.‹
›That's enough to begin with,‹ Humpty-Dumpty interrupted: ›there are
plenty of hard words there. ›Brillig‹ means four o'clock in the afternoon – the
time when you begin broiling things for dinner.‹ ›That'll do very well,‹ said
Alice: ›and ›slithy‹?‹ ›Well, ›slithy‹ means ›lithe and slimy.‹ […].« (276)

In unserer Welt sinnlose oder widersprüchliche Sätze, wie (89) und
(90):

(89) **Das Mineralwasser mag Schlagsahne.**

(90) **Ein Dreieck hat fünf Seiten.**,

werden häufig als zum vorigen Fall der Unsinnssätze leicht abgeschwächte Gegenargumente zum Prinzip (BK) angeführt, so etwa
Margalit (1978, 377). Wie kommen wir aber dazu, diesen Sätzen die
semantische Eigenschaft »sinnlos« oder »widersprüchlich« zuzuordnen? Doch nur, indem wir mit Hilfe von (BK) die Satzbedeutung ermitteln. Für Chomsky (1977) ist »Pluralität« eine Eigenschaft, die
gegen das Kompositionalitätsprinzip spricht: »[…] plurality is, in a
sense, a semantic property of the sentence rather than the individual
noun phrases in which it is formally expressed.« (31) Als Beispielsätze hierfür finden wir bei ihm (29):

(91) **Beavers are mammals.** und

(92) **Beavers built this dam.**,

wobei in Satz (91) höchstwahrscheinlich eine Aussage über alle Biber
und in Satz (92) höchstwahrscheinlich eine Aussage über einige, aber
nicht alle Biber gemacht wird. Zweifellos handelt es sich in beiden
Fällen um Satzbedeutungen. Die Bedeutung der Substantivphrase
beavers ist im Hinblick auf die tatsächliche Anzahl der Biber unspe-
zifiziert, jedoch löst meiner Meinung nach der verbale Kontext allein
diese Mehrdeutigkeit, die sich nun über das Prinzip (BK) auf den gesamten Satz überträgt, nicht auf. (BK) läßt in unserer Formulierung
ausdrücklich Satzbedeutungen zu. Daß wir aber für Satz (92) letztlich die Allaussage als mögliche Satzbedeutung ausschließen, rührt
von unserem Wissen über die Welt her, das natürlich für die Satzbedeutung genauso wichtig ist, wie wir es für die Wortbedeutung als
wichtig angesehen haben. So waren am Bau eines bestimmten Dam-
mes sicherlich nicht alle existierenden Biber beteiligt. Andererseits
könnte natürlich in einer anderen Welt jene Lesart durchaus Gültigkeit haben, weshalb auf der Satzbedeutungsebene zunächst kein

Grund besteht, auf Eindeutigkeit zu beharren! Bei Satz (91) können wir auf die gleiche Erklärung für die Ermittlung der Allaussage als naheliegendste Satzbedeutung zurückgreifen oder den Satz als Verbalisierung einer geeigneten Hyponymiebeziehung zwischen den Substantiven **beaver** und **mammal** im Englischen ansehen. Hyponymiebeziehungen sind ihrem Charakter nach Allaussagen, wonach gemäß dieser Erklärung ebenfalls nur die Aussage über alle Biber als Satzbedeutung übrig bleibt. Im Unterschied zur letzten Erklärung ist der Einfluß des Wissens über die Welt auf die Satzbedeutung aufgrund der Nichttrennbarkeit von sprachlichem Wissen und enzyklopädischem Wissen für die Satzbedeutung eine allgemein anwendbare Erklärungsmöglichkeit. Partee (1984, 294) erwähnt den Einfluß des Weltwissens zumindest auch. Unser Prinzip (BK) ist somit flexibel genug, um solche behaupteten »globalen« Eigenschaften mit erfassen zu können. Damit kann auch den in dem empfehlenswerten Artikel von Searle (1980) im Zusammenhang mit verschiedenen Lesarten des Verbs **cut** im Englischen aufgeworfenen Fragen Genüge getan werden. Dinge in einem Zusammenhang sehen, bringt normalerweise immer Beschränkungen mit sich. Nichts anderes ist auch bei der Komposition von verschiedenen Wortbedeutungen bzw. Bedeutungen von syntaktischen Verknüpfungen zu erwarten. Deshalb setzt für mein Empfinden auch Kutschera (1975) den Kontrast zu stark, wenn er schreibt:

»Die Bedeutung eines Satzes bestimmt sich zwar einerseits aus den Bedeutungen der Wörter, aus denen er sich zusammensetzt [...] umgekehrt bestimmt sich aber die spezifische Bedeutung der einzelnen Wörter im Satz auch aus dem Kontext, der Beziehung, in der sie im Satz zu den anderen Wörtern stehen. Die Wörter haben so eine gewisse Unbestimmtheit in ihrer Bedeutung, die erst im Kontext aufgehoben wird. Daß wir den Satzsinn nicht nur aufgrund der Wortbedeutungen verstehen, sondern umgekehrt auch die Wortbedeutung aufgrund des Satzsinns, ergibt sich auch daraus, daß wir die Wörter nur im Kontext von Sätzen erlernen und gebrauchen.« (220)

Mit dem letzten Hinweis auf Spracherwerb und Gebrauch verläßt Kutschera natürlich die Ebene der Satzbedeutungen, insofern ist das Prinzip (BK) davon nicht berührt. Auch das Lernen einer fremden Sprache im jeweiligen Land stellt kein Gegenargument zum Kompositionalitätsprinzip dar, es ist für diesen Vorgang, zumindest anfangs, schlicht nicht relevant. Dies, weil im Gebrauch von Satzbedeutungen überhaupt nicht die Rede sein kann, es geht einzig um Äußerungsbedeutungen. Sowohl beim Erstsprach- als auch beim Zweitspracherwerb wird allerdings von einem (ziemlich unbekannten) Punkt an, der direkte Zugriff auf Äußerungsbedeutungen mehr und mehr abgelöst durch den hauptsächlich unbewußten Bezug auf die zugrundeliegenden Satzbedeutungen. Aber selbst dann muß natürlich das Prinzip (BK) nicht immer ein realistisches Modell sein, da bei einer Äußerung die jeweiligen Begleitumstände entweder das Erfassen des mit der Äußerung insgesamt Gemeinten direkt oder aber wenigstens das Erfassen der Bedeutung von größeren Konstituenten (auf einmal) erlauben mag. Daß sich im Gebrauch ein Sprecher/Hörer nicht sklavisch an eine von der Sprachtheorie postulierte Hierarchie von Ebenen halten muß, sollte selbstverständlich sein. Im Sprechakt sind alle Ebenen »gleichzeitig« präsent und stehen somit auch zur Verarbeitung »gleichzeitig« zur Verfügung. Einen geringen Teil dieser Dynamik erfaßt Margalit (1978):

»One aspect of the idealization involved in the PPS [gemeint ist ein Kompositionalitätsprinzip. P. R. Lutzeier] that most removes it from ›reality‹ is that it does not take into account the fact that while processing the meaning of a sentence we are able to constantly ›move‹. The move is both in the backward-forward direction, and also from the parts to the whole and from the whole back to the parts. This procedure allows us, I maintain, to sometimes guess the meaning of some parts of the sentence through grasping the point of the whole.« (393)

Eine ähnliche Meinung vertritt Metzing (1981 b, 208). Unangemessen ist dabei nur die unterschwellige Kritik am Prinzip (BK), das eben nur Aussagen über die Ermittlung von Satzbedeutungen macht.

Idiomatische Wendungen und *Metaphern*, ein in vielerlei Hinsicht schwieriger Problemkreis der linguistischen Semantik, scheinen mit dem Prinzip (BK) nicht so recht vereinbar. Als Beispiele betrachten wir die Sätze:

(93) **Du kannst mir den Buckel runterrutschen.** und

(94) **Die Landschaft der Heide atmet Frieden aus.**

Die »naive« Anwendung des Kompositionalitätsprinzips liefert für Satz (93) als Satz einer süddeutschen Sprachausprägung etwa folgende Satzbedeutung: »Der oder die Angesprochene kann den Rücken des Sprechers oder der Sprecherin hinunterrutschen«. Kinder turnen auf und an Eltern gerne herum, also ist es eine Lesart, gegen die nichts einzuwenden ist. Nun besitzt aber Satz (93) für süddeutsche Sprachteilnehmer mindestens noch eine weitere Satzbedeutung, nämlich etwa folgende: »Der Sprecher oder die Sprecherin will im Augenblick von der oder dem Angesprochenen nichts mehr wissen.« Ob diese Bedeutung über das Prinzip (BK) erhalten werden kann, hängt einzig davon ab, wie wir Wendungen der Art **jemandem den buckel hinunterrutschen können** bezüglich des Wortschatzes der Sprache behandeln. Sehen wir diese Ausdrücke als Einheiten des Wortschatzes an, dann haben diese Wendungen als Ganzes eine »Wort«-bedeutung und gehen so, bei entsprechender syntaktischer

Analyse, auch in das Prinzip (BK) mit ein. Diese Vorgehensweise wird normalerweise empfohlen. Sie ist auch praktikabel, da es für jeden Sprachzustand jeweils nur endlich viele solcher Wendungen gibt und sie somit als Teil des Wortschatzes in Form einer Liste erfaßt werden können. Immer wieder unterhaltsame Sammlungen dieser Art sind etwa Friederich (1976) und Görner (1982). Unerklärt bleibt allerdings dabei, und deshalb zögere ich diesem Vorschlag voll zuzustimmen, der meist intuitiv oder volksetymologisch gegebene und bei historisch kultureller Sprachbetrachtung auch nachweisbare Zusammenhang zwischen idiomatischer und einer der »wörtlichen« Lesarten. Die »Wort«-bedeutungen der aufgelisteten Wendungen müßten also zusätzlich als sehr wohl analysierbar dargestellt werden. Wie bereits in Lutzeier (1981a, 11) erwähnt, ist diese Erscheinung für mich ein klarer Hinweis für die Unmöglichkeit der Trennung einer synchronischen Betrachtungsweise von einer diachronischen Betrachtungsweise. Selbstverständlich wird es auch Fälle von Wendungen geben, bei denen wie im Satz (95):

(95) **Laß es dir klipp und klar sagen!**,

die syntaktische Analyse nicht möglich ist, da ein entscheidendes Element – hier: **klipp** – für den betrachteten Sprachzustand nicht frei vorkommt. Die Wendung **klipp und klar** ist nach Kluge (1975, 378) im 19. Jahrhundert aus der niederdeutschen Wendung **klipp und klaar** ins Standarddeutsche gekommen. Dort ist es jedoch nur in dieser Wendung oder in der lautmalerischen Verkettung **klipp klapp** – erinnert sei an das Volkslied »Es klappert die Mühle« – üblich, vgl. auch das Wörterbuch der deutschen Gegenwartssprache (1969, 2099). Diesen Fall hatten wir bereits vorher erwähnt. Insgesamt läßt sich also das Prinzip (BK) auch für die idiomatischen Wendungen retten. Zu welchem Ergebnis kommen wir bei Metaphern? Für eine Metapher gilt als notwendige Bedingung, daß es eine explizite positive Form gibt, die »wörtlich« genommen, für die betrachtete Welt auf einen Widerspruch führt. Diese widersprüchliche Satzbedeutung läßt sich mit Hilfe des Prinzips (BK) problemlos ermitteln. So ist Satz (94) etwa schon deshalb widersprüchlich, weil wir Landschaften in unserer Welt überhaupt keine Atemvorgänge zusprechen können. Dieser Widerspruch ist nun, weitverbreiteter Ansicht in der Metaphernforschung nach, in einem Kontext, der Sinnhaftigkeit nahelegt, Anstoß beim Hörer/Leser, nach einer »übertragenen« Satzbedeutung zu suchen. Ein solcher Interpretationsversuch erfolgt als hermeneutischer Prozeß, vgl. Köller (1975, 83–91), wobei die widersprüchliche Satzbedeutung als eine Art Folie immer präsent bleibt. Siedelt man Metaphern auf der Satzbedeutungsebene an, dann muß man somit zweifellos sagen, daß das Prinzip (BK) für die Ermittlung der »übertragenen« Bedeutung versagt. Allenfalls ist es in indirekter Weise über die »Folie«: widersprüchliche Satzbedeutung mit beteiligt. Nur habe ich meine starken Zweifel an der Korrektheit der Verbindung von Metaphern und Satzbedeutungsebene. Wie oben angedeutet, setzt bereits der Anstoß beim Hörer/Leser zum Versuch einer sinnvollen Interpretation über den Widerspruch hinaus, einen bestimmten Kontext voraus. Ferner scheinen mir, ohne auf die schwierige Metaphernproblematik näher eingehen zu wollen, »echte« Metaphern vom Sprecher/Schreiber mit einer bestimmten Intention in einer Situation bewußt gesetzt. Dies hieße aber, Metaphern gehörten der Äußerungsbedeutungsebene an; wofür unser Kompositionalitätsprinzip schlicht nicht zuständig wäre. Dennoch kann es nicht völlig ignoriert werden, da auch bei dieser von mir bevorzugten Sicht der Foliencharakter der widersprüchlichen Satzbedeutung mit erfaßt werden muß, um der Tatsache Rechnung zu tragen, daß der Hörer/Leser überhaupt eine Verständnischance hat. Metaphern sind damit zumindest eine Erscheinung, die es nahelegt, hinter die Allgemeingültigkeit des Prinzips (BK) ein Fragezeichen zu setzen.

Die kompositionelle Ermittlung der Satzbedeutung schafft zu unterschiedlichen Graden Probleme bei *komplexen* Sätzen. Da ich das Prinzip (BK) gleich für Bedeutungen formulierte, können uns Ausdrücke, die sogenannte intensionale Kontexte bewirken – insbesondere modale Ausdrücke –, kein Kopfzerbrechen bereiten. Bei Satz (96):

(96) **Karl Carstens ist notwendigerweise erster Mann in der Bundesrepublik Deutschland.**,

muß für die Ermittlung der Satzbedeutung die Bedeutung des Satzes (97):

(97) **Karl Carstens ist erster Mann in der Bundesrepublik Deutschland.**,

in von der jeweiligen syntaktischen Analyse abhängenden Weise berücksichtigt werden; ein Vorgehen, das voll dem Kompositionalitätsprinzip entspricht. Gewöhnliche und kontrafaktische Bedingungssätze können wohl mit dem auf Bedeutungen abzielenden Prinzip (BK) ebenfalls erfaßt werden. Ausdrücke, die sogenannte hyperintensionale Kontexte bewirken – dazu gehören im Deutschen insbesondere die Verben **glauben** und **wissen** – scheinen sich dagegen mit der Satzbedeutung allein nicht zufriedenzugeben. Betrachten Sie hierzu die Sätze (98) und (99):

(98) **Martin glaubt, daß der Nikolaus ihm über Nacht etwas in die Stiefel stecken wird.**

(99) **Martin glaubt, daß der Weihnachtsmann ihm über Nacht etwas in die Stiefel stecken wird.**

Nun sind zwar die Teilsätze:

(100) **Der Nikolaus wird Martin über Nacht etwas in die Stiefel stecken.** und

(101) **Der Weihnachtsmann wird Martin über Nacht etwas in die Stiefel stecken.**,

für viele Sprachausprägungen im Deutschen synonym, dennoch braucht Martin, falls er etwa das mit Satz (100) Ausgedrückte glaubt, nicht unbedingt auch das mit Satz (101) Ausgedrückte glauben. Vielleicht weiß er ja gar nicht, daß Nikolaus und Weihnachtsmann ein und dieselbe Person sind. Entsprechende Überlegungen können bei zugegebenermaßen abgeschwächter Vorstellung von Satzbedeutungen für die Sätze (102) und (103) angestellt werden:

(102) **Sabine weiß, daß Gras grün ist.**

(103) **Sabine weiß, daß eine Witwe einen Ehemann hatte.**

Bei solchen hyperintensionalen Kontexten ist also die Gleichheit der Teilsatzbedeutungen nicht hinreichend für die Gleichheit der Bedeutungen der Gesamtsätze. Im Unterschied zu den übereinstimmenden syntaktischen Analysen der Teilsätze (100) und (101) sind die syntaktischen Analysen der Teilsätze

(104) **Gras ist grün.** und

(105) **Eine Witwe hatte einen Ehemann.**,

voneinander verschieden. Dieser Unterschied mit dennoch gleicher Wirkung auf den Gesamtsatz in beiden Fällen zeigt sehr deutlich – entgegen mancher voreiligen Meinung –, daß uns der zusätzliche Vergleich der syntaktischen Analysen bei den Teilsätzen für die Satzbedeutungen der Gesamtsätze keinen Erfolg bringen würde. Wollten wir schließlich eine Erklärung über die in die Teilsätze eingehenden unterschiedlichen Formen, ob synonym oder nicht, liefern, dann hätte dies die unerwünschte Folge, daß jeder Satz einzig zu sich selbst synonym wäre. Völlig vom Inhalt abzusehen, wäre also zu extrem. Andererseits wird man das Gefühl nicht los, daß bei hyperintensionalen Kontexten die gebrauchten Formen als Formen eine Rolle spielen. In verstärktem Maße gilt dies für die direkte Rede. Als Beispielsätze führe ich an:

(106) **Der Vater brüllte in das Kinderzimmer: »Schlafenszeit!«**

(107) **Der Vater brüllte in das Kinderzimmer: »Sleepy time!«**

Für die Satzbedeutung zählt hier nur die getreue Wiedergabe der jeweiligen Rede, nicht aber deren Bedeutung. Deshalb können in diesen Teilen auch Ausdrücke anderer Sprachen vorkommen. Damit wird nun klar, weshalb ich bei der Formulierung des Prinzips (BK) die direkte Rede ausgeschlossen habe. In der indirekten Rede wird über die Rede eines anderen berichtet, vgl. die Sätze (108) und (109):

> (108) **Der Vater teilte den Kindern energisch mit, daß es Schlafenszeit sei.**

> (109) **Der Vater teilte den Kindern energisch mit, daß die Sachen weggeräumt werden sollten.** .

Die Grenze für die auch von Linsky (1967, 115) bemerkten Freiheiten des Sprechers/Schreibers bei der Wiedergabe der zu berichtenden Rede zu ziehen, ist schwierig. Allein schon daß es solche Freiheiten gibt, deutet darauf hin, daß die Formen allein weniger Gewicht für die Ermittlung ·der Satzbedeutung haben werden. Genausowenig reicht die Berücksichtigung der Bedeutungen aller Teile aus: Obwohl die Teilsätze (104) und (105) die gleiche (abgeschwächte) Bedeutung aufweisen, sind die Satzbedeutungen der Sätze (110) und (111) verschieden:

> (110) **Die Lehrerin informierte die Kinder, daß Gras grün sei.**

> (111) **Die Lehrerin informierte die Kinder, daß eine Witwe einen Ehemann gehabt hätte.**

Ein Blick auf die Sätze (108) und (109) mag uns auf eine pragmatische Spur führen: Die Sprecher-/Schreiberintentionen bei den Teilsätzen

> (112) **Es ist Schlafenszeit.** und

> (113) **Die Sachen sollen weggeräumt werden.**,

mögen für den berichteten Fall übereinstimmen. Selbst mit dieser Annahme stimmen aber die Satzbedeutungen der Sätze (108) und (109) nicht überein, die Satzbedeutungen der Sätze (112) und (113) sind bereits verschieden. Diese Erkenntnisse legen einen Versuch mit der Gleichheit der Bedeutungen zusammen mit der Gleichheit der mit der gewählten Wiedergabe angedeuteten Sprecher-/Schreiberintentionen nahe. Von einer hier nicht durchzuführenden genaueren Untersuchung dieses Vorschlages hängt es ab, ob wir von der Relevanz des Prinzips (BK) für die indirekte Rede reden können. Auf jeden Fall scheint im Augenblick auch hier, wie bei den hyperintensionalen Kontexten, ein Fragezeichen angebracht zu sein.

Mit Platts (1979, 48) müssen wir also sicherlich von einigen Schwierigkeiten für komplexe Sätze bei der Anwendung eines Kompositionalitätsprinzips reden. Er orientiert sich allerdings an einer bestimmten Auffassung zur Satzbedeutung, nämlich der Auffassung von Satzbedeutung als Wahrheitsbedingungen. Insofern möchte ich seine Kritik für mein Prinzip (BK) uneingeschränkt nur für die Fälle der hyperintensionalen Kontexte und der indirekten Rede übernehmen. Eine letzte Beurteilung ist sowieso unmöglich, da wir als Linguisten gestehen müssen, daß alle bisherigen Behandlungen von Bedingungssätzen, intensionalen und hyperintensionalen Kontexten, direkter und indirekter Rede nicht überzeugen können. Als Einführung in die Problematik der formalen Behandlung komplexer Sätze sei dem Leser Kutschera (1976) empfohlen. Zusätzlich sind wir in meiner Darstellung nur von einem intuitiven Verständnis zur Satzbedeutung und Synonymie ausgegangen. Eines sollte noch betont werden: Das Prinzip (BK) ist flexibler als es auf den ersten Blick aussehen mag, denn es schließt die Modifikation der Bedeutungen der Wörter im Verlauf der Bedeutungsermittlung ja nicht aus. Positiv ist auf jeden Fall die über das Prinzip mit erfaßte Beziehung zwischen Syntax und Semantik zu bewerten. Hier stimme ich Margalit (1978, 378) zu.

Die im Prinzip (BK) angelegte Flexibilität wird bereits bei der Bedeutungsermittlung von komplexen Ausdrücken benötigt. Wie schon im letzten Kapitel angedeutet, ist die Berücksichtigung der als Wortbedeutungen angesetzten Strukturen über Stereotypen meist weder für Bedeutungsumschreibungen noch für den Verstehensprozeß erforderlich. In beiden Fällen stehen Gesichtspunkte fest, die es uns erlauben, für die einzelnen Wörter von der Strukturebene auf die Stereotypenebene überzugehen. Betrachten wir etwa die Kombination von einem Adjektiv und Substantiv, dann liefert das Substantiv einen willkommenen Gesichtspunkt für die Festlegung eines Stereotyps aus der Wortbedeutung des Adjektivs. So ist bei Satz (114):

(114) **Der rote Sonnenball versank im Meer.**,

klar, daß für **rot** mit dem Gesichtspunkt »Sonne« eine typische Rotfärbung evoziert wird, die nichts mit dem Rot eines Feuerwehrautos zu tun hat. Letzteres Rot wäre dagegen vielleicht ein Kandidat für das kontextneutrale prototypische Rot; falls man von dem Begriff »Kontextneutralität« überzeugt ist, versteht sich. Eine formale Beschreibung für diese Vorgänge ist nicht in Sicht. Die häufig vorgeschlagene Verbindung von Prototypentheorie und »fuzzy set«-Theorie versagt für die Bedeutungsermittlung komplexer Ausdrücke völlig. Osherson/Smith (1981) haben dies für die logisch möglichen Begriffskombinationen überzeugend nachgewiesen. In Osherson/Smith (1982) schlagen sie auf informelle Weise eine subjektiv gesteuerte Korrektur der logisch bestimmten Ergebnisse einer Begriffskombination vor. Dies mag meiner kontextuell bestimmten Bevorzugung einzelner Stereotypen aus der gesamten Struktur für einzelne Wörter entsprechen. Da nun ja das mit Hilfe des Substantivs evozierte Stereotyp für das Adjektiv immer noch Teil der Wortbedeutung des Adjektivs ist, wird unser Prinzip (BK) bei diesen Prozessen nicht außer Kraft gesetzt. Zudem erfolgt die Bedeutungsermittlung gemäß der syntaktischen Analyse und nicht einfach gemäß der linearen Anordnung der Wörter von links nach rechts. Letzteres verneint auch

Gipper (1970, 34). Bei der Verkettung von Adjektiven und Substantiven ist hierbei die gerichtete Beziehung zwischen beiden zu beachten. Da wir ja die Angabe der syntaktischen Relationen mit zur syntaktischen Analyse zählen, können für das Prinzip (BK) wohl generell alle über die reine Abfolge und Konstituentenhierarchie hinausgehenden Beziehungen untereinander bewußt mit einbezogen werden. Eine konkrete Ausführung dieser Möglichkeit muß dem Leser vorenthalten werden, da dies natürlich eine ausgearbeitete Syntax verlangt.

Insgesamt gilt unser Spruch: Was Hänschen nicht lernt, lernt Hans nimmer mehr, nicht uneingeschränkt für das Problem der Bedeutungsermittlung von syntaktisch komplexen Ausdrücken. Metaphern, hyperintensionale Kontexte und indirekte Rede sind sprachliche Erscheinungen, bei denen Einheiten, die umfangreicher als einzelne Wörter sind, einen bestimmenden Einfluß auf die Bedeutungen des Gesamten haben. Die völlige Vernachlässigung der Bestandteile erwies sich jedoch als nicht realistisch. Bei dieser dann konsequent ganzheitlichen Zuordnung stehen die unbeschränkte konstruktive Produktivität und die beschränkte mentale Speicherkapazität zueinander im Widerspruch.

Von der Schwierigkeit, zufriedenstellende formale Beschreibungen für die Bedeutungen komplexer Ausdrücke zu finden, darf ebenfalls nicht auf die Ablehnung des Kompositionalitätsprinzips geschlossen werden. Es hat in der von mir formulierten Form seine Berechtigung und wir müssen die in ihm angelegte Flexibilität erst eingehend kennenlernen, ehe wir uns an formale Beschreibungen mit Erfolgsaussichten wagen können.

5.2 Satzbedeutung vs Äußerungsbedeutung

Es gibt eine Brücke zwischen Wort- und Satzsemantik. Aufgrund der Gerichtetheit dieser Beziehung erweist sich die Satzsemantik als nicht so eigenständig als dies für die Wortsemantik gilt. Das Meiste meiner Vorrede zur Wortsemantik kann für meine Behandlung der Satzsemantik übernommen werden. Auch hier darf der Leser nicht zuviel erwarten. Trivialerweise handelt es sich bei der Satzbedeutung ebenfalls um etwas Nichtsprachliches. Diesem können wir uns nur schrittweise nähern und konkrete Aussagen nur dann erwarten, wenn wir uns mit Teilproblemen der Satzbedeutung beschäftigen. Schließlich dürfen wir uns selbst für die vorrangigen linguistischen Fragestellungen Erkenntnissen anderer Disziplinen nicht verschließen.

Ein wichtiger Unterschied zur Wortsemantik ist zu beachten: Wir haben es in der Satzsemantik mit (syntaktisch) komplexen Ausdrükken zu tun; Ausdrücke also, die erst durch syntaktische Verkettung entstehen. Zwar haben wir auch in der Wortsemantik manche Einheiten, die (morphologisch) verkettet sind – insbesondere Komposita –, aber in der Satzsemantik ist jede Einheit (syntaktisch) komplex. Dem haben wir im Abschnitt 5.1 versucht gerecht zu werden, indem wir bei der Formulierung des Kompositionalitätsprinzips den Bezug auf die syntaktische Analyse und die Interpretation der Verkettungsweisen mit angeführt haben. Auf diesem Stand der Angabe von Abhängigkeiten wollen wir es für die gesamte Diskussion der Satzbedeutung belassen, denn eine Syntaxtheorie soll hier nicht eingeführt werden. Deshalb ergibt sich für die Erklärung der Satzbedeutung über die auch für die Erklärung der Wortbedeutung bekannten Beschränkungen hinaus eine weitere generelle Beschränkung: Die Abhängigkeit der Satzbedeutung von der jeweiligen syntaktischen Analyse und der Interpretation der zugrundeliegenden Verkettungsweisen kann höchstens auf intuitive Weise bestimmt werden. Somit können wir im Grunde nur die Absteckung des für eine zufriedenstellende Erklärung des Begriffs »Satzbedeutung« nötigen semantischen Begriffsinventars erwarten.

Bei der Diskussion des Kompositionalitätsprinzips erwies sich bereits der Unterschied zwischen Satzbedeutung und Äußerungsbedeutung als äußerst wichtig; eine Unterscheidung, die nun nähere Beachtung verdient. Stellen wir uns Max vor, der am Freitag Abend zwischen ausklingenden »Heute Journal«-Piepsern und einsetzender »Aspekte«-Musik seine Frau fragt:

(115) **Übrigens, ist Petra schwanger?** oder

(116) **Übrigens, ist Ottos Frau schwanger?.**

Für die an dieser Sprechsituation beteiligten Personen – Max und seine Frau – mögen beide Fragen – abgesehen vielleicht von männlichen vs weiblichen Konnotationssignalen – völlig gleichwertig sein; für uns, ohne weitere Informationen, sicherlich nicht. Worin liegt aber der Unterschied? Wir wollen mit unseren Überlegungen eine Regelung finden, bei der wir sagen können, daß die Fragen (115) und (116) unterschiedliche *Satzbedeutungen* aufweisen, jedoch für die beschriebene Situation gleiche *Äußerungsbedeutung* haben.

Sätze als komplexe sprachliche Zeichen haben natürlich Form und Bedeutung. Diese für die Wortebene praktisch allgemein anerkannte Tatsache wird auf der Satzebene allzu gern vergessen. Mögen die Folgen daraus im allgemeinen zwar nicht katastrophal sein – darauf baue auch ich für den größten Teil dieses Buches –, so ist es doch zumindest für den im Augenblick betrachteten Problemkreis hilfreich, sich über die Tatsache des Zeichencharakters von Sätzen bewußt zu werden. Speziell Lyons (1981, 179) hat sich in letzter Zeit Mühe gegeben, die weitverbreiteten Nachlässigkeiten wieder zurechtzurücken. So resultiert die Verwendung von Homonymen in Sätzen in übereinstimmenden Satzformen, aber nicht notwendigerweise in gleichen Sätzen. Bei der Satzform

(117) **Der Zug irritierte Bernd.**,

ist z. B. erst nach Festlegung des jeweiligen Substantivs **zug** klar, um welchen Satz des Deutschen es sich handeln soll. Das Substantiv **zug** des Deutschen mit der Bedeutung »Rücken einer Figur in einem Brettspiel« führt uns auf einen Satz mit der in (117) angeführten Form und der Satzbedeutung »Der Spielzug irritierte Bernd«, während das andere Substantiv **zug** des Deutschen mit der Bedeutung »Luftbewegung« auf einen weiteren Satz mit der in (117) angeführten Form und der Satzbedeutung »Die Zugluft irritierte Bernd« führt.

Auch der Begriff »Äußerung« ist zunächst einmal mehrdeutig. So kann damit entweder der physikalische Prozeß des Äußerns im lautlichen oder schriftlichen Medium oder das Produkt eines solchen Prozesses gemeint sein; vgl. Lyons (1981, 171, 173). Von der letzteren Inskriptions-Lesart ist bei mir so gut wie immer die Rede. Aufgrund der Abhängigkeit der letzteren Lesart von der ersteren können wir bei der Betrachtung einer Äußerung(sinskription) immer von der mit ihr gegebenen Situation reden. Jede Äußerung ist inhärenter Bestandteil der (Äußerungs-) Situation und umgekehrt. Deshalb halte ich eine Redeweise wie »die Äußerung ist in eine Situation eingebettet« für zumindest mißverständlich. Dies hat auch zur Folge, daß – wie im Abschnitt 5.1 bereits verwendet –, zwei Äußerungen niemals in ein und derselben Situation auftreten können, Äußerungen sind häufig, im Sinne einiger Syntaxtheorien zumindest, nicht vollständige Sätze; ein wichtiger Grund, weshalb bereits auf der Form- und Syntaxebene die Unterscheidung zwischen Äußerungen und Sätzen sinnvoll ist.

Sätze als theoretische Konstruktionen können, wenn wir sie uns im Gebrauch vorstellen wollen, in Situationen eingebettet werden; insofern kann man sich auch über die Wirkungen verschiedener Sätze in ein und derselben Situation auf sinnvolle Weise Gedanken machen. Ein Satz zusammen mit einem Kontext liefert uns sozusagen eine *mögliche* Äußerung. Dies ist eine Konstruktion, von der wir, wie unter vielen anderen auch Bierwisch (1983a, 35), laufend Gebrauch machen. Die ausgezeichnete Darstellung in Lemmon (1966) beruft sich ebenfalls darauf: »[...] if we wish to speak of sentences as true or false, then this talk must be relative to context of utter-

ance [...].« (91) Mit der im Zitat auftretenden Rede von Wahrheitswerten sind wir bereits zur semantischen Ebene gewechselt. Die
Satzbedeutungen einer syntaktisch analysierten Form lassen sich
normalerweise mit unserem Prinzip (BK) ermitteln. Danach sind die
Satzbedeutungen bereits aufgrund der unterschiedlichen Tempusfor-
men der Sätze (118) und (119) verschieden:

(118) **Der Bundespräsident der Bundesrepublik Deutschland ist ein Freund der Jugendherbergen.**

(119) **Der letzte Bundespräsident der Bundesrepublik
Deutschland war ein Freund der Jugendherbergen.**

Gleichzeitig könnten beide Sätze in geeigneten Kontexten mit übereinstimmender Äußerungsbedeutung »Karl Carstens ist im Jahr 1983
ein Freund der Jugendherbergen« gebraucht werden. Diese Äußerungsbedeutung ergibt sich für Satz (118) an einem Kontext im Jahr
1983 und für Satz (119) an einem über das Jahr 1983 handelnden
Kontext im Jahr 1985. Daß als Kontext eventuell auch die Einbettung in ein Kochrezept für eine Süßspeise ausreichen mag, zeigen die
beiden Sätze

(120) **Butter und Zucker müssen cremig gerührt werden.**

(121) **Die Zutaten müssen cremig gerührt werden.**

Umgekehrt sind bereits Erscheinungen wie referentiell zu gebrau-
chende Ausdrücke und indexikalische Ausdrücke Grund dafür, daß
mit einem Satz je nach Gebrauchskontext verschiedene Äußerungsbedeutungen verbunden sein können. Als Beispiele hierfür sollen
dienen:

(122) **Sie wünscht sich dieses Spielzeug als Geschenk.**

(123) **Seit einer Woche blühen hier bereits die Kirschbäu-
me.**

Die Referenz des Sprechers/Schreibers ist Bestandteil der Äußerungsbedeutung, nicht aber der Satzbedeutung. Hier bin ich mit
Lyons (1981, 182) völlig einig. Obwohl wir uns im Abschnitt 4.4
überlegt hatten, daß im Falle von Benennungsakten sehr wohl Referenten außerhalb der durch die Wortbedeutungen bestimmten Extensionen liegen können, wird sich zumindest in allen Äußerungssi-
tuationen, die nicht Benennungsakte enthalten, die Äußerungsbedeutung aus den für die Inskription in frage kommenden Satzbedeutungen ermitteln lassen. Dies gilt selbstverständlich wiederum uneingeschränkt nur für die Sprachbeschreibung. Für die konkrete Rede
muß es nicht immer ein realistisches Modell sein!

Vorläufig gesprochen, Äußerungsbedeutung ist etwas, das im Falle von Behauptungen das durch die Äußerung vorgegebene Geschehen zur Struktur hat, oder, das im Falle von Aufforderungen, Wünschen usw. die Bitte um die Herstellung des durch die Äußerung

vorgegebenen Geschehens zur Struktur hat, oder, das im Falle von Fragen die Bitte um die Aufhebung einer Unkenntnis über das durch die Äußerung vorgegebene Geschehen zur Struktur hat. Erinnert seien Sie dabei an eines: Mit der Äußerung ist die sprachliche und/oder nichtsprachliche Situation gegeben! Meine Redeweise vom »vorgegebenen Geschehen« versucht die bei der Referenz besonders deutlich werdende Vermittlerfunktion des Sprechers/Schreibers zwischen sprachlichen Formen und Wirklichkeit zu erfassen. Diese allgemeine Formulierung der Äußerungsbedeutung erlaubt wohl auch eine Übernahme in die Versuche einer formalen Situationssemantik, bei der nach Barwise/Perry (1981, 387) und Barwise/Perry (1983) Behauptungen für Situationen stehen. Ob die Reduktion von »Situation« auf eine Beziehung zwischen raumzeitlichen Gebieten und n-stelligen Relationen zwischen Objekten allerdings unserem ganzheitlichen Anspruch gerecht werden kann, scheint mir fraglich.

Um nicht in den alten pragmatischen Streit um die Wahrheitswertfähigkeit von nicht als Behauptungen intendierten Äußerungen eintreten zu müssen, wollen wir uns hier mit folgender vorläufigen Bestimmung zufriedengeben: Handelt es sich um eine Behauptung und ist das durch die Äußerung vorgegebene Geschehen tatsächlich der Fall, dann ist die Äußerungsbedeutung bzw. die Äußerung wahr. Handelt es sich um eine Behauptung und ist das durch die Äußerung vorgegebene Geschehen tatsächlich nicht der Fall, dann ist die Äußerungsbedeutung bzw. die Äußerung falsch. Da beides nun gewissermaßen situationsunabhängig gilt, ist eine Äußerungsbedeutung ein für allemal entweder wahr oder falsch; vgl. Lemmon (1966, 100). Die Frage nach der Wahrheit oder Falschheit ist in diesem Fall, wie Kutschera (1975, 73) richtig erwähnt, eine Tatsachenfrage und keine Frage der Festsetzung mehr. Diese Festlegung der Äußerungsbedeutung ist insbesondere deshalb noch als vorläufig anzusehen, weil die Frage nach dem Ort des »vorgegebenen Geschehens« noch völlig offen ist. Ist es im mentalen Bereich oder in der Wirklichkeit anzusiedeln?

Einfluß oder Nichteinfluß der Situation; diese nun gefundene Trennung zwischen Satz- und Äußerungsbedeutung wird allerdings in zweierlei Hinsicht auf den ersten Blick wiederum etwas verwischt: Wir wissen, eine Trennung zwischen nichtsprachlichem Wissen und sprachlichem Wissen läßt sich nicht aufrecht erhalten. Dies spielte dann auch für die Ermittlung der Satzbedeutung mit Hilfe des Kompositionalitätsprinzips eine wichtige Rolle. Ferner ist weit über die rein indexikalische Ausdrücke hinaus in jeder natürlichen Sprache eine allgemeinere indexikalische Komponente vorhanden. Putnam (1975b, 152) hat dies klar herausgearbeitet und es ist auch besonders plausibel, wenn wir an die Phase des Spracherwerbs denken. Wir eignen uns Bedeutungen im sozialen Kontakt mit unserer Umgebung an. Somit ist der implizite Bezug auf das Sprachverständnis unserer Umgebung in den Bedeutungen unseres eigenen Idiolekts mit vorhanden. Satzbedeutungen sind also aufgrund beider Tatsachen nicht abgehoben von der Welt, in der wir leben. Jedoch handelt es sich bei diesem Einfluß nicht um die bestimmende Funktion einer einzelnen konkreten Situation, sondern um die Abstraktion aus den Erfahrungen zahlreicher Sprech- und Hörsituationen in der betreffenden Sprachgemeinschaft. Da für die Äußerungsbedeutung dagegen zusätzlich die mit der Äußerung gegebene konkrete Situation bestimmend ist, können wir weiterhin berechtigterweise von einem Unterschied zwischen Satz- und Äußerungsbedeutung reden. Eine präzisere Bestimmung beider Begriffe wird in den Abschnitten 5.4 und 5.5 versucht werden.

5.3 Satzbedeutung als Wahrheitsbedingungen?

Beim vertrauensmäßigen Einlassen auf die Zeugenaussagen über den Hergang eines Unfalles nehmen wir diese als Abbild der Wirklichkeit. Erfüllen die Aussagen diese Darstellungsfunktion, dann schildern sie, was tatsächlich vorgefallen ist. Wie ich im vorigen Abschnitt angeführt habe, sind in diesem Fall die Äußerungsbedeutungen wahr. Sobald wir sprechen/schreiben, ist ein für die Interpretation wichtiger Kontext mit gegeben. Zusätzlich enthalten unsere Äußerungen häufig referentiell zu verwendende Ausdrücke und/oder indexikalische Ausdrücke. Somit können wir uns, ob wir es wollen oder nicht und soviel wir uns auch distanzieren mögen, von dem, was der Fall ist, in der Sprache nicht befreien. Wahrheitsgemäße Rede verdient dieses Prädikat ebenfalls erst durch den Bezug auf die Wirklichkeit. Deshalb sollten uns Versuche, diese unausweichliche Wirklichkeit über einen *Wahrheitsbegriff* gewissermaßen in die Semantik hineinzuholen, nicht überraschen. Neben dieser nicht zu leugnenden Plausibilität für die Verwendung eines Wahrheitsbegriffes läßt noch die Meinung von Schnelle (1973) aufhorchen: »Die Theorie der Wahrheit ist eine der bedeutendsten Theorien [...] der Semantik.« (175) Ferner preist auch Cresswell (1982) folgendes Prinzip als Grundpfeiler einer Satzsemantik an: »If we have two sentences A and B, and A is true and B is false, then A and B do not mean the same.« (69) So ernst wie es vorgetragen wird, kann dies übrigens nicht gemeint sein, da natürlich auch Cresswell weiß, daß Sätzen als solche nicht einfach Wahrheitswerte zugesprochen werden können, sondern allenfalls als mögliche Äußerungen. Mit diesem

Verständnis muß man allerdings zugeben, daß verschiedene Wahrheitswerte auf verschiedene Äußerungsbedeutungen schließen lassen. Geschehen sind entweder der Fall oder nicht der Fall, also können Äußerungen mit unterschiedlichen Wahrheitswerten nicht ein und dasselbe Geschehen vorgeben.

Eigentlich sollten uns ja Satzbedeutungen interessieren, mag mancher Leser inzwischen denken. Sind aber Äußerungsbedeutungen mit Wahrheit und Falschheit verbunden, so ist dies auch für unsere Satzbedeutungen wichtig. Satzbedeutungen erwiesen sich als Grundlage für Äußerungsbedeutungen. Satzbedeutungen müßten somit die *Wahrheitsbedingungen* mitliefern, die an einem Kontext überprüft, die Wahrheitswerte der jeweiligen Äußerungsbedeutungen ergäben. Der Schritt zur Gleichsetzung von Satzbedeutung und Wahrheitsbedingungen ist dann nicht mehr allzu weit und er wird wohl am entschiedensten von dem Philosophen Davidson (1967) vertreten: »[...] to give truth conditions is a way of giving the meaning of a sentence.« (310) Allerdings muß man Davidson zugute halten, daß er zunächst sein Glück durchaus mit einem Bedeutungsschema
(BS) ... bedeutet ...,
versucht, wobei die linke Seite – idealerweise – mit einem die syntaktische Analyse enthaltenden Namen des betrachteten Satzes der Objektsprache und die rechte Seite mit einem in der Metasprache vorhandenen Namen für die Bedeutung des Satzes gefüllt wird. Da **bedeuten** jedoch einen intensionalen Kontext schafft und Davidson für seine axiomatisch konzipierte Bedeutungstheorie eine extensionale Charakterisierung verlangt, läßt er das Bedeutungsschema zugunsten des *Wahrheitsschemas*
(WS) ... ist wahr dann und nur dann, wenn ...,
fallen, wobei wiederum links – idealerweise – ein die syntaktische Analyse enthaltender Name des betrachteten Satzes der Objektsprache steht und rechts seine Wahrheitsbedingungen stehen; vgl. Davidson (1967, 309). »Idealerweise« taucht in meiner Beschreibung auf, da in den Beispielen der Wahrheitstheoretiker äußerst selten eine syntaktische Analyse erscheint. Selbstverständlich müßten wir weiter im Falle des Wahrheitsschemas eigentlich auf die Rede von Äußerungen anstatt der dort üblichen Rede von Sätzen bestehen.

Was kann nun auf der rechten Seite des Wahrheitsschemas als Wahrheitsbedingungen erwartet werden? Die als Grundlage jeder mit dem Wahrheitsbegriff arbeitenden Semantik immer noch akzeptierte Antwort in Form der »Konvention T« findet man bei dem polnischen Logiker und Mathematiker Tarski (1956), der als Begründer der Wahrheitstheorie für formale Sprachen gilt:

»A formally correct definition of the symbol ›Tr‹, formulated in the meta-language, will be called an adequate definition of truth if it has the following consequences: (α) all sentences which are obtained from the expression ›x ε Tr if and only if p‹ by substituting for the symbol ›x‹ a structural-descriptive name of any sentence of the language in question and for the symbol ›p‹ the expression which forms the translation of this sentence into the meta-language; (β) the sentence ›for any x, if x ε Tr then x ε S‹ [...].« (187/188)

Dabei steht »Tr« für das Wahrheitsprädikat und »S« für die Klasse der Sätze der betrachteten Sprache. M. a. W., als Folge der Wahrheitstheorie sollten wir für den Satz (bzw. besser die Äußerung):

(124) **Die Sonne scheint.**,

als Wahrheitsschema bei dem von uns bereits im Abschnitt 2.1 für gut empfundenen Fall einer mit der Objektsprache gleichzusetzenden Metasprache folgendes erhalten:

(WS$_{(124)}$) **Die Sonne scheint** ist wahr dann und nur dann, wenn die Sonne scheint.

Wer dies zum ersten Mal liest, muß und darf wohl erst einmal tief durchatmen. Danach sollte jeder von uns bereit sein, sich die Aussage genauer anzusehen. Daß diese Aussage mit unserem intuitiven Wahrheitsverständnis übereinstimmt, daran gibt es wohl nichts zu rütteln. Auch Kutschera (1975) findet es so in Ordnung: »Was es heißt, daß A wahr ist, läßt sich nur durch A oder durch mit A äquivalenten Bedingungen erläutern [...].« (77) Zusätzlich läßt uns dieses konkrete Wahrheitsschema auf ein konkretes Bedeutungsschema übergehen. Wir erhalten etwa für (WS$_{(124)}$) das Schema

(BS$_{(124)}$) **Die Sonne scheint** bedeutet, daß die Sonne scheint.

Nun entbehrt dieses Bedeutungsschema zwar jeglichen Erklärungsgehalt; falsch ist es dennoch nicht. Die nachdenkenswerten Gedanken des hervorragenden Oxforder Philosophen Micheal Dummett kreisen in Dummett (1975) um diese Fragen: »[...] it [...] seems impossible to deny‹ that someone knows what ›The Earth moves‹ means just in case he knows that it means that the Earth moves.« (106) Jawohl, sowohl das konkrete Wahrheitsschema als auch das konkrete Bedeutungsschema für den Satz (124) liefern das Bestmögliche, was an Sprachlichem zur nichtsprachlichen Satzbedeutung des Satzes (124) gesagt werden kann. So überzeugend jedes einzelne Beispiel nun wirkt, eine Theorie der Satzbedeutung wird aber daraus noch lange nicht. Bei der Wortbedeutung, wo wir für eine natürliche Sprache mit endlich vielen Wortschatzelementen rechnen können, ist die reine (konjunktive) Aufzählung der konkreten Bedeutungsschemas aus Abschnitt 2.1 eine immerhin diskussionswürdige Möglichkeit. Die Gründe, weshalb wir damit nicht zufrieden sein konnten, brauchen hier nicht wiederholt zu werden. Der naheliegende Gedanke an eine ähnliche Möglichkeit für die Satzbedeutung muß dagegen sofort wieder aufgegeben werden; die konstruktive Komponente auf der Ebene der komplexen Ausdrücke – was insbesondere für die Bedeutungskomposition sprach – steht dem unabänderlich entgegen. Damit ist natürlich auch die reine Aufzählung der konkreten Wahrheitsschemas als Wahrheitstheorie zu verwerfen. Das genaue Studium der von mir zitierten Konvention T zeigt sehr deutlich, daß Alfred Tarski dies auch nicht vorschlagen wollte. Egal wie die Wahrheitstheorie im Kern aussieht, sie muß als *Ergebnis* für jeden Satz das diskutierte, konkrete Wahrheitsschema liefern. Darum ging es Tarski. Da er sich jedoch in diesem Punkt völlig mißverstanden fühlte, widmete er in Tarski (1943/44) einen weiteren Artikel genau dieser Frage.

Selbst wenn wir dieser Fehlinterpretation nicht von vornherein aufsitzen, so bleiben bei der Beurteilung der sinnvollen Übertragbarkeit Tarskischer Vorstellungen für formale Sprachen auf die uns interessierenden natürlichen Sprachen noch viele Fragen offen. Einmal spricht die bisherige Praxis dagegen. Eine ausgearbeitete Wahrheitstheorie für einen zufriedenstellenden Ausschnitt einer natürlichen Sprache mit den erwünschten konkreten Wahrheitsschemas als Resultate ist nicht in Sicht, ganz zu schweigen von einer Wahrheitstheorie, die mit unseren Erkenntnissen zur Wortbedeutung Vergleichbarem Rechnung tragen könnte. Jedoch spricht dieser praktische Einwand noch nicht gegen eine vielleicht theoretisch wünschenswerte Konzeption dieser Art für die Satzbedeutung. Aber auch an dieser Stelle müssen Bedenken gegen eine Reduzierung auf Wahrheitsbedingungen angemeldet werden. Die nichtsprachliche Satzbedeutung an einem Kontext nimmt entweder direkt oder indirekt Bezug auf Geschehen. Das Bestehen oder Nichtbestehen dieser Geschehen entscheidet über Wahrheit oder Falschheit der jeweiligen Äußerung. Insofern ist die sprachlich unweigerlich nur unzulänglich erfaßbare Beziehung zu Geschehen das Unmittelbarste an der Satzbedeutung; mit dem jeweiligen Satz formulierbare Wahrheitsbedingungen sind auf jeden Fall etwas davon auf der sprachlichen Ebene Abgeleitetes. Aber vielleicht sind Wahrheitsbedingungen das Bestmögliche, was wir als Bedeutungsumschreibung im konkreten Einzelfall verlangen können? Analog zu meiner wichtigen Forderung an die Bedeutungsumschreibungen von Wörtern einer natürlichen Sprache, gemäß der die Bedeutungsumschreibungen die Erfassung der semantischen Strukturen des Wortschatzes ermöglichen sollten, möchte ich auch an die Bedeutungsumschreibungen von Sätzen bzw. komplexen Ausdrücken einer natürlichen Sprache eine solche Forderung stellen: Die Bedeutungsumschreibungen von Sätzen bzw. komplexen Ausdrücken ermöglichen die Erfassung der semantischen Strukturen innerhalb des konstruktiven Teils der Sprache. Hierzu zählen in erster Linie Beziehungen der Folgerung und des Widerspruches. Vergleichen wir die Sätze (125)–(127):

(125) **Der Dom steht gegenüber dem Bahnhof.**
(126) **Der Bahnhof steht gegenüber dem Dom.**
(127) **Der Dom steht neben dem Bahnhof.**

Hier steht bei festgelegtem Kontext der Satz (127) im Widerspruch zu den Sätzen (125) und (126) und die Sätze (125) und (126) sind an diesem Kontext gegenseitige Folgerungen. Der entscheidende Beitrag der Wortbedeutungen der Präpositionen im Deutschen **gegenüber** und **neben** wird durch das Prinzip der Bedeutungskomposition deutlich. Eine vergleichbare Bedingung für die Satzsemantik finden wir bei Lang (1983) als »Postulat (IV)«: »Die Repräsentation der logischen Form eines Satzes von L muß so angelegt sein, daß die dem Satz intuitiv zugeschriebenen semantischen Bewertungen und die aus ihm intuitiv ableitbaren Folgerungen formal gewinnbar sind.« (121) Nun muß man zugeben, daß eine erfolgreiche Behandlung entsprechender semantischer Relationen für formale Sprachen im Rahmen der Modelltheorie, vgl. Lutzeier (1973), auf dem Wahrheitsbegriff bzw. dem allgemeineren Erfüllungsbegriff beruht. Die bedenkenswertesten Einwände gegen eine entsprechende Übertragung auf eine natürliche Sprache stammen meiner Meinung nach von Dummett (1976). Sein Ausgangspunkt ist das einer Wahrheitstheorie implizit zugrundeliegende Prinzip: »If a statement is true, it must be in principle possible to know that it is true.« (99) Aber bereits in Sprachen für mathematische Theorien finden wir nicht entscheidbare Sätze vor, in noch viel größerem Umfang gilt dies für natürliche Sprachen. Tempus und Quantoren sind Erscheinungen, die hierfür verantwortlich sind. In der Modelltheorie wird diese durch auf nicht zugängliche Bereiche verweisende Elemente bewirkte Beschränkung elegant überwunden, indem man sich für die Bewertungen aus den einzelnen Situationen »herausbegibt« und eine Art gottähnlicher Position einnimmt. Formal funktioniert dieser Trick, damit wird jedoch nicht erklärt, wie jeder Sprachteilnehmer trotz dieser Beschränkungen tatsächlich seine Sprache mehr oder weniger meistern kann. So lesen wir bei Dummett (1976): »[…] those sentences might be used by beings very unlike ourselves, and, in so doing, fails to answer the question how we come to be able to assign to our sentences a meaning which is dependent upon a use to which we are unable to put them.« (100) Sein Ausweg orientiert sich an der Tradition des Intuitionismus in der Mathematik, wonach nur die Fähigkeit des Urteils verlangt wird, ob die vorgegebenen Mittel als »Beweis« des

Wahrheitswertes ausreichen oder nicht; vgl. Dummett (1976): »A verificationist theory represents an understanding of a sentence as consisting in a knowledge of what counts as conclusive evidence for its truth.« (132) Ob nun gerade Begriffe wie Verifikation oder Falsifikation den zentralen Kern einer Theorie der Satzbedeutung für natürliche Sprachen bilden sollen, scheint mir jedoch ebenso fraglich. Was ich allerdings für die weitere Diskussion aus diesen kritischen Anmerkungen zur Frage der Wahrheitsbedingungen festhalten möchte, sind zwei Dinge: 1. Anstelle der Frage, ob ein Geschehen, auf das in irgendeiner Weise in der Rede Bezug genommen wird, der Fall ist oder nicht, scheint in der Kommunikation eher eine *dynamische* Komponente der Satzbedeutung eine Rolle zu spielen: Gemeint ist das Wissen über die Ausführungsprozeduren, die erforderlich sind, um ein bestimmtes Geschehen »herzustellen«. Nicht so sehr das getreue Abbild der Wirklichkeit ist wichtig, vielmehr der erfolgreiche Zugriff auf die Wirklichkeit. Baker (1974, 156) sieht hier den Zusammenhang der Wahrheitsbedingungen mit der Merkmalskonzeption. In beiden Fällen sollen praktisch notwendige und hinreichende Bedingungen für die Anwendbarkeit gefunden werden. 2. Semantische Strukturen der konstruktiven Komponente leitet der Sprachteilnehmer selten direkt aus der (äußeren) Wirklichkeit ab, eher verläßt er sich auf seine innere ›Wirklichkeit‹: die jeweilige *mentale Repräsentation*. Diese mentale Repräsentation, obwohl von ganzheitlichen Charakter, ist dabei in mancher Hinsicht unvollkommen – der Sprachteilnehmer kann z.B. damit auf keinen Fall aus der Wirklichkeit in eine gottähnliche Position treten –, woraus sich viele voreilige ›unwirkliche‹ Folgerungen aus der Rede eines Anderen, auf einer unzureichenden Wissensbasis beruhende Glaubensaussagen usw. erklären lassen.

Insgesamt scheint mir die in der traditionellen Wahrheitstheorie angelegte direkte Beziehung zwischen Sprache und Wirklichkeit der entscheidende Nachteil für eine Theorie der Satzbedeutung einer natürlichen Sprache zu sein. Das Denken als dritte Komponente darf hierfür nicht vernachlässigt werden!

5.4 Sprechen/Schreiben: Faktorisierung der Wirklichkeit

Reden und Schreiben zwingt uns zu einer Auswahl. Dies gilt für alle sprachlichen Ebenen und es gilt in besonderer Weise für die Übertragung der nichtsprachlichen Bedeutung in sprachliche Formen. Ein Werbetexter der Deutschen Bundesbahn mag über folgenden Texten sitzen:

(128) Die Fahrt in den wohlverdienten Urlaub wurde einmal mehr zur Qual. Beim Albaufstieg saßen wir stundenlang im Stau fest. Da stahlblauer Himmel war, brannte die gleißende Sonne auf das Auto.

(129) Die Fahrt in den wohlverdienten Urlaub wurde einmal mehr zur Qual. Beim Albaufstieg saßen wir stundenlang im Stau fest. Da stahlblauer Himmel war, heizte die gleißende Sonne das Auto auf.

(130) Die Fahrt in den wohlverdienten Urlaub wurde einmal mehr zur Qual. Beim Albaufstieg saßen wir stundenlang im Stau fest. Da stahlblauer Himmel war, entstanden durch die gleißende Sonne im Auto unerträgliche Temperaturen.

Über die vom Werbetexter intendierte Botschaft über die Vorzüge des Reisens mit der Bahn, was zum Meinen-Bereich gehört, wollen wir uns nicht unterhalten. Was hier interessiert, ist der Bedeutungsbereich und zwar speziell die Bedeutung des übergeordneten Teiles im jeweils letzten komplexen Satz der einzelnen Texte. Im Kontext dieser Texte ist die Ansicht vertretbar, daß mit den drei Sätzen:

(131) **Die gleißende Sonne brannte auf das Auto.**

(132) **Die gleißende Sonne heizte das Auto auf.**

(133) **Durch die gleißende Sonne entstanden im Auto unerträgliche Temperaturen.**,

jeweils das gleiche Geschehen angesprochen wird. Die auf diesen Kontext bezogenen Äußerungsbedeutungen der Sätze (131)–(133) sind also identisch: Es handelt sich um eine ganzheitliche Szene, die wir uns alle mehr oder weniger konkret ausmalen können. »Ausmalen«, wörtlich genommen, ist durchaus passend, da keine der drei sprachlichen Versionen diese Szene als Ganzes ansprechen. Mit der Versprachlichung werden jeweils nur Teile oder Ausschnitte übertragen. So ist etwa bei Satz (131), für sich im Sinne der Satzbedeutung gesehen, keine Rede über die Verhältnisse im Innern des Autos. Genausowenig erfahren wir etwas über etwaige Insassen. Nehring (1930) sieht die Versprachlichung in gleicher Weise: »Damit wird [...] das Verhältnis der beiden Sätze **Mein Bruder ist krank** und **Er liegt im Bett** klar. [...] sie sind nur zwei verschiedene Aufnahmen oder Gemälde desselben ›Geländes‹, abstrakt gesprochen: zwei verschiedene Strukturierungen eines und desselben abgeschlossenen und vollständigen Sachverhalts.« (120) Für die Äußerungsbedeutung unseres Satzes (131) ergänzen wir jedoch dessen Satzbedeutung mit sowohl konkreten Angaben aus dem Kontext als auch mit den durch den Kontext bestimmten stereotypischen Angaben zu den Wortbedeutungen des Satzes zu einem vollständigen Bild. Dabei wird wahrscheinlich das Auto mit 2 Erwachsenen und 2 Kindern besetzt sein, da dies wohl zum Stereotyp von »Auto auf Urlaubsfahrt« gehört. Der dynamische Interpretationsprozeß für eine Äußerung beim Hörer/Leser weist somit die Tendenz zum umfassenden Ganzen auf. Damit wird zumindest die sprachlich verursachte Zerstückelung einer vom Sprecher/Schreiber »gesehenen« ganzheitlichen Vorstellung beim Interpreten wieder vervollständigt. Treffend beschreibt Wegener (1885) die Anforderungen an den Hörer:

»[...] der Inhalt einer Thätigkeit vom Hörenden construirt werden muss, indem er gewisse Beziehungspunkte der Thätigkeit richtig verbindet. Die Verbindungsweise selbst muss er kennen, mitgeteilt wird sie ihm nicht. Es ist, um ein Gleichnis zu geben, wie mit einer geometrischen Aufgabe: es wird uns z. B. das Dreieck nicht fertig gegeben, sondern drei Punkte in der Ebene und die Forderung ein Dreieck zu construiren, wir haben dann die verbindenden Linien nach unserer Kenntniss des Dreiecks selbst zu finden [...].« (138/139)

Ob die Art der Vervollständigung mit der Vorstellung des Produzenten übereinstimmt, ist ein anderes, bereits im Abschnitt 1.5 erörtertes Problem. Unüberwindbare individuelle Züge, vgl. Sie auch den hierfür einschlägigen Vorstellungsbegriff bei Frege (1976, 40−42), müssen mit abstrakteren Zügen verwoben werden. Durch die vom Sprecher/Schreiber referentiell gebrauchten Ausdrücke und die indexikalischen Ausdrücke ist für die nun mental angesetzte Äußerungsbedeutung der Anker in die Wirklichkeit geworfen, womit eine wichtige Möglichkeit der Verständigung zwischen Sprecher/Schreiber und Hörer/Leser angedeutet ist und was auch im Falle von Behauptungen die Wahrheitswertigkeit der Äußerungsbedeutung garantiert. Was die Äußerungsbedeutung angeht, können wir also als Teilnehmer der Sprachgemeinschaft im Hinblick auf die sprachliche Faktorisierung der Wirklichkeit ganz gut leben.

Sind die Auswirkungen auf die Satzbedeutung ähnlich gering? Dies ist kaum zu erwarten, da wir ja für die Satzbedeutung außer den Formen und der Art ihrer Verkettung nichts weiter mitgeliefert bekommen. Insofern ist bereits das Vorkommen von unterschiedlichen, nicht-synonymen Wörtern ein starker Hinweis auf unterschiedliche Satzbedeutungen bei zwei miteinander verglichenen Sätzen. Deshalb sind natürlich auch die Satzbedeutungen für die Satzformen (131)−(133) alle untereinander verschieden. Wie differenziert die Unterschiede im Einzelnen zu machen sind, kann generell nicht entschieden werden. Hierzu sind nach der Formulierung unseres Prinzips der Bedeutungskomposition insbesondere auch Einzeluntersuchungen von semantischen Auswirkungen unterschiedlicher syntaktischer Konstruktionen nötig. Bei den Sätzen (134) und (135):

(134) **Ich friere.**
(135) **Mich friert.**,
hat der Kasusunterschied zwischen Nominativ und Akkusativ auch nach der Meinung von Helbig (1973, 188) keinen inhaltlichen Wert; die Satzbedeutungen stimmen also überein und lassen sich so formulieren: »Der Sprecher friert zur Zeit der Äußerung.« Für das Extrem: Form- bzw. Konstruktionsunterschied heißt Bedeutungsunterschied, spricht sich Langacker (1983a) aus:

»Grammar (like lexicon) embodies conventional imagery. By this I mean that it structures a scene in a particular way for purposes of linguistic expression, emphasizing certain facets of it at the expense of others, viewing it from a certain perspective [...]. Two sentences that employ the same content words and appear to be the same in meaning but have different grammatical structures [...] are claimed to be semantically distinct by virtue of their different grammatical organization per se.« (46)

Einige Seiten später lesen wir weiter: »A grammatical construction imposes and symbolizes a particular imagic structuring of conceptual content [...]« (48/49).

Obwohl an der Ausformulierung und der historisch zu verstehenden Verbindung mit der transformationellen Grammatik gescheitert, war doch die *Kasusgrammatik* diejenige Konzeption, die die Faktorisierung der Wirklichkeit beim Sprechen wirklich ernst genommen hat. Das für die Ermittlung der ganzheitlichen Szene bei einer Äußerung dort generell angenommene unterschiedliche Gewicht zwischen Substantiv- bzw. Präpositionalphrasen und Verben, scheint jedoch nicht haltbar. Zwar leuchtet Fillmores Wahl der Dominanz der Substantiv- bzw. Präpositionalphrasen mit seinem Kasusrahmen in Fillmore (1968, 27) bei der Betrachtung der Sätze:

(136) **Bernd schlägt mit der Hand auf den Tisch.** und
(137) **Bernd schlägt mit dem Löffel auf den Tisch.**,

durchaus ein, denn **schlagen** erhält wohl die gleiche Wortbedeutung in beiden Fällen, aber auch die umgekehrte Gewichtung hat ihre nachvollziehbaren Befürworter. Zunächst in geringerem Ausmaß bei Cook (1972, 38/39), der dem Generativen Semantik-Ansatz verpflichtet war, stärker dann bei Nilsen (1973, 56) mit seinen Beispielen:

(138) **They built the house with bricks.** und
(139) **They destroyed the house with bricks.**

Beide Sätze stimmen in der syntaktischen Analyse überein. Die Präpositionalphrase **with bricks** erhält in Satz (138) einzig durch das Verb **build** eine »Material«-Lesart und in Satz (139) einzig durch das Verb **destroy** eine »Instrument«-Lesart. Kein stichhaltiges Argument gegen die Dominanz der Substantiv- bzw. Präpositionalphra-

sen liefert dagegen Seyfert (1981, 154) mit seinem »Unsinnsverb« in
(140) **Alfred** *firmelt Schuhe.
Für das Verständnis sehe ich hier keinen Unterschied zu meinem
Unsinns-Satz mit »Unsinns-Substantivphrasen«:
(141) **Der** *Lomer sohlt *Ruhler.
Aus der Komposition aller am Satz beteiligter Ausdrücke entsteht
für uns die Satzbedeutung. Deshalb brauchen wir für die semantische Frage von keiner unterschiedlichen Gewichtung zu reden. Für
die syntaktische Ebene – man denke an die Dependenz-Grammatik –
und für den Anschluß der Semantik an die Syntax – man beachte die
Argumente in Langacker (1984) – soll damit natürlich noch nicht
eine mögliche andersartige Entscheidung ausgeschlossen sein.

Ein Sprecher/Schreiber kann ein Geschehen als Ganzes unmöglich
versprachlichen. Einzig, wenn er sich in einer Kommunikationssituation, bei der alle Beteiligten anwesend sind, auf den praktisch nur
sprachlich uhterstützten gestischen Verweis beschränkt, kommt er
diesem Ideal am nächsten. Denken Sie etwa an den Ausruf
(142) **Schau!,**
der mit einer Armbewegung begleitet wird, die auf ein auf einem
Tandem vorbeifahrendes Hochzeitspaar deutet. Bei dieser Art von
minimaler Versprachlichung ist jedoch bei weniger hervorstechenden
Geschehen die Gefahr der Mißdeutung der jeweiligen Geste groß. So
wird er sich auch hier – in anderen Kommunikationssituationen sowieso – auf mehr Sprache stützen müssen. Mit der Wahl der Ausdrücke einer Sprache ist im Hinblick auf die Satzbedeutung allerdings nun bereits eine Interpretation einhergegangen, denn nach
Keller (1977) wissen wir: »[...] wenn ich etwas benannt habe, ich es
auch schon interpretiert habe, nämlich mindestens als das, als was
ich es benannt habe.« (9) In ähnlicher Weise schrieb Fillmore (1972),
der sich dabei aufs Kauf- bzw. Verkaufsvorgänge beschränkte:
»There are no situations that can in themselves be distinguished as
buying situations or selling situations [...].« (9) Sowohl unsere eigenen unterschiedlichen Sehweisen als auch die verschiedenen Möglichkeiten der sprachlichen Umsetzung garantieren vielzählige Reali-
sationen. Dies unterstreicht auch Langacker (1983b): »The same
objective scene can be described by a variety of semantically distinct
expressions that embody different ways of construing or structuring
the scene. Our ability to impose alternate structurings on a
conceived phenomenon is fundamental to lexical and grammatical
variability.« (10) Pleines (1976, 59), der übrigens generell interessante Sachverhaltsanalysen bringt, Pleines (1978, 369) und Juchem
(1984, 15) erinnern uns daran, daß ein rücksichtsvoller Sprecher bei
der Auswahl auch an die Kommunikationspartner denken sollte.

Zur vom Sprecher/Schreiber vorgenommenen Deutung des erfaßten Geschehens gehört eine gestalttheoretische Aufteilung in *Figur*
und *Hintergrund*. Die Figur wird sprachlich hervorgehoben und erhält durch die sprachliche Erfassung des Hintergrundes zusätzliche
Bestimmung. Langacker (1983 b) konzentriert sich noch mehr auf die
vorsprachliche Deutung, erfaßt dabei aber das Wichtige:

»[...] the figure within a scene is a substructure perceived as ›standing out‹
from the remainder (the ground) and accorded special prominence as the
pivotal entity around which the scene is organized and for which it provides a
setting. It should be evident that figure/ground organization is not in general
automatically determined for a given scene; it is imposed on a scene [...].«
(26)

Damit ist von vornherein klar, daß die Sätze (143) und (144):

    (143) **Hans ähnelt Fred.**

    (144) **Fred ähnelt Hans.**,

mit syntaktischen Analysen, bei denen **Hans** Subjekt des Satzes
(143) und **Fred** Subjekt des Satzes (144) sind, unterschiedliche Satzbedeutungen aufweisen. Bei Satz (143) etwa geht es um einen Hans,
der mit einem Fred verglichen wird und offensichtlich in einigen Eigenschaften mit diesem Fred übereinstimmt. Satz (144) bringt einen
Fred in Blickpunkt, der mit einem Hans verglichen wird und offensichtlich in einigen Eigenschaften mit diesem Hans übereinstimmt.
Solche Problemfälle der Kasusgrammatik mit sogenannten »symme-
trischen« Prädikaten, vgl. Fillmore (1971, 39), lassen sich hier unter
der Voraussetzung, daß die Wortbedeutungen der jeweiligen Verben
– in den Beispielen von **ähneln** – ermittelt sind, zufriedenstellend erfassen. Für das Verb **ähneln** im Deutschen ist dabei gerade wichtig,
daß es keine symmetrische Relation bestimmt, sondern eine gerichtete Beziehung. Eine ausführliche Diskussion der mit Präpositionalphrasen angesprochenen gerichteten Beziehungen lokaler Verhältnisse findet der Leser/die Leserin in Lutzeier (1985 a). Die augenblickliche Interessenlage des Sprechers/Schreibers steuert, was ihm
ins Auge springt und somit als Kandidat für die »Figur« anzusehen
ist. Gegenüber solcher Spontaneität hemmend wirken perzeptiv und
kognitiv gefestigte Verarbeitungsprozeduren, für die, nach ihrer
Wichtigkeit geordnet, Fillmore (1977) Kriterien für die »Figuren«-
Bestimmung vorschlägt: Nicht überraschend stehen »Mensch« und
»Veränderung« ganz oben (76). Danach spielen noch »Bestimmtheit« und »Gesamtheit« eine bemerkenswerte Rolle (78). So garantiert wohl die Bestimmtheit der Sonne in den Sätzen (131) und (132)
der Sonne die Figurenzuteilung, während das Veränderungskrite-
rium wohl in Satz (133) dem Auto den Figuren-Status zuweist. Mit
diesem letzten Fall haben wir ein Beispiel, bei dem die Versprachli-

chung der Figur (**im auto**) weder grammatisches Subjekt noch logisches Subjekt im Satz darstellt!

Für die sprachliche Umsetzung muß im Hinblick auf die Figur von einer ausreichenden sprachlichen Bestimmung durch die gewählten Ausdrücke ausgegangen werden, andernfalls ist für den Hörer/Leser ein Zugang zu dem, worauf der Sprecher/Schreiber die Aufmerksamkeit richten will, unnötigerweise erschwert. Abstriche sind also in erster Linie bei der Versprachlichung des jeweiligen Hintergrundes zu erwarten. Dies gilt vor allem für die Ebene der Satzbedeutung, bei der wir ja allein auf die mit den Ausdrücken und ihrer Verkettung verbundenen Informationen angewiesen sind. So fällt etwa bei den sogenannten Ein-Wort-Sätzen:

(145) **Hans!** (statt: **Hans komm her!**) oder

(146) **Morgen.** (statt: **Morgen reist er ab**)

die Versprachlichung des Hintergrundes völlig unter den Tisch, einzig die Figur ist angesprochen. Es schlägt also die vom Sprecher/Schreiber gewählte Perspektive über das ganzheitliche Geschehen auf die Satzbedeutung voll durch. So mag bei der Frage nach der momentanen Tätigkeit von Simone, etwa von ihr selbst, folgende Satzform als Antwort gewählt werden:

(147) **Simone malt herrliche Muster.**

Ohne jede Böswilligkeit ist damit alles, was für Simone entscheidend ist, gesagt. Nichts weiter ist auch in der Satzbedeutung dieses Satzes enthalten. Offen bleibt etwa, was sie zum Malen benutzt und worauf sie ihre Sachen malt. Der vorsichtshalber nachschauende Vater wird z.B. wenig begeistert sein, wenn er feststellt, daß Simone ihre zugegebenermaßen schönen Muster mit Gesichtscreme auf den Badezimmerspiegel zaubert. Diese Details haben mit der Satzbedeutung des Satzes (147) nichts zu tun, sie sind einzig Bestandteil einer möglichen Äußerungsbedeutung. Mit dem gemäß der gewählten Perspektive versprachlichten Ausschnitt ist über die Bedeutungskomposition der ganzheitlichen Wortbedeutungen eine ganzheitliche Satzbedeutung verbunden. Diese somit konstruktiv ermittelte Satzbedeutung läßt sich dann in die auf eine vollständig erfaßte Szene abzielende jeweilige Äußerungsbedeutung als Teil einbetten.

Sprechen/Schreiben erfolgt niemals im luftleeren Raum. Man könnte sich also getrost fragen, welche Funktion die die Wirklichkeit oder unsere Vorstellungen höchstens stückweise wiedergebende Satzbedeutung im Vergleich zu der immer abgerundeten Äußerungsbedeutung in der Kommunikation überhaupt erfüllt. Zunächst einmal – und dies wissen wir bereits – ist die Satzbedeutung auf der theoretischen Beschreibungsebene für die Ermittlung der konkreten Äußerungsbedeutung unerläßlich. Daß in der Rede die direkte Erfassung der Äußerungsbedeutung dieser stufenweisen Ableitung ›zuvorkommen‹ kann, habe ich ebenfalls schon betont. Über die in der Sprachgemeinschaft konstanten Anteile an den Wortbedeutungen und den hier ohne Eingehen auf die Syntax nicht zu erörternden konstanten Anteilen an den Interpretationen der Verkettungsweisen trägt die Satzbedeutung natürlich auch ein gerüttelt Maß dazu bei, daß wir auch bei den Bedeutungen komplexer Ausdrücke von in der Sprachgemeinschaft konstanten Anteilen reden können. Damit ist eine gewisse Verständigungsmöglichkeit dank der Satzbedeutung innerhalb einer Sprachgemeinschaft zumindest nicht ausgeschlossen. Aber meiner Meinung nach leistet unsere Ebene der Satzbedeutung in der Kommunikation noch weitere Dienste: Die Satzbedeutung ist für die Ermittlung des mit der Äußerung Gemeinten unerläßlich! Vom Sprecher/Schreiber sprachlich unterschiedlich gesetzten Perspektiven legen wohl unterschiedlich Gemeintes nahe. Die Äußerungsbedeutung zielt jedoch auf das vollständige Geschehen ab, nur an der auf die gewählten Ausdrücke direkt aufbauenden Satzbedeutung wird die jeweilige Perspektive sichtbar. Denken wir zur Illustration an einen Festakt zu Ehren einer Preisträgerin und betrachten die beiden Satzformen (148) und (149):

> (148) **Der Vorsitzende überreicht nun der Gewinnerin einen offensichtlich riesigen, aber unverständlicherweise noch eingewickelten Blumenstrauß.**

> (149) **Die Gewinnerin empfängt nun vom Vorsitzenden einen offensichtlich riesigen, aber unverständlicherweise noch eingewickelten Blumenstrauß.**

Der Radioreporter kann sich mit beiden möglichen Äußerungen auf ein und dasselbe Geschehen auf der Bühne beziehen. Also wären in diesem Fall die Äußerungsbedeutungen der Satzformen (148) und (149) identisch. Die Satzbedeutungen sind gemäß der unterschiedlichen, nicht-synonymen Ausdrücke und unterschiedlichen Verkettungen verschieden. Es geht aus ihnen hervor, daß bei einer Äußerung als Bericht oder Behauptung jeweils etwas über die Referenten der als Subjekt im jeweiligen Satz fungierenden Substantivphrasen ausgesagt wird. Dies ist für die Satzform (148) die Substantivphrase **der vorsitzende.** Damit müßte eigentlich das vom Radioreporter Gemeinte auch den den Figuren-Status besitzenden Vorsitzenden betreffen und es könnte folgendes sein: »Der Vorsitzende hat sich diese peinliche Lage selbst zuzuschreiben, er hätte mehr Sorgfalt bei den Vorbereitungen walten lassen können.« Bei der Satzform (149) ist die Substantivphrase **die gewinnerin** Subjekt des Satzes. Also sollte das vom Radioreporter Gemeinte die den Figuren-Status besitzende Gewinnerin betreffen und es könnte folgendes sein: »Die arme

Gewinnerin ist aber in einer peinlichen Lage.« Auch unser Werbetexter der Deutschen Bundesbahn scheint mit Text (130) am besten beraten, falls es ihm um die erbärmliche Situation im Auto geht. Nur an der Satzbedeutung ist die Figur/Hintergrund-Unterscheidung abzulesen. Ist der Leser nach dem Beispiel bereit, mit mir meinen Katalog von Beziehungsmöglichkeiten zwischen der Bedeutung und dem Gemeinten aus Abschnitt 1.5 um die Möglichkeit, daß das Gemeinte die aus der Satzbedeutung hervorgehende Figur des angesprochenen Geschehens betrifft, zu erweitern, dann steht die Wichtigkeit der Ebene der Satzbedeutung für die Kommunikation nicht mehr zur Diskussion.

Die Faktorisierung macht sich einzig bei der Satzbedeutung, dort jedoch unweigerlich, bemerkbar. In der Äußerungsbedeutung wird diese Zerstückelung wieder überwunden. Allerdings stellten wir fest, daß die mit der Satzbedeutung einhergehende ausschnittsweise Darstellung Informationen mit sich bringt, die für das Verständnis auf der Hörer-/Leserseite wertvoll sein kann.

5.5 Satzsemantik: Abkehr von der Wirklichkeit?

Wir haben in den bisherigen Abschnitten dieses Kapitels einen Stand erreicht, der eine Zusammenfassung und damit hoffentlich einhergehende Konkretisierung unserer Erkenntnisse zur Satz- und Äußerungsbedeutung erlaubt. Dabei muß dann auch die in der Überschrift gewählte Frage diskutiert werden, und zwar in ihrem doppelten Sinne: Zum einen, ob für Satz- und Äußerungsbedeutung nur die innere Wirklichkeit des einzelnen Sprachteilnehmers zählt und zum anderen, ob die umrissene Satzsemantik als realistisch angesehen werden kann.

Die Satzbedeutung ergibt sich meist über die Bedeutungskomposition. Sie kann also, salopp ausgedrückt, nicht mehr sein als mit den Formen im Satz gegeben ist und ist Resultat der vom Sprecher/Schreiber gewählten sprachlichen Faktorisierung. Beim Satz (150)

(150) **Egon gräbt den Garten um.**,

ist die Satzbedeutung – sprachlich ausgedrückt – nichts weiter, als daß eine Person namens Egon den Garten umgräbt. Dabei bestimmt die Wortbedeutung des Verbs **umgraben** im Deutschen im Kontext »Tätigkeit« wohl ein Stereotyp des Umgrabens, zu dem der Sachverhalt: »Eine Person bewegt mit einem Spaten Erde« gehört. Insgesamt stellt die Satzbedeutung eine stereotypische Szene im Garten dar, bei der eine Person namens Egon mit einem Spaten Erde bewegt. »Sicher« kann nur das sein, was in der Faktorisierung gegeben ist, also ist der Großteil an dieser Szene tatsächlich nur stereotypisch! Für logische Folgerungen kann auch nur die Bedeutung des sprachlich tatsächlich Gegebenen herangezogen werden. So ist einzig Satz (151):

(151) **Egon tut etwas am Garten.**,

eine relevante logische Folgerung aus Satz (150). Alle »unbenannten« Teile an der Satzbedeutung dürfen nicht für Ableitungen benützt werden. Bei Satz (150) betrifft dies z.b. die Fragen, ob Egon selbst im Garten ist und ob er zum Umgraben einen Spaten benützt. Beide sind keine Kandidaten für logische Folgerungen, wie uns die Sequenzen (152) und (153) zeigen:

(152) **Egon gräbt den Garten um. Hierzu hat er es sich am offenen Küchenfenster bequem gemacht und bedient von dort seinen Minibagger Marke Eigenbau.**

(153) **Egon gräbt den Garten um. Um die neugekauften Pflanzen nicht zu gefährden, versucht er es mit Ottos Sandkastenschaufel.**

Selbstverständlich lassen wir uns in der Kommunikationssituation nicht nur auf die logischen Folgerungen »festnageln«, vielmehr ziehen wir emsig Schlüsse aus der gesamten stereotypischen Szene. Dieser Bestand bleibt normalerweise so lange unangetastet, bis explizit Gegenteiliges bekannt wird. Johnson-Laird (1983, 128−129) spricht bei diesen Fällen von »impliziten« Ableitungen. Überhaupt scheint meine Charakterisierung der Satzbedeutung mit den von Johnson-Laird (1983) vorgeschlagenen mentalen Modellen vergleichbar: »A mental model is in essence a representative sample from the set of possible models satisfying the description.« (165)

Satzbedeutungen ergeben sich durch das Prinzip der Bedeutungskomposition als etwas *konstruktiv* Ganzes, wobei die »unbenannten« Teile höchstens rein stereotypisch besetzt sind. Die syntaktische Analyse und der verbale Kontext in Form der übrigen Formen des Satzes garantieren normalerweise, daß bei den in die Konstruktion eingehenden Wortbedeutungen die Ebene der Stereotypen erreicht wird. Auch Wegener (1885) geht davon aus: »Brauchen wir [...] ein Wort innerhalb eines Satzgefüges, so gestattet die Verbindung mit den übrigen Worten nur einem Teile der mit dem Worte verbundenen Vorstellungsgruppe in das Bewusstsein zu treten, die übrigen bleiben unter der Schwelle des Bewußtseins.« (50) Andernfalls ergibt sich eine auch bei meiner Formulierung des Prinzips (BK) ausdrücklich zugelassene Mehrdeutigkeit. Mit diesem Verständnis von Satzbedeutung ist die Satzbedeutung beim einzelnen Sprachteilnehmer eindeutig im mentalen Bereich angesiedelt. Neben dieser individuellen Satzbedeutung können wir selbstverständlich auch von einer *Satzbedeutung in der Sprachgemeinschaft* reden. Hierbei treten nicht die individuellen Stereotypen, sondern die in der Sprachgemeinschaft als verbindlich angesehen Stereotypen in die Konstruktion ein. Äußerungsbedeutungen dagegen können nur etwas Individuelles sein. Handelt es sich doch für den Sprecher/Schreiber um das von ihm in der Äußerungssituation konstituierte ganzheitliche Geschehen, während es für den Hörer/Leser um die durch die Situation nahegelegte Vervollkommnung der den gewählten Formen zugrundeliegenden Satzbedeutung geht. Wie umfassend das zumindest für den Hörer/Leser durch die Äußerung – zu der, wir erinnern uns, die Situation gehört – erst angegebene Geschehen sein kann, bleibt für diesen Ansatz natürlich eine heikle Frage. Salopp ausgedrückt wird man sich vorstellen, daß die Äußerungsbedeutung nicht mehr sein darf, als was mit der Äußerung selbst abgedeckt ist. Zur somit verlangten minimalen Vervollkommung mag bei einer Äußerung von Satz (150) dann sehr wohl die Konkretisierung des benützten Instrumentes und des Aussehens des angesprochenen Gartens gehören, nicht aber die Tatsache, daß sich Hildegard im Liegestuhl sonnt. Letzteres zählt erst zur Äußerungsbedeutung des komplexen Satzes:

(154) **Egon gräbt den Garten um, während sich Hildegard im Liegestuhl sonnt.**

Damit wird normalerweise auch die Äußerungsbedeutung von

(155) **Egon sticht immer wieder in die Erde.,**

nicht mit der Äußerungsbedeutung von (150) übereinstimmen, denn der Sprecher kommt bei (155) über die Konstitution der immer wiederkehrenden Bewegung von Egon nicht hinaus: Er sieht den Sinn dieser Bewegungen nicht. Das Bestehen untereinander ähnlicher Seh- und Denkgewohnheiten bei einer Sprachgemeinschaft hilft wohl bei der Abgrenzung des jeweils angesprochenen Geschehens. Die Äußerungsbedeutung als etwas vom Sprecher/Schreiber »auf einen Schlag« Konstituierten und als etwas vom Hörer/Leser im dynamischen Vervollkommnungsprozeß Konstituierten ist, wie bereits erwähnt, ebenfalls im mentalen Bereich angesiedelt.

Sowohl Satzbedeutung (für den einzelnen Sprachteilnehmer) als auch Äußerungsbedeutung sind für mich also mentale Einheiten. Beides sind zugleich elementare Begriffe der Satzsemantik. Damit drängt sich folgende Frage auf: Geht bei meiner Konzeption die Abkehr von der äußeren Wirklichkeit mit einher? Die Frage ist durchaus berechtigt, da mir etwa Johnson-Laird (1983) diesen Weg zu gehen scheint: »Human beings [...] possess only an internal representation of it [gemeint ist die Welt. P. R. Lutzeier], because perception is the construction of a model of the world. They are unable to compare this perceptual representation directly with the world – it is their world.« (156) Diese Argumentation ist meiner

Meinung nach fehlgeleitet. Die Frage eines solchen Vergleiches drängt sich für den einzelnen Sprachteilnehmer nie auf – hierfür ist tatsächlich eine gottähnliche Position vonnöten –, aber die Meisten von uns, außerhalb Philosophieseminaren, wissen, daß »da draußen« etwas ist. Wir sind, m. a. W. nicht Gefangene unseres mentalen Bereiches! Am deutlichsten wird dies bei der unverzichtbaren sprachlichen Erscheinung der Referenz und Deixis. Der Ausruf:

(156) **Schnell, die Verletzten da drüben brauchen Hilfe.**,

hat als Äußerungsbedeutung zwar das vom Sprecher gesehene Geschehen, was als mentales Bild eines Ausschnitts der (äußeren) Wirklichkeit zu verstehen ist, aber dieses mentale Bild ist im Ausruf mit Hilfe der referentiell und indexikalisch gebrauchten Ausdrücke **die verletzten** und **da drüben** mit der Wirklichkeit untrennbar verbunden. Der Ausrufende verweist auf die verletzten Personen, die sich an einem von ihm aus zu bestimmenden Ort befinden, und nicht etwa auf seine mentalen Gegenstücke der Verletzten und des Ortes. Klarheit hierüber findet man bei Frege (1976): »[...] wenn ich etwas von meinem Bruder aussage, so sage ich es nicht von der Vorstellung aus, die ich von meinem Bruder habe.« (48) Nicht viel anders sind die Verhältnisse bei vergangenen bzw. zukünftigen Geschehen. Denken wir an einen sonntäglichen Friedhofsbesuch, bei dem unsere Begleiterin äußert:

(157) **Mein Großvater wurde hier beigesetzt.** und
(158) **Ich werde hier begraben werden.**

Die jeweilige Äußerungsbedeutung mag eine vorgestellte Begräbnisszene sein, also etwas Mentales. Aber mit der Substantivphrase **mein großvater** referiert die Sprecherin nicht auf eine vielleicht verblaßte Erinnerung an ihren Großvater, sondern auf die in der Vergangenheit existierende reale Person. Über diese Beziehung zu einem einstmals lebenden Mann läßt sich dann auch der Bezug zu der mit der Äußerung von Satz (157) behaupteten Begräbnisszene herstellen. Der Futurbezug ist davon natürlich nicht einfach Spiegelbild. Zukunft als das bis jetzt noch nicht Existierende kann nur in unserer Vorstellung konstituiert werden. Dennoch referiert die Sprecherin in der Äußerung des Satzes (158) mit dem Personalpronomen **ich** auf etwas in der Wirklichkeit, nämlich auf sich. Typischerweise kann deshalb die von einer nicht schwangeren Frau gebrauchte Kennzeichnung: **unser nächstes kind** (im wörtlichen Sinn) niemals referentiell gemeint sein. Eine sorgfältige Ausarbeitung und der Nachweis der Durchführbarkeit dieser Gedanken würde natürlich eine hier nicht durchzuführende formale Darstellung verlangen. Trotzdem sollte die Bedeutsamkeit der äußeren Wirklichkeit deutlich geworden sein. Wenn Sprache als ein Element der Auseinandersetzung mit der Umwelt einer Lebensgemeinschaft funktionieren soll, dann muß es mit der Sprache möglich sein, sich auf diese Umwelt zu beziehen. Und es ist sicherlich eine Aufgabe der linguistischen Satzsemantik, diese Möglichkeit zu erfassen. Insofern können wir uns eine Abkehr von der Wirklichkeit gar nicht leisten. Damit ist auch die von Johnson-Laird (1983) charakterisierte und von ihm wohl entsprechend verfolgte Aufgabe einer psychologischen Semantik für eine linguistische (Satz-) Semantik ungerechtfertigterweise verkürzt: »The task for psychological semantics is to show how language and the world are related to one another in the human mind – to show how the mental representation of sentences is related to the mental representation of the world.« (232) War den Vertretern von »Satzbedeutung als Wahrheitsbedingungen« die Vernachlässigung des Denkens vorzuwerfen, dann sind die Vertreter einer ausschließlichen mentalen Konzeption für die Vernachlässigung der Wirklichkeit anzuklagen. Dieser Bezug der Äußerungsbedeutung auf die äußere Wirklichkeit wird für fiktives und hypothetisches Reden und Schreiben selbstverständlich außer Kraft gesetzt. Interessanterweise ist jedoch auch bei diesen Fällen ein Bezug des, der einzelnen Äußerung zugeordneten, mentalen Ganzen auf etwas gegeben: Hier ist es der Bezug auf das vom Sprecher/Schreiber insgesamt gedanklich konstituierte Modell bzw. auf das vom Hörer/Leser mit Hilfe des bisherigen Kontextes gedanklich konstituierten Modells. Die Referenz und Deixis lassen sich nur hinsichtlich dieser *Hintergrunds-Modelle* verstehen. So gesehen, kann die äußere Wirklichkeit nun als ein spezielles, eben nicht mentales, Hintergrunds-Modell aufgefaßt werden. Als Tendenz läßt sich aus meinen bisherigen Anmerkungen insbesondere zur Referenz und Deixis folgendes ableiten: Ist die äußere Wirklichkeit in irgendeiner Weise »faßbar«, stellt sie »letztes« Hintergrunds-Modell dar. Beim Autor eines Wanderführers etwa wird man die Vertrautheit mit der Gegend, die er beschreibt, voraussetzen, insofern bildet bei seinem Schreiben die Wirklichkeit das Hintergrunds-Modell. Nehme ich als Leser dagegen diesen Wanderführer zur Hand, um mich über die beschriebene, für mich noch unbekannte Gegend zu informieren, dann kommt für mich nur ein mentales Hintergrunds-Modell in frage. Reise ich nun dort hin, wird die Wirklichkeit also für mich plötzlich »faßbar«, stellt sich die Wirklichkeit unweigerlich als Hintergrunds-Modell ein. Die modelltheoretische Semantik operiert in diesem Zusammenhang gern mit dem Begriff »mögliche Welt«; vgl. etwa Lutzeier (1981b). Unsere hier eingeführten Hintergrunds-Modelle als Bezugspunkte für Äußerungsbedeutungen wären wohl als Teilstrukturen solcher modelltheoretischen Weltstrukturen anzusehen.

Sozusagen im Vorübergehen haben wir uns mit diesen Überlegungen einen wichtigen Unterschied zwischen Satzbedeutung und Äußerungsbedeutung erarbeitet: Satzbedeutung ist einzig das mit Hilfe des Prinzips (BK) konstruktiv ermittelte, teilweise nur stereotypisch belegte, ganzheitliche Geschehen, während die Äußerungsbedeutung über die Tendenz zur Vervollkommnung der Satzbedeutung hinaus den Bezug auf ein Hintergrunds-Modell aufweist. Das mit der Äußerungsbedeutung verbundene Hintergrunds-Modell ist nun auch entscheidend für die Wahrheitswertzuordnung. Salopp, aber möglichst allgemein formuliert, gilt hierfür folgendes: Eine Behauptung ist wahr für ein vorgegebenes Hintergrunds-Modell genau dann, wenn die Äußerungsbedeutung der Behauptung in strukturerhaltender Weise als Ganzes in das Hintergrunds-Modell einbettbar ist und eine Behauptung ist falsch für ein vorgegebenes Hintergrunds-Modell genau dann, wenn die Äußerungsbedeutung der Behauptung nicht in strukturerhaltender Weise als Ganzes in das Hintergrunds-Modell einbettbar ist. Eine Präzisierung dieser Vorstellung läßt sich nur innerhalb einer formalen Darstellung erzielen. Die Einbettung wäre dabei als eine Abbildung zu formulieren. Die Phrase »in strukturerhaltender Weise als Ganzes« ist sehr wichtig. Sie garantiert, daß im Hintergrunds-Modell eine strukturidentische Szene vorhanden ist. Das Vorhandensein der angesprochenen Individuen allein genügt somit noch nicht, die angesprochenen Beziehungen müssen in entsprechender Weise aufzufinden sein. Als notwendige Bedingung für die relevante Abbildung ergibt sich damit die Forderung nach einem Isomorphismus in einen geeigneten Teilbereich des Modells. Im Unterschied zu den klassischen Interpretationen der modelltheoretischen Semantik sind unsere Hintergrunds-Modelle als größtenteils mentale Konstrukte natürlich keine voll bestimmten Modelle. Insbesondere für die Hörer/Leser-Sicht ergibt sich damit ein *konstruktiver Wahrheitsbegriff*. D.h., ist im Hintergrunds-Modell kein der angenommenen Äußerungsbedeutung vergleichbares Geschehen und ansonsten nichts Gegenteiliges bekannt, dann wird ein entsprechendes Geschehen so aufgebaut, daß die Äußerung als wahr erscheint. Dieses dynamische Vorgehen nach einer wahrheitserhaltenden Strategie muß als Teil der üblichen Interpretationsleistung angesehen werden. Im Sonderfall der Wirklichkeit als Hintergrunds-Modell reduziert sich die Frage nach dem Wahrheitswert der jeweiligen Äußerung auf die Frage, ob das vom Sprecher/Schreiber konstituierte Geschehen tatsächlich der Fall ist oder nicht. Meine Vorstellung zum Wahrheitsbegriff findet sich in ähnlicher Weise bereits bei Kamp (1981): »A sentence S, or discourse D, with representation m is true in a model M if and only if M is compatible with m; and compatibility of M with m [...] can be defined as the existence of a proper embedding of m into M [...].« (278) und bei Johnson-Laird (1983, 442). Kamps großer Vorteil ist, daß er eine formale Theorie vorlegt. Ferner läßt er sich ebenfalls von einem konstruktiven Gedanken leiten:

»[...] the DR [Diskursrepräsentation. P. R. Lutzeier] of a sentence functions as a partial description of how the world ought to be if the sentence is true. To fulfill that role the DR must represent whatever information has been encoded into it in such a way that the significance of that representation is unaffected when one extends it to incorporate further information [...].« (293)

Beim näheren Ansehen der semantischen Diskursrepräsentationen ist dann jedoch eine leichte Enttäuschung nicht zu vermeiden: Der Vorteil ihrer Explizitheit im Einzelnen wird mit dem Nachteil ihres unklaren Formats im Ganzen erkauft. Sie scheinen näher an der Satzbedeutungsebene orientiert und kommen über eine rein propositionale Repräsentationsform nie hinaus; was letztlich nichts anderes heißt, als daß die vorgegebenen Diskursformen des Englischen in eine mit einigen Symbolen angereicherte präzisere Form des Englischen in analysierender Weise mehr oder weniger direkt übersetzt werden. Die Modelle schließlich sind an die Konstruktionen der modelltheoretischen Semantik angelehnt. Zugegeben sei allerdings folgendes: Wer an der Arbeit mit konkreten Teilausschnitten einer natürlichen Sprache in größerem Ausmaße interessiert und deshalb auf Computer angewiesen ist, ist mit diesem Vorschlag von Kamp (1981) sicherlich gut bedient. Da ich mich jedoch bei meinen allgemeinen Überlegungen nicht von den Erfordernissen der uns im Augenblick bekannten Technologie leiten lassen will, bin ich an den Bedeutungen als mentale Konstrukte selbst interessiert und nicht an der Frage von ihrer auf Computer best zugeschnittenen sprachlichen Wiedergabe in Form von propositionalen Repräsentationen.

Die Beschreibung des Einflusses eines Weltwissens auf das Verständnis alltäglicher Kommunikationen wurde ferner ernsthaft im Rahmen der künstlichen Intelligenzforschung versucht, was schließlich zur sogenannten *Frames-Semantik* führte. Ausgangspunkt dabei ist die Annahme, daß eine relativ informationsarme Äußerung beim Interpreten ein relativ informationsreiches Hintergrunds-Modell aktivieren mag. Die dort diskutierten Modelle bestehen etwa aus stereotypischen Vorstellungen über das Aussehen von Räumen oder über Restaurantbesuche. Man gibt solchen Modellen den Namen »Frame« und interpretiert sie schlicht als Daten-Strukturen, vgl. Hayes (1980, 48). Nach Metzing (1981a, 322) können die »frames«

zur Hypothesenbildung dienen. Dies ist möglich, da die bis zu einem Zeitpunkt noch nicht spezifizierten Informationen stereotypisch belegt sind. Bei Minsky (1980) lesen wir: »[…] a frame may contain a great many details whose supposition is not specifically warranted by the situation. […] The default assignments are attached loosely to their terminals, so that they can be easily displaced by new items that fit better the current situation.« (2) Übertragen in Programmiersprachen lassen sich mit Hilfe der »frames« auf ökonomische Weise verschiedene natürliche Inferenzprozesse auf Computern nachspielen. Dies kann man dem nützlichen Artikel von Thagard (1984) entnehmen. Bei einigermaßen theoretischen Ansprüchen krankt der ganze Ansatz im Augenblick noch daran, daß er außer der Plausibilität der erwähnten Vorstellungen seiner Vertreter jeden bei der Frage allein läßt, was denn nun eigentlich ein »frame« sei. Solange die Frames-Semantik keine Charakterisierung des zentralen Begriffes »frame« liefert, beschleicht einen das Gefühl, unter neuen Begriffen auch bei anderen Semantikkonzeptionen Aufzufindendes vorgesetzt zu bekommen. Die dort diskutierten Einzelbeispiele sind allerdings lehrreich für jeden Ansatz, bei dem man mit so etwas wie Hintergrundswissen arbeiten will. Meinen eigenen Ansatz betrachte ich mit den Vorstellungen der Frames-Semantiker auf jeden Fall als verträglich.

Unsere Ergebnisse zur Satzbedeutung und Äußerungsbedeutung lassen sich in Thesen und einem Diagramm D 22 zusammenfassen:

Thesen zur individuellen Satzbedeutung
S sei ein Idiolekt; s ein Satz in S; α eine syntaktische Analyse von s; P eine Person, die Idiolekt S beherrscht.

a) Die Bedeutungen von s in S bei α für P sind mentale Strukturen.
b) Die Bedeutungen von s in S bei α für P haben mentale Gestaltsstrukturen, die eine Figur-/Hintergrundsaufteilung aufweisen. Sie sind im Normalfall etwas über das Prinzip der Bedeutungskomposition konstruktiv ermitteltes Ganzes, dessen Teile die P-individuellen Wortbedeutungen und die Beziehungen die P-individuellen Bedeutungen der syntaktischen Verknüpfungen sind.

Im Sinne der in Abschnitt 2.2 vorgenommenen Unterscheidung zwischen den Redeweisen »Etwas ist eine Struktur« und »Etwas hat eine Struktur« sind die Teile a) und b) zu verstehen. Damit kann für Teil a) auch niemals der Status einer naheliegenden Vermutung übertroffen werden. Ich spreche von »Bedeutungen«, um die aufgrund lexikalischer Mehrdeutigkeiten noch möglichen verschiedenen Lesarten zu erlauben. Da die Formen des Satzes selbst einen verbalen Kontext bilden, erreichen wir für die Wortbedeutungen bereits die Ebene der Stereotypen. Insofern ergeben die Satzbedeutungen von P konstituierte Geschehen, deren »unbenannten« Teile stereotypisch belegt sind.

Für die Thesen zur Satzbedeutung in einer Sprachgemeinschaft ergeben sich folgende Unterschiede: Wir können nicht mehr vom mentalen Charakter der Bedeutungen ausgehen. Ferner müssen die lexikalischen Wortbedeutungen und die in der Sprachgemeinschaft als verbindlich angesehenen Bedeutungen der syntaktischen Verknüpfungen zum Zuge kommen.

Thesen zur Satzbedeutung in einer Sprachgemeinschaft
S' sei eine natürliche Sprache; X eine Sprachgemeinschaft, die die Sprache S' beherrscht; s' ein Satz der Sprache S'; α eine syntaktische Analyse von s'.
a) Die Bedeutungen von s' in S' bei α sind Strukturen.
b) Die Bedeutungen von s' in S' bei α haben Gestaltstrukturen, die eine Figur-/Hintergrundsaufteilung aufweisen. Sie sind im Normalfall etwas über das Prinzip der Bedeutungskomposition konstruktiv ermitteltes Ganzes, dessen Teile die lexikalischen Wortbedeutungen und die Beziehungen die in X als verbindlich angesehenen Bedeutungen der syntaktischen Verknüpfungen sind.

Zur Vereinfachung der Formulierungen bei den Thesen zur Äußerungsbedeutung beschränke ich mich auf Äußerungen, deren Formseite Sätze des jeweiligen Idiolekts darstellen. Andernfalls ändert sich zwar an der Äußerungsbedeutung selbst nichts, aber sie ist dann keine Vervollkommnung der Satzbedeutung mehr.

Thesen zur Äußerungsbedeutung
S sei ein Idiolekt; s ein Satz in S; α eine syntaktische Analyse von s; u eine Äußerung in S, deren Inskription s ergibt; P eine Person, die Idiolekt S beherrscht und die Äußerung u macht oder interpretiert.
a) Die Äußerungsbedeutung von u in S bei α für P ist eine mentale Struktur.
b) Die Äußerungsbedeutung von u in S bei α für P hat eine mentale Struktur, die ein ganzheitliches Geschehen erfaßt und die in das durch den Äußerungskontext bei P aktivierte Hintergrunds-Modell eingebettet werden soll. Die Bedeutung von s in S bei α für P stellt dabei eine Teilstruktur des ganzheitlichen Geschehens dar. Die Teile und Beziehungen der das ganzheitliche Geschehen ausmachenden Struktur sind von P bestimmt.

Der Äußerungsbedeutung weisen wir keine (Gestalts-) Struktur mehr zu, die eine Figur-/Hintergrundsaufteilung aufweist – hier zählt das Geschehen als Ganzes. Der vorhandene Bezug auf ein Hintergrunds-Modell, der im Falle von Behauptungen die Wahrheitswertigkeit garantiert, ist ein weiterer wichtiger Unterschied zur Satzbedeutung. Die Zusammenhänge zwischen individueller Satzbedeutung und (individueller) Äußerungsbedeutung werden im Diagramm D 22 noch einmal deutlich.

D 22

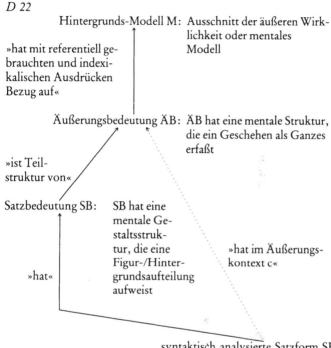

Inwieweit mit diesen Vorstellungen zu den zentralen Begriffen der Satzsemantik eine Abkehr von der Wirklichkeit im Sinne der psychologischen Realität erfolgt oder nicht, muß prinzipiell offen bleiben. Was Satzbedeutungen und Äußerungsbedeutungen wirklich sind, bleibt für uns verborgen. Damit kann nur die »Realität« der Strukturzuordnungen diskutiert werden. Satz- und Äußerungsbedeutung mit ganzheitlichen Begriffen in Verbindung zu bringen, kann bei mentalen Einheiten und meiner Behandlung der Wortbedeutung kaum überraschen. Eine gewisse Vagheit haben wir uns damit bewußt eingehandelt, aber das, worüber bzw. wozu wir unsere Gegenüber überhaupt sprachlich unterrichten wollen, scheint mir mit einer solchen bewußt nichtsprachlichen Konzeption am besten eingefangen. An diesem Punkt verdienen dann auch Konzeptionen

Beachtung, die mit Begrifflichkeiten der mathematischen Theorie der Katastrophen arbeiten wollen, vgl. Wildgen (1982, 24). Es handelt sich dabei um eine immer noch in der Entwicklung befindliche, allgemeine Theorie der Flächen in n-dimensionalen Räumen. Bei wohlwollender Phantasie kann man geeignete Schnitte dieser Flächen aus der Vielfalt der theoretischen Möglichkeiten als elementare dynamische Prozesse interpretieren und sie damit letztlich dem Versuch einer lokalistischen Erklärung aussetzen. Insofern sind sie als eine mathematisch sehr reiche Möglichkeit der Repräsentation von Satzbedeutungen sicherlich anzuerkennen, ohne daß ich den Optimismus von Wildgen (1982) teilen kann: »It describes, and to a certain extent explains, the most fundamental and therefore irreducible inventory of cognitive scenarios for dynamic phenomena.« (3) Propositionale Repräsentationen mögen für die Computersimulation die einzig möglichen Ansätze sein und spielen deshalb auch eine unbestritten wichtige Rolle, aber genauso unbestritten sollte sein, daß sie nichts anderes als eine *sprachliche* Repräsentation sind. Johnson-Laird (1983) hält sich aus dem (Glaubens-)Streit heraus und sieht verschiedene Möglichkeiten von Repräsentationen vor:

»[...] three types of mental representation: propositional representations which are strings of symbols that correspond to natural language, mental models which are structural analogues of the world, and images which are the perceptual correlates of models from a particular point of view. The distinction is a high-level one; doubtless, everything can be reduced to a uniform code in the language of the brain [...].« (165)

Aus Befunden, bei denen Probanten den einzelnen Anordnungen nach unbestimmte lokale Beschreibungen ihrem Inhalt nach schlechter als entsprechende bestimmte lokale Beschreibungen erfaßten, dagegen sich an sprachliche Einzelheiten dieser unbestimmten lokalen Beschreibungen besser erinnerten als an sprachliche Einzelheiten der bestimmten lokalen Beschreibungen, leitet er für sich die Notwendigkeit der Annahme auch einer propositionalen Repräsentation ab (162). Für mich sind solche Resultate keineswegs überraschend. Bei einer unpräzisen Beschreibung verliert man sehr schnell den roten Faden, um ihn wiederzufinden oder überhaupt einen Sinn in der Beschreibung zu finden, wird man sich mit den Formen sehr viel intensiver beschäftigen müssen. Bei einer klaren Darstellung läßt sich eine mentale Interpretation folgerichtig aufbauen, die Formen selbst braucht man nicht im Gedächtnis zu behalten. Die sprachlichen Krücken sind in diesem Fall der dynamischen Interpretation rasch entbehrlich, während der dynamische Prozeß der Interpretationsbildung einer relativ unklaren Darstellung sie über eine längere Strecke hinweg (im Gedächtnis) benötigt. Interessanterweise sieht Johnson-

Laird (1983, 156, 165) selbst noch eine Interpretation seiner propositionalen Repräsentationen mit Hilfe von mentalen Modellen vor. Somit ist seine auf den ersten Blick erscheinende Vielfalt an möglichen Strukturzuordnungen letztlich ebenfalls auf eine mit meinem Ansatz verträgliche Möglichkeit beschränkt und wir sind wohl nicht allzu weit von der Wirklichkeit entfernt. Die Kontroverse wird dennoch munter weiter gehen, wie der Beitrag von Kolers/Brison (1984) zeigt, in dem die Autoren für verschiedene Repräsentationen argumentieren.

Denken wir an die Kapitelüberschrift mit »Satzbedeutung: Abbild der Wirklichkeit/Zugriff auf die Wirklichkeit«, dann ist die Satzbedeutung einer Behauptung nur unzulängliches Abbild der Wirklichkeit, denn die Übertragung in das Medium der Sprache zwingt den Sprecher/Schreiber zu einer Auswahl. Die sprachlich benannten Teile müssen jedoch in der Wirklichkeit wiederzufinden sein, damit die Behauptung überhaupt wahr sein kann. Umgekehrt begleitet die Auswahl des Sprechers/Schreibers eine gewisse Sicht der Wirklichkeit, womit ein sprachlicher Zugriff auf die Wirklichkeit gegeben ist. Ferner finden wir einen solchen natürlich bei allen Formen von Aufforderungen, Bitten, Befehlen, Wünschen usw. Ebenso in den sprachlichen Mitteln der Ironie und Metaphorik, wobei durch die spezielle Wahl der sprachlichen Formen dem Hörer/Leser erst eine bestimmte Sicht der Wirklichkeit nahegelegt wird.

Was sich an anderen Stellen bereits deutlich gezeigt hatte, zeigte sich nun auch klar bei den Begriffsbildungen der Satzsemantik: Ein Fortschritt im Sinne der Präzisierung der vorgeschlagenen Konzeption ist nur bei gemeinsamen Anstrengungen von Forschern aus verschiedenen Disziplinen zu erwarten. Insofern sind auch formale, auf Computern testbare propositionale Ansätze zu begrüßen. Der Beitrag des Linguisten sollte bei diesem Unternehmen zumindest folgender sein: Die Vielfalt der natürlichen Sprache in synchronischer und diachronischer Sicht ernst zu nehmen und deshalb auf die »Realitätsnähe« der theoretischen Ansätze im syntaktischen, semantischen und pragmatischen Bereich zu pochen.

Dem Gestrüpp des Nichtsprachlichen muß in der linguistischen Semantik versucht werden, mit metasprachlichen Instrumenten beizukommen. Ehe wir aber die Instrumente an geeigneter Stelle ansetzen können, ist die Spürnase der Intuition vonnöten. Damit gelingt es uns durchaus, Pfade zu schlagen, womit die Begehbarkeit des auf den ersten Blick unwirtlichen Geländes erwiesen ist. Dies allein sollte schon Anlaß genug sein, sich immer wieder auf den Weg zu machen und sich vor Stolperpfaden nicht zu scheuen. Diesen Mut und die Gelassenheit über die Tatsache, daß einige Wurzeln des Gestrüpps prinzipiell nicht ans Licht gebracht werden können, wünsche ich meinen Lesern/Leserinnen.

Abraham, W. (1972), *Komponentialanalyse von Fachsprachen*. Groningen: Rijksuniversiteit te Groningen, Germanistisch Instituut (ms.).

Anttila, R. (1972), *An introduction to historical and comparative linguistics*. New York: The Macmillan Company.

Apelt, O. (1922), *Platons Dialog Kratylos*. Leipzig: Meiner (2. Auflage).

Arnheim, R. (1961), Gestalten – Yesterday and today. In: *Documents of Gestalt psychology* (ed. M. Henle). Berkeley: University of California Press, 90–96.

Baker, G. (1974), Kriterien: Eine neue Grundlegung der Semantik. *Ratio* 16, 142–174.

Barsalou, L. (1982), Context-independent and context-dependent information in concepts. *Memory & Cognition* 10, 82–93.

Barwise, J./Perry, J. (1981), Semantic innocence and uncompromising situations. In: *Midwest Studies in Philosophy Vol. VI:* The foundations of analytic philosophy (eds. P. A. French/T. E. Uehling/H. K. Wettstein). Minneapolis: University of Minnesota Press, 387–403.

– (1983), *Situations and attitudes*. Cambridge (Mass.): MIT-Press.

Baudusch, S. (1984), Zur Semantik der Präpositionen. *Zeitschrift für Phonetik, Sprachwissenschaft und Kommunikationsforschung* 37, 89–93.

Bendix, E. H. (1971), The data of semantic description. In: *Semantics*. An interdisciplinary reader in philosophy, linguistics and psychology (eds. D. D. Steinberg/L. A. Jakobovits). Cambridge: At the University Press, 393–409.

Bergenholtz, H./Mugdan, J. (1979), *Einführung in die Morphologie*. Stuttgart: Verlag W. Kohlhammer.

Bierwisch, M. (1967), Some semantic universals of German adjectivals. *Foundations of Language* 3, 1–36.

– (1980), Semantic structure and illocutionary force. In: *Speech act theory and pragmatics* (eds. J. R. Searle/F. Kiefer/M. Bierwisch). Dordrecht: Reidel, 1–35.

– (1982), Formal and lexical semantics. *Linguistische Berichte* 80, 3–17.

– (1983a), Psychologische Aspekte der Semantik natürlicher Sprachen. In: *Richtungen der modernen Semantikforschung* (Hrsg. W. Motsch/D. Viehweger). Berlin: Akademie-Verlag, 15–64.

– (1983b), Semantische und konzeptuelle Repräsentation lexikalischer Einheiten. In: *Untersuchungen zur Semantik* (Hrsg. R. Růžička/W. Motsch). Berlin: Akademie-Verlag, 61–99.

Black, M. (1954), Definition, presupposition, and assertion. In: M. Black, *Problems of analysis*. Philosophical essays. Ithaca: Cornell University Press, 24–45.

Block, N. (1983), The photographic fallacy in the debate about mental imagery. *Noûs* XVII, 651–661.

Bloomfield, L. (1935), *Language*. London: George Allen & Unwin.

Boretzky, N. (1977), *Einführung in die historische Linguistik*. Reinbek: Rowohlt Taschenbuch Verlag.

Bünting, K.-D./Bergenholtz, H. (1979), *Einführung in die Syntax*. Grundbegriffe zum Lesen einer Grammatik. Königstein: Athenäum Verlag.

Burckhardt, C. (1982), *Bedeutung und Satzgrammatik*. Tübingen: Gunter Narr Verlag.

Burger, H. (1973), *Idiomatik des Deutschen*. Tübingen: Niemeyer Verlag.

Carey, S. (1983), Constraints on the meanings of natural kind terms. In: *Concept development and the development of word meaning* (eds. Th. B. Seiler/W. Wannenmacher). Berlin: Springer Verlag, 126−143.

Carroll, L. (1962), *Alice's adventures in wonderland and Through the looking glass*. Harmandsworth: Puffin Books.

Chafe, W. L. (1970), *Meaning and the structure of language*. Chicago: The University of Chicago Press.

− (1972), Discourse structure and human knowledge. In: *Language comprehension and the acquisition of knowledge* (eds. J. B. Carroll/R. O. Freedle). Washington: Winston & Sons, 41−69.

Chomsky, N. (1977), Questions of form and interpretation. In: N. Chomsky, *Essays on form and interpretation*. New York: North-Holland, 25−59.

Clark, H. H./Lucy, P. (1975), Understanding what is meant from what is said: A study in conversationally conveyed requests. *Journal of verbal learning and verbal behavior* 14, 56−72.

Comrie, B. (1976), *Aspect*. An introduction to the study of verbal aspect and related problems. Cambridge: Cambridge University Press.

Cook, W. A. (1972), A set of postulates for case grammar analysis. *Georgetown University Papers on Languages and Linguistics* 4, 35−46.

Cresswell, M. J. (1982), The autonomy of semantics. In: *Processes, beliefs, and questions*. Essays on formal semantics of natural language and natural language processing (eds. S. Peters/E. Saarinen). Dordrecht: Reidel, 69−86.

Davidson, D. (1967), Truth and meaning. *Synthese* 17, 304−323.

De Mauro, T. (1982), *Einführung in die Semantik*. Tübingen: Niemeyer Verlag.

Dik, S. (1968), *Coordination*. Its implications for the theory of general linguistics. Amsterdam: North-Holland.

Dittmann, J. (1975), Prolegomena zu einer kommunikationsorientierten Sprachtheorie. *Deutsche Sprache* 3, 2−20.

Donnellan, K. (1966), Reference and definite descriptions. *Philosophical Review* LXXV, 281−304.

Duden. Grammatik der deutschen Gegenwartssprache (bearbeitet von G. Drosdowski). Mannheim: Bibliographisches Institut 1984 (4. Auflage).

Duden. Das große Wörterbuch der deutschen Sprache in sechs Bänden. Band 5 (Hrsg. G. Drosdowski). Mannheim: Bibliographisches Institut 1980.

Dummett, M. A. E. (1975), What is a theory of meaning? In: *Mind and language*. Wolfson College lectures 1974 (ed. S. Guttenplan). Oxford: Clarendon Press, 97–138.
– (1976), What is a theory of meaning? (II). In: *Truth and meaning*. Essays in semantics (eds. G. Evans/J. McDowell). Oxford: Clarendon Press, 67–137.

Eberhard, J. A./Maaß, J. G. E. (1826), *Versuch einer allgemeinen teutschen Synonymik in einem kritisch-philosophischen Wörterbuche der sinnverwandten Wörter der hochteutschen Mundart*. Halle: In der Ruffschen Verlags-Buchhandlung (3. Ausgabe, hrsg. J. G. Gruber).
Engelkamp, J. (1976), *Satz und Bedeutung*. Stuttgart: Kohlhammer Verlag.

Fillmore, Ch. J. (1968), The case for case. In: *Universals in linguistic theory* (eds. E. Bach/R. T. Harms). New York: Holt, Rinehart and Winston, 1–88.
– (1971), Some problems for case grammar. In: *22nd annual round table meeting on lingustics and language studies* (ed. R. J. O'Brien). Washington: Georgetown University Press, 35–56.
– (1972), Subjects, speakers, and roles. In: *Semantics of natural language* (eds. D. Davidson/G. Harman). Dordrecht: Reidel, 1–24.
– (1977), The case for case reopened. In: *Syntax & Semantics Volume 8*. Grammatical relations (eds. P. Cole/J. M. Sadock). New York: Academic Press, 59–81.
Fodor, J. A./Garrett, M. F./Walker, E. C. T./Parkes, C. H. (1980), Against definitions. *Cognition* 8, 263–367.
Fodor, J. D. (1971), On knowing what we would say. In: *Philosophy & Linguistics* (ed. C. Lyas). London: The Macmillan Press, 297–308.
Frege, G. (1967), Über Sinn und Bedeutung. In: *Gottlob Frege*. Kleine Schriften (Hrsg. I. Angelelli). Darmstadt: Wissenschaftliche Buchgesellschaft (2. Auflage), 143–162.
– (1971), Ueber die wissenschaftliche Berechtigung einer Begriffsschrift. In: G. Frege, *Begriffsschrift und andere Aufsätze* (Hrsg. I. Angelelli). Darmstadt: Wissenschaftliche Buchgesellschaft (2. Auflage), 106–114.
– (1976), Der Gedanke. Eine logische Untersuchung. In: G. Frege, *Logische Untersuchungen* (Hrsg. G. Patzig). Göttingen: Vandenhoeck & Ruprecht (2. Auflage), 30–53.
Friederich, W. (1976), *Moderne deutsche Idiomatik*. Alphabetisches Wörterbuch mit Definitionen und Beispielen. München: Hueber Verlag (2. Auflage).
Friedrich, P. (1974), On aspect theory and homeric aspect. *International Journal of American Linguistics* 40 Memoir 28, 1–44.
Friendly, M. (1979), Methods for finding graphic representations of associative memory structures. In: *Memory organization and structure* (ed. C. R. Puff). New York: Academic Press, 85–129.
Furth, H. G. (1972), *Denkprozesse ohne Sprache*. Düsseldorf: Pädagogischer Verlag Schwann.

Gauger, H.-M. (1970), *Wort und Sprache*. Sprachwissenschaftliche Grundlagen. Tübingen: Niemeyer Verlag.

Gauger, H.-M./Oesterreicher, W. (1982), Sprachgefühl und Sprachsinn. In: *Sprachgefühl?* Vier Antworten auf eine Preisfrage. Heidelberg: Verlag Lambert Schneider, 9—90.

Gerhardt, D. (1948), Zum Thesaurus der menschlichen Sprachlaute. *Zeitschrift für Phonetik und allgemeine Sprachwissenschaft* 2, 82—108.

Gibbon, D. (1976), *Perspectives of intonation analysis*. Bern: Herbert Lang.

Gipper, H. (1970), Der Satz als Steuerungs- und Regelungssystem und die Bedingungen der Möglichkeit seines Verstehens. In: *Studien zur Syntax des heutigen Deutsch*. Paul Grebe zum 60. Geburtstag (Hrsg. H. Moser). Düsseldorf: Pädagogischer Verlag Schwann, 26—44.

– (1978), Denken ohne Sprache? In: H. Gipper, *Denken ohne Sprache?* Düsseldorf: Pädagogischer Verlag Schwann (2. Auflage), 18—35.

Görner, H. (1982), *Redensarten*. Kleine Idiomatik der deutschen Sprache. Leipzig: VEB Bibliographisches Institut (3. Auflage).

Görner, H./Kempcke, G. (1973), *Synonymwörterbuch*. Sinnverwandte Ausdrücke der deutschen Sprache. Leipzig: VEB Verlag Enzyklopädie.

Gordon, D./Lakoff, G. (1971), Conversational postulates. In: *Papers from the seventh regional meeting of the Chicago Linguistic Society April 16—18, 1971* (eds. D. Adams/M. A. Campbell/V. Cohen/J. Lovins/E. Maxwell/ C. Nygren/J. Reighard). Chicago: Linguistic Society, 63—84.

Grimm, J./Grimm, W. (1873), *Deutsches Wörterbuch*. Fünfter Band. Leipzig: Verlag von S. Hirzel.

– (1958), *Deutsches Wörterbuch*. Vierter Band I. Abteilung 5. Teil (bearbeitet von T. Kochs/J. Bahr). Leipzig: Verlag von S. Hirzel.

Grossmann, R. (1974), *Meinong*. London: Routledge & Kegan.

Haiman, J. (1980), Dictionaries and encylopedias. *Lingua* 50, 329—357.

Halff, H. M./Ortony, A./Anderson, R. C. (1976), A context-sensitive representation of word meanings. *Memory & Cognition* 4, 378—383.

Hampton, J. (1981), An investigation of the nature of abstract concepts. *Memory & Cognition* 9, 149—156.

Harras, G. (1983), *Handlungssprache und Sprechhandlung*. Eine Einführung in die handlungstheoretischen Grundlagen. Berlin: Walter de Gruyter.

Harré, R. (1972), *The philosophies of science*. An introductory survey. London: Oxford University Press.

Hayes, P. J. (1980), The logic of frames. In: *Frame conceptions and text understanding* (ed. D. Metzing). Berlin: Walter de Gruyter, 1—25.

Helbig, G. (1973), *Die Funktion der substantivischen Kasus in der deutschen Gegenwartssprache*. Halle: VEB Niemeyer Verlag.

Heringer, H. J./Strecker, B./Wimmer, R. (1980), *Syntax*. Fragen-Lösungen-Alternativen. München: Fink Verlag.

Hilbert, D. (1941), III. Abschrift des Antwortbriefs von D. Hilbert an G. Frege. In: *Unbekannte Briefe Frege's über die Grundlagen der Geometrie und Antwortbrief Hilbert's an Frege* (Hrsg. M. Steck). Sitzungsberichte der Heidelberger Akademie der Wissenschaften. Mathematisch-naturwissenschaftliche Klasse. Jahrgang 1941. 2. Abhandlung. Heidelberg: Kommissionsverlag der Weiß'schen Universitätsbuchhandlung, 15−19.

Hilty, G. (1972), Und dennoch: Bedeutung als Semstruktur. *Vox Romanica* 31, 40−54.

Hjelmslev, L. (1963), *Prolegomena to a theory of language*. Madison: The University of Wisconsin Press.

Hölker, K. (1977), Über einen Typ von Lexikoneinträgen für gemeinsprachliche Lexika. In: *Das Lexikon in der Grammatik − die Grammatik im Lexikon* (Hrsg. J. S. Petöfi/J. Bredemeier). Hamburg: Helmut Buske Verlag, 91−105.

Hörmann, H. (1976), *Meinen und Verstehen*. Grundzüge einer psychologischen Semantik. Frankfurt: Suhrkamp Verlag.

Horstkotte, G. (1982), *Sprachliches Wissen: Lexikon oder Enzyklopädie?* Bern: Verlag Hans Huber.

Johnson, M./Lakoff, G. (1982), *Metaphor and communication*. Trier: L.A.U.T.

Johnson-Laird, P. N. (1982), Formal semantics and the psychology of meaning. In: *Processes, beliefs, and questions*. Essays on formal semantics of natural language and natural language processing (eds. S. Peters/ E. Saarinen). Dordrecht: Reidel, 1−68.

− (1983), *Mental models*. Towards a cognitive science of language, inference, and consciousness. Cambridge: Cambridge University Press.

Juchem, J. G. (1984), Die Konstruktion des Sprechens. Kommunikationssemantische Betrachtungen zu Philipp Wegener. *Zeitschrift für Sprachwissenschaft* 3, 3−18.

Kamp, H. (1981), A theory of truth and semantic representation. In: *Formal methods in the study of language*. Part 1 (eds. J. A. G. Groenendijk/T. M. V. Janssen/M. B. J. Stokhof). Amsterdam: Mathematisch Centrum, 277−322.

Kant, I. (1956), *Kritik der reinen Vernunft* (Band II der Werke in sechs Bänden. Hrsg. W. Weischedel). Wiesbaden: Insel Verlag.

Kastovsky, D. (1980), Zur Situation der lexikalischen Semantik. In: *Perspektiven der lexikalischen Semantik*. Beiträge zum Wuppertaler Semantikkolloquium vom 2.−3. Dezember 1977 (Hrsg. D. Kastovsky). Bonn: Bouvier Verlag, 1−13.

Katz, J. J. (1966), *The philosophy of language*. New York: Harper & Row.

− (1972), *Semantic theory*. New York: Harper & Row.

− (1975), Logic and language: An examination of recent criticisms of intensionalism. In: *Language, mind, and knowledge* (ed. K. Gunderson). Minneapolis: University of Minnesota Press, 36−130.

Kay, P./McDaniel, C. (1978), The linguistic significance of the meanings of basic color terms. *Language* 54, 610−646.

Keesing, R. M. (1979), Linguistic knowledge and cultural knowledge: Some doubts and speculations. *American Anthropologist* 81, 14−36.

Keller, R. (1977), Verstehen wir, was ein Sprecher meint, oder was ein Ausdruck bedeutet? Zu einer Hermeneutik des Handelns. In: *Sprachliches Handeln* (Hrsg. K. Baumgärtner). Heidelberg: Quelle & Meyer, 1–27.

Klare, J. (1975), Zu linguistischen und erkenntnistheoretischen Problemen der semantischen Merkmalsanalyse. *Beiträge zur romanischen Philologie* XIV, 163–168.

Klein, W. (1983), Vom Glück des Mißverstehens und der Trostlosigkeit der idealen Kommunikationsgemeinschaft. *Lili.* Zeitschrift für Literaturwissenschaft und Linguistik 50, 128–140.

Kluge, F. (1975), *Etymologisches Wörterbuch der deutschen Sprache.* Berlin: Walter de Gruyter (21. Auflage).

Köller, W. (1975), *Semiotik und Metapher.* Untersuchungen zur grammatischen Struktur und kommunikativen Funktion von Metaphern. Stuttgart: J. B. Metzlersche Verlagsbuchhandlung.

Koffka, K. (1935), *Principles of Gestalt psychology.* London: Routledge & Kegan Paul.

Kolers, P. A./Brison, S. J. (1984), Commentary: On pictures, words, and their mental representation. *Journal of verbal learning and verbal behavior* 23, 105–113.

Koschmieder, E. (1971), *Zeitbezug und Sprache.* Ein Beitrag zur Aspekt- und Tempusfrage. Darmstadt: Wissenschaftliche Buchgesellschaft (unveränderter Nachdruck von 1929).

Kosslyn, S. M./Pomerantz, J. R. (1977), Imagery, propositions, and the form of internal representations. *Cognitive Psychology* 9, 52–76.

Kronasser, H. (1968), *Handbuch der Semasiologie.* Kurze Einführung in die Geschichte, Problematik und Terminologie der Bedeutungslehre. Heidelberg: Carl Winter Universitätsverlag (2. Auflage).

Kühnert, W. (1983), *Die Aneignung sprachlicher Begriffe und das Erfassen der Wirklichkeit.* Psycholinguistische Untersuchungen zur Bildung und Verwendung von Alltagsbegriffen. Frankfurt: Peter Lang.

Kutschera, F. v. (1975), *Sprachphilosophie.* München: Fink Verlag (2. Auflage).

– (1976), *Einführung in die intensionale Semantik.* Berlin: Walter de Gruyter.

Lakoff, G. (1972), Linguistics and natural logic. In: *Semantics of natural language* (eds. D. Davidson/G. Harman). Dordrecht: Reidel, 545–665.

– (1982), *Categories and cognitive models.* Trier: L.A.U.T.

Lakoff, G./Johnson, M. (1980), *Metaphors we live by.* Chicago: University of Chicago.

Lang, E. (1983), Die logische Form eines Satzes als Gegenstand der linguistischen Semantik. In: *Richtungen der modernen Semantikforschung* (Hrsg. W. Motsch/D. Viehweger). Berlin: Akademie-Verlag, 65–144.

Langacker, R. W. (1983a), *Foundations of cognitive grammar I:* Orientation. Trier: L.A.U.T.

– (1983b), *Foundations of cognitive grammer II:* Semantic structure. Trier: L.A.U.T.

– (1984), *The nature of grammatical valence.* Trier: L.A.U.T.

Langford, C. H. (1942), Moore's notion of analysis. In: *The philosophy of G. E. Moore* (ed. P. A. Schilpp). Evanston: Northwestern University, 319–342.

Lemmon, E. J. (1966), Sentences, statements and propositions. In: *British analytical philosophy* (eds. B. Williams/A. Montefiore). London: Routledge & Kegan Paul, 87–107.

Lewandowski, T. (1976), *Linguistisches Wörterbuch 1.* Heidelberg: Quelle & Meyer (2. Auflage).

Lewis, D. (1969), *Convention.* A philosophical study. Cambridge (Mass.): Harvard University Press.

Lieb, H.-H. (1977), Bedeutungen als Begriffe. *Lili.* Zeitschrift für Literaturwissenschaft und Linguistik 7, 29–45.

– (1979), Principles of semantics. In: *Syntax & Semantics Volume 10:* Selections from the third Groningen round table (eds. F. Heny/H. Schnelle). New York: Academic Press, 353–378.

– (1980), Wortbedeutung: Argumente für eine psychologische Konzeption. *Lingua* 52, 1–32.

– (1983), *Integrational linguistics. Volume 1:* General outline. Amsterdam: John Benjamins.

Linsky, L. (1967), *Referring.* London: Routledge & Kegan Paul.

Lutzeier, P. R. (1973), *Modelltheorie für Linguisten.* Tübingen: Niemeyer Verlag.

– (1981a), *Wort und Feld.* Wortsemantische Fragestellungen mit besonderer Berücksichtigung des Wortfeldbegriffes. Tübingen: Niemeyer Verlag.

– (1981b), Words and worlds. In: *Words, worlds, and contexts.* New approaches in word semantics (eds. H.-J. Eikmeyer/H. Rieser). Berlin: Walter de Gruyter, 75–106.

– (1985a), Sprachliche Vermittler von Räumlichkeit. Zur Syntax und Semantik lokaler Präpositionen. In: *Sprache und Raum – Psychologische und linguistische Aspekte der Aneignung und Verarbeitung von Räumlichkeit* (Hrsg. H. Schweizer). Stuttgart: Metzlersche Verlagsbuchhandlung.

– (1985b), Die semantische Struktur des Lexikons. In: *Handbuch Lexikologie* (Hrsg. C. Schwarze/D. Wunderlich). Königstein: Hain Verlag.

Lyons, J. (1977), *Semantics 1.* Cambridge: Cambridge University Press.

– (1981), *Language, meaning and context.* Fontana Paperbacks.

Mackie, J. L. (1973), *Truth, probability and paradoxes.* Oxford: Clarendon Press.

Margalit, A. (1978), The »Platitude« principle of semantics. *Erkenntnis* 13, 377–395.

Mauthner, F. (1923), *Beiträge zu einer Kritik der Sprache.* Dritter Band: Zur Grammatik und Logik. Leipzig: Verlag von Felix Meiner (3. Auflage).

McNamara, T. P./Sternberg, R. J. (1983), Mental models of word meaning. *Journal of verbal learning and verbal behavior* 22, 449–474.

Meldau, R. (1972), *Schulsynonymik der deutschen Sprache.* Heidelberg: Julius Groos Verlag.

Merleau-Ponty, M. (1966), *Phänomenologie der Wahrnehmung.* Berlin: Walter de Gruyter.

Metzing, D. (1981a), Frame representations and lexical semantics. In: *Words, worlds, and contexts.* New approaches in word semantics (eds. H.-J. Eikmeyer/H. Rieser). Berlin: Walter de Gruyter, 320–342.

– (1981b), Plädoyer für Kasus wiedereröffnet – für die künstliche Intelligenz? In: *Beiträge zum Stand der Kasustheorie* (Hrsg. J. Pleines). Tübingen: Gunter Narr, 193–212.

Meyer, P. G. (1975), *Satzverknüpfungsrelationen.* Ein Interpretationsmodell für situationsunabhängige Texte. Tübingen: TBL Verlag Gunter Narr.

Miller, G. A. (1982), Some problems in the theory of demonstrative reference. In: *Speech, place, and action.* Studies in deixis and related topics (eds. R. J. Jarvella/W. Klein). Chicester: John Wiley & Sons, 61–72.

Minsky, M. (1980), A framework for representing knowledge. In: *Frame conceptions and text understanding* (ed. D. Metzing). Berlin: Walter de Gruyter, 1–25.

Müller, W. (1982), Das Sprachgefühl auf dem Prüfstand der Philologie. Eine Materialstudie. In: *Sprachgefühl?* Vier Antworten auf eine Preisfrage. Heidelberg: Verlag Lambert Schneider, 203–320.

Nehring, A. (1930), Studien zur Theorie des Nebensatzes I. *Zeitschrift für vergleichende Sprachforschung auf dem Gebiete der indogermanischen Sprachen* 57, 118–158.

Nida, E. (1975), *Componential analysis of meaning.* An introduction to semantic structure. The Hague: Mouton.

Nilsen, D. (1973), *The instrumental case in English.* The Hague: Mouton.

Oomen, U. (1983), Ironische Äußerungen: Syntax – Semantik – Pragmatik. *Zeitschrift für germanistische Linguistik* 11, 22–38.

Osherson, D. N./Smith, E. E. (1981), On the adequacy of prototype theory as a theory of concepts. *Cognition* 9, 35–58.

– (1982), Gradedness and conceptual combination. *Cognition* 12, 299–318.

Otto, E. (1943), Sprache und Sprachbetrachtung. Eine Satzlehre unter Berücksichtigung der Wortart. *Abhandlungen der deutschen Akademie der Wissenschaften in Prag. Philosophisch-historische Klasse. 7. Heft.*

Palmer, F. (1976), *Semantics.* A new outline. Cambridge: Cambridge University Press.

Panfilov, V. Z. (1974), *Wechselbeziehungen zwischen Sprache und Denken.* Berlin: Akademie Verlag.

Partee, B. H. (1984), Compositionality. In: *Varieties of formal semantics.* Proceedings of the fourth Amsterdam colloquium, September 1982 (eds. F. Landman/F. Veltman). Dordrecht: Foris Publications, 281–311.

Pateman, T. (1982), David Lewis's theory of convention and the social life of language. *Journal of Pragmatics* 6, 135–157.

Plank, S./Plank, F. (1979), Der Zusammenhang von Laut und Bedeutung als mögliche Konvergenzsphäre von Psychoanalyse und Linguistik. *Linguistische Berichte* 61, 32–48.

Platts, M. d. B. (1979), *Ways of meaning.* An introduction to a philosophy of language. London: Routledge & Kegan Paul.

Pleines, J. (1976), *Handlung – Kausalität – Intention.* Probleme der Beschreibung semantischer Relationen. Tübingen: TBL Gunter Narr.

– (1978), Ist der Universalitätsanspruch der Kasusgrammatik berechtigt? In: *Valence, semantic case and grammatical relations* (ed. W. Abraham). Amsterdam: Benjamins, 355–376.

Porzig, W. (1971), *Das Wunder der Sprache.* Probleme, Methoden und Ergebnisse der Sprachwissenschaft (Hrsg. A. Jecklin/H. Rupp). München: Francke Verlag (5. Auflage).

Potts, T. (1976), *The place of structure in communication.* Leeds: University of Leeds Department of Philosophy (ms.).

Prokofieff, S. (1979), *Peter und der Wolf.* Münster: Coppenrath Verlag.

Putnam, H. (1975a), Is semantics possible? In: H. Putnam, *Mind, language and reality.* Philosophical Papers Vol. 2. Cambridge: The University Press, 139–152.

– (1975b), The meaning of meaning. In: *Language, mind, and knowledge* (ed. K. Gunderson). Minneapolis: University of Minnesota Press, 131–193.

Quasthoff, U. M./Hartmann, D. (1982), Bedeutungserklärungen als empirischer Zugang zu Wortbedeutungen. Zur Entscheidbarkeit zwischen holistischen und komponentiellen Bedeutungskonzeptionen. *Deutsche Sprache,* 97–118.

Quine, W. v. (1960), *Word & Object.* Cambridge (Mass.): The MIT Press.

Reddy, M. (1979), The conduit metaphor – A case of frame conflict in our language about language. In: *Metaphor and thought* (ed. A. Ortony). Cambridge: Cambridge University Press, 284–324.

Rettig, W. (1981), *Sprachliche Motivation.* Zeichenrelationen von Lautform und Bedeutung am Beispiel französischer Lexikoneinheiten. Frankfurt: Verlag Peter D. Lang.

Reule, G. (1984), *Bedeutungen als Patterns.* Diss. FU Berlin.

Ringle, M. (1982), Artifical intelligence and semantic theory. In: *Language, mind, and brain* (eds. T. W. Simon/R. J. Scholes). Hillsdale: Lawrence Erlbaum, 45–63.

Rosch, E. (1973), On the internal structure of perceptual and semantic categories. In: *Cognitive development and the acquisition of language* (ed. T. E. Moore). New York: Academic Press, 111–144.

Roth, E. M./Mervis, C. B. (1983), Fuzzy set theory and class inclusion relations in semantic categories. *Journal of verbal learning and verbal behavior* 22, 509–525.

Roth, E. M./Shoben, E. J. (1983), The effect of context on the structure of categories. *Cognitive Psychology* 15, 346–378.

Sanders, W. (1977), *Linguistische Stilistik.* Göttingen: Vandenhoeck & Rupprecht.

Saussure, F. d. (1967), *Grundlagen der allgemeinen Sprachwissenschaft* (Hrsg. C. Bally/A. Sechehaye). Berlin: Walter de Gruyter (2. Auflage).

Schaff, A. (1984), The pragmatic function of stereotypes. *International Journal of the Sociology of Language* 45, 89–100.

Schlieben-Lange, B. (1979), *Linguistische Pragmatik*. Stuttgart: Kohlhammer (2. Auflage).

Schmidt, J. (1966), *Mengenlehre I*. Mannheim: Bibliographisches Institut.

Schnelle, H. (1973), *Sprachphilosophie und Linguistik*. Prinzipien der Sprachanalyse a priori and a posteriori. Reinbek: Rowohlt Taschenbuch Verlag.

Schwarz, D. S. (1979), *Naming and referring*. The semantics and pragmatics of singular terms. Berlin: Walter de Gruyter.

Searle, J. R. (1969), *Speech acts*. An essay in the philosophy of language. Cambridge: At the University Press.

– (1975), Indirect speech acts. In: *Syntax & Semantics. Volume 3:* Speech acts (eds. P. Cole/J. L. Morgan). New York: Academic Press, 59–82.

– (1980), The background of meaning. In: *Speech act theory and pragmatics* (eds. J. R. Searle/F. Kiefer/M. Bierwisch). Dordrecht: Reidel, 221–232.

Seyfert, G. (1981), Eine Wiederbelebung der Kasusgrammatik? In: *Beiträge zum Stand der Kasustheorie* (Hrsg. J. Pleines). Tübingen: Gunter Narr, 149–159.

Smith, E. E./Medin, D. L. (1981), *Categories and concepts*. Cambridge (Mass.): Harvard University Press.

Stachowiak, F.-J. (1979), *Zur semantischen Struktur des subjektiven Lexikons*. München: Fink Verlag.

– (1982), Haben Wortbedeutungen eine gesonderte mentale Repräsentation gegenüber dem Weltwissen? – Neurolinguistische Überlegungen –. *Linguistische Berichte* 79, 12–29.

Strawson, P. F. (1950), On referring. *Mind* LIX, 320–344.

Suppes, P. (1980), Procedural semantics. In: *Sprache, Logik und Philosophie*. Akten des vierten internationalen Wittgenstein Symposiums. 28. August bis 2. September 1979. Kirchberg am Wechsel (Österreich) (Hrsg. R. Haller/W. Grassl). Wien: Höder-Pichler-Tempky, 27–35.

Tarski, A. (1943/44), The semantic conception of truth and the foundations of semantics. *Philosophical and Phenomenological Research* 4, 341–375.

– (1956), The concept of truth in formalized languages. In: A. Tarski, *Logic, semantics, metamathematics*. Papers from 1923 to 1938. Oxford: At the Clarendon Press, 152–278.

Thagard, P. (1984), Frames, knowledge, and inference. *Synthese* 61, 233–259.

Ullmann, S. (1957), *The principles of semantics*. Oxford: Basil Blackwell (2nd edition).

– (1962), *Semantics*. An introduction to the science of meaning. Oxford: Basil Blackwell.

Valian, V. (1982), Psycholinguistic experiment and linguistic intuition. In: *Language, mind, and brain* (eds. T. W. Simon/R. J. Scholes). Hillsdale: Lawrence Erlbaum, 179–188.

Wahrig, G. (1978), *dtv-Wörterbuch der deutschen Sprache*. München: Deutscher Taschenbuch Verlag.

Waldenfels, B. (1980), *Der Spielraum des Verhaltens*. Frankfurt: Suhrkamp Verlag.

Wegener, Ph. (1885), *Untersuchungen über die Grundfragen des Sprachlebens*. Halle: Max Niemeyer.

Wildgen, W. (1982), *Catastrophe theoretic semantics*. An elaboration and application of René Thom's theory. Amsterdam: John Benjamins Publishing Company.

Wilks, Y. (1972), *Grammar, meaning and the machine analysis of language*. London: Routledge & Kegan Paul.

– (1977), Good and bad arguments about semantic primitives. *Communication & Cognition* 10, 181–221.

Winter, E. O. (1982), *Towards a contextual grammar of English*. The clause and its place in the definition of sentence. London: George Allen & Unwin.

Wittgenstein, L. (1971), *Philosophische Untersuchungen*. Frankfurt: Suhrkamp Verlag.

Wörterbuch der deutschen Gegenwartssprache (1969), Band 3 (Hrsg. R. Klappenbach/W. Steinitz). Berlin: Akademie Verlag.

Wörterbuch der Semiotik (1973), (Hrsg. M. Bense/ E. Walther). Köln: Kiepenheuer & Witsch.

Woetzel, H. (1984), *Historisch-systematische Untersuchungen zum Komponentialismus in der linguistischen Semantik*. Eine Kritik des Elementarismus. Hildesheim: Georg Olms Verlag (Germanistische Linguistik 1/2).

Wunderlich, D. (1980), *Arbeitsbuch Semantik*. Königstein: Athenäum Verlag.

Wundt, W. (1975), *Völkerpsychologie*. Eine Untersuchung der Entwicklungsgesetze von Sprache, Mythus und Sitte. Band 1: Die Sprache. Teil 1. Aalen: Scientia Verlag (Neudruck der 3. Auflage Leipzig 1911).

Wygotski, L. S. (1977), *Denken und Sprechen*. Frankfurt: Fischer Taschenbuch Verlag.

Zemach, E. M. (1976), Putnam's theory on the reference of substance terms. *The Journal of Philosophy* LXXIII, 116–127.

Sachregister

SAMMLUNG METZLER

J. B. METZLER

Printed in the United States
By Bookmasters